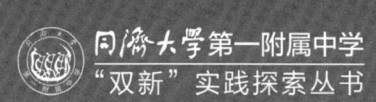

"双新"实践探索丛书

逆向设计

普通高中
新课程新教材实施国家级示范校
落地规划行动的实践

主编 ◎ 张哲人

同济大学 出版社
TONGJI UNIVERSITY PRESS
· 上海 ·

内 容 提 要

本书为上海市同济大学第一附属中学作为"普通高中新课程新教材实施国家级示范校"的实践探索成果之一，展示了学校如何将"双新"要求从宏观到微观逐层落实。同济大学第一附属中学以校本化课程规划为抓手，将国家课程方案落到实处；依托学科课程纲要和单元教学规划的设计与实施，将国家学科课程标准的要求落于细节处。

本书读者对象包含全国普通高中学校管理者、学科教师、教育管理部门人员以及相关的研究者，本书为上述读者了解、借鉴和研究普通高中"双新"教育改革的落实提供了实践样本。

图书在版编目（CIP）数据

逆向设计：普通高中新课程新教材实施国家级示范校落地规划行动的实践 / 张哲人主编. --上海：同济大学出版社，2024.7
ISBN 978-7-5765-1075-1

Ⅰ. ①逆… Ⅱ. ①张… Ⅲ. ①课程设计－教学研究－高中 Ⅳ. ①G632.3

中国国家版本馆 CIP 数据核字（2024）第 103688 号

同济大学第一附属中学"双新"实践探索丛书

逆向设计：普通高中新课程新教材实施国家级示范校落地规划行动的实践

主　　编　张哲人

责任编辑　任学敏　　助理编辑　竺奕辰　　责任校对　徐春莲　　封面设计　渲彩轩

出版发行	同济大学出版社　www.tongjipress.com.cn （地址：上海市四平路1239号　邮编：200092　电话：021-65985622）
经　　销	全国各地新华书店
排　　版	南京文脉图文设计制作有限公司
印　　刷	上海颛辉印刷厂有限公司
开　　本	710mm×1000mm　1/16
印　　张	18.75
字　　数	337 000
版　　次	2024 年 7 月第 1 版
印　　次	2024 年 7 月第 1 次印刷
书　　号	ISBN 978-7-5765-1075-1
定　　价	88.00 元

本书若有印装质量问题，请向本社发行部调换　　　版权所有　侵权必究

前　言

规划引领，层层转化
——普通高中落实新课程改革的核心路径

2019年6月《国务院办公厅关于新时代推进普通高中育人方式改革的指导意见》(国办发〔2019〕29号)发布，要求2022年前全国普通高中全面实施新课程、使用新教材。普通高中新课程改革致力于为培养学生核心素养提供多元、科学和适切的载体，这是新时代落实立德树人根本任务的重要抓手。2020年杨浦区获评为"普通高中新课程新教材实施国家级示范区"，同济大学第一附属中学获评为"普通高中新课程新教材实施国家级示范校"，迈开了学校以课程改革推进育人方式变革的步伐。

本书围绕学校课程规划、学科课程纲要和学科单元教学规划三部分，展示学校如何一步一步落实新课程改革，同时也为普通高中进行学校课程规划和教学规划提供案例参考。本书由张哲人担任主编，负责梳理整体编写思路。

一、"三合"课程规划：引领学校新课程建设方向

课程是高质量实现学校育人目标、凸显学校特色文化及教育价值追求的重要保障，学校以"合目的、合一致、合可行"为基本原则，在教育管理部门和高校研究专家支持下，整体规划落实校本化新课程的"设计图"。

"合目的"强调的是课程规划要符合国家政策要求，充分体现学校的办学思想。首先，课程规划要确保国家课程方案要求的课时量，课程结构要突出必修课程的主体性，满足学生的基本学习需求，课程结构又要具有足够的适应性，可以回应和满足学生个性化的发展需求。其次，课程规划要充分体现学校教育哲学，反映出学校课程变革的愿景。通过SWOT分析(态势分析)，学校总结了课程改革的基本经验和不足之处，确立了"信息技术赋能，促进学生全面而有个性的发展"的课程理念，勾勒了蕴含信息化教育特色的毕业生形象。

"合一致"关注课程规划的要素完整，结构合理，内在逻辑一致，以最大程

度地支撑目标的达成。首先,课程结构要支撑学校育人目标。除必修课程与选择性必修课程要对应学生"明德、笃学、敦行"的品质外,学校还明确要求学生应具有较强信息素养,构建了同济科创类课程,包括与媒介素养、AI(Artificial Intelligence,人工智能)、低碳科技与生态、新技术应用、科创实践等相关的课程,形成了学校特色课程群。其次,课程实施要有具体抓手。学校以引导深度学习和信息技术相融合为导向,设计了学科课程方案、学期课程纲要和单元教学规划等文本,规范学科教学内容,体现最新教学理念,落实学科核心素养。

"合可行"注重的是课程规划的操作性,让课程规划真正成为学校课程实施的"案头书"。要发挥课程规划的"说明书""施工图"和"协作图"功能,让教师、学生、家长都能读得明白,便于操作,课程规划表述得越准确具体,就越容易给人深刻印象,从而越容易理解并执行到位。课程规划要有一定挑战性,指向"双新"关键、重难点课程问题的解决,科学定位"最近发展区",让师生"跳一跳够得到"。要让每一位教师、学生、家长都能清晰地找到自己在课程建设和实施中的定位,知道自己应该做什么,做成什么样。

本部分内容由张哲人、刘育蓓、龚新宇、陈怡、梁丰蕴、张哲明、张瑾、钱悦文、赵怡执笔。

二、"课程文本"设计:打造学科教学实践样板

"课程文本"是指在学校课程规划指导下,由各学科教研组和学科教师研发的学科教学的指导性、参考性文本,为具体学科教学提供样板参照。

学科课程纲要指向学科的学期教学规划,提高学科教师教学设计的全局性。学科课程纲要遵循逆向开发思路,包含基本信息、纲要内容和设计说明三部分。基本信息交代课程纲要的学科、课型、教材、课时、对象等。纲要内容包含课程目标、课程内容、课程实施、课程评价和课程资源,其中课程内容要求呈现所教学科本学期的内容体系,并以此设计教学活动或学习活动。课程评价坚持多元评价并举,既关注学生学科核心素养的培养,也重视学生综合素质的提升。课程资源列举本学期课程所应用的各类教学资源,体现指导性与参考性的结合。设计说明包含该学科本学期的素养要求、教材分析与学情分析,明确目标设置与活动设计的依据。学校坚持试点先行、逐步覆盖的节奏,英语、化学、生物、体育、思想政治和信息技术等学科已经完成具体学期的学科课程纲要编制。

本部分内容由刘林青、陈晶灿、胡超越、蔡婷、王蔚颖、冯亚辉、郎樱、彭剑超、

刘绮提供。

学科单元教学规划以学科大单元教学为导向,以学科大主题、大概念为统领,整合相关知识,重组单元教学内容体系,促进学生大概念的生成,协助学生建立学科知识体系。学科单元规划遵循正向开发思路,包含基本信息、背景分析和单元规划。基本信息包含单元名称、课型、学科、年级等。背景分析包含课标分析、教材分析和学情分析,为确定教学内容、目标和活动提供依据。单元规划包含单元主题、课程内容、教学目标、教学实施、教学评价、单元作业和教学资源,其中课程内容和教学目标为教学活动(学习活动)的设计提供了直接思路,教学活动(学习活动)又是设计教学评价的依据,实现了教学评一体化。

本部分内容由刘育蓓、吴祺、陈童临、许祥龙、叶佩佩、刘林青、顾一舟、刘丽、王康茜、张乐、高黎菊、王蔚颖、肖瑶、张雪芹、张燕、何俊阳、郑轶洁、易雪莲、沈旭栋、张燕姿、薛晓琳、陈洪典、王振宁、陈怡、陈雪、张露、彭剑超提供。

从学校整体课程规划到学科课程纲要再到单元教学规划,学校扎实推进新课程在学校的落实,将学生核心素养的培养落在实处、落在细化、落在深处。

本书凝结着学校教师、教学管理人员的心血,彰显着普通高中新课程新教材实施国家级示范校对于落地规划行动的实践和探索。敬请广大读者批评指正,以便本书不断完善。

2023 年 12 月

目　录

前言

第一篇　学校课程规划

同济大学第一附属中学课程规划方案与实施 ···················· 003

第二篇　学科课程纲要

"化学（必修第一册）"课程纲要 ······························ 023
"国家制度与社会治理"课程纲要 ······························ 040
"组成细胞的分子与结构"课程纲要 ···························· 049
"PT 思维训练"课程纲要 ···································· 057
"零基础学 Python"课程纲要 ································ 069
"足球裁判理论与实践"课程纲要 ······························ 080
"英语（高一上）"课程纲要 ·································· 090

第三篇　学科单元教学规划

一、地理学科 ·· 103
《甜蜜生活"搬"出来》单元教学规划 ·························· 103

二、化学学科 ·· 114
《基于真实情境的有机化学》单元教学规划 ···················· 114
《海水中的卤素资源》单元教学规划 ·························· 127

三、历史学科 ·· 136
《中华文明的发源和早期发展》单元教学规划 ·················· 136

四、生物学科 · 145

《细胞的分子与结构》单元教学规划 · 145

《基因工程》单元教学规划 · 153

五、数学学科 · 165

《幂、指数与对数》单元教学规划 · 165

《平面向量》单元教学规划 · 175

六、物理学科 · 189

《牛顿运动定律》单元教学规划 · 189

七、艺术学科 · 197

《丝竹八音》单元教学规划 · 197

八、语文学科 · 207

《良知与悲悯》单元教学规划 · 207

《确认真正的我》单元教学规划 · 215

《在"异化"中体验世情、读懂人性》单元教学规划 · 224

九、英语学科 · 232

《Places》单元教学规划 · 232

《Achievements》单元教学规划 · 255

十、体育学科 · 275

《足球真实情境》单元教学规划 · 275

第一篇

学校课程规划

同济大学第一附属中学课程规划方案与实施

张哲人　刘育蓓　龚新宇　陈　怡　梁丰蕴
张哲明　张　瑾　钱悦文　赵　怡

【先导篇】

一个好的课程规划的基本样态

2020年杨浦区被命名为"普通高中新课程新教材实施国家级示范区",同济大学第一附属中学被命名为"普通高中新课程新教材实施国家级示范校"。学校课程规划和实施是一个边实践、边提炼、边反思、边改进的动态实施过程,既需要区域教研机构发挥专业支持作用,同时也需要像同济大学第一附属中学这样的"示范校"能够先行先试,为区域其他学校提供样例经验,发挥示范引领作用。本节主要介绍同济大学第一附属中学在学校课程规划编制过程中的研究经验和案例成果。

课程规划的"三合":"双新"实施背景下学校课程规划初探

同济大学第一附属中学创建于1960年,是上海市实验性示范性高中、上海市首批教育信息化应用标杆培育校,2020年获评为"普通高中新课程新教材实施国家级示范校"。

课程是育人的载体,是高质量实现学校育人目标、凸显学校特色文化及教育价值追求的重要保障。研制学校课程规划是学校落实普通高中新课程新教材(以下简称"双新")工作的关键环节,也是提升学校课程领导力的重要途径。

一份高质量的课程规划必须"合目的、合一致、合可行"。同济大学第一附属中学作为"双新"示范校,从这三个方面做了探索和实践。

(一) 合目的

"合目的"强调的是课程规划依据的合理性,回答"为什么这样做",要充分体现学校的办学理念、办学思想和育人目标。

1. 学校课程规划是否符合政策依据

课程规划要明确立德树人的使命,根据国家相关文件精神,体现新课程方案的要求与变化。具体的课程规划要符合国家及省级(上海市)课程实施方案的课时要求及其他相关要求。

第一,严格落实学科教学时间,确保课时总量符合国家课程方案的规定。第二,编制课程规划的过程中,要特别关注、忠实执行、高质量实施国家课程。在学校课程结构中要突出国家课程的主体性,不能喧宾夺主。反映学校特色的校本课程,可以单列,以便清晰地反映素养指向和课程内部结构,同时要注意与国家课程之间的有机衔接。第三,对"双新"实施重点领域课程,如劳动教育、综合实践活动等,要有明确、具体的指导意见或说明。

2. 学校课程规划是否符合现实依据

课程规划要充分体现学校教育哲学,反映出学校课程变革的愿景。通过SWOT分析,总结学校课程改革的基本经验和不足之处,为课程发展找到增长点。

学校在新课程规划中,广泛听取师生意见,反复讨论,进一步明确学校教育哲学,确立了"信息技术赋能,促进学生全面而有个性的发展"的课程理念,体现了信息化教育特色。学校通过各类调查,了解学生对课程的需求、各方对课程的期待、对学生发展核心素养的评估,以及可能提供的课程资源,从而提高课程规划的适切性。这个过程也是推进学校民主治校、促进治理现代化的过程。

3. 学校课程规划是否能够体现育人方式的转变

新课程新教材实施的根本指向是转变育人方式,培育学生核心素养。学校立足教育信息化的优势,整体规划新课程,创新课程组织管理方式,探索"网班"教学;实施全员导师制,运用信息技术加强学生发展指导和选课指导;进一步优化创新学习空间,加强优质网络课程建设,打造信息技术赋能的"数字课堂",促进学生自主、探究、合作学习,提高教学评一致性,促进评价方式转变。

(二)合一致

"合一致"关注课程规划的要素完整,结构合理,内在逻辑一致,以最大程度地支撑目标的达成,主要回答"怎么做"的问题。重点关注以下三点。

1. 课程结构是否支持育人目标的培养,凸显学校个性

学校除了培养学生"明德、笃学、敦行"的品质,还明确了学生应具有较强的信息素养。为此,学校围绕"科创素养"构建了同济科创类校本课程,包括媒介素

养、AI、低碳科技与生态、新技术应用、科创实践等类别,并进一步形成特色课程群。通过学分制的实施,指导学生学会选择与自我调控,使修习内容能按时、保质、保量完成。

2. 课程实施是否有利于课程目标的达成,反映校本特点和学校育人方式的转变,体现国家意志

一是编制课程文本,高质量实施国家课程。通过学科课程体系建设,将"理想的课程"转变为"经验的课程"。在学校课程规划方案的框架下,结合各学科新课程标准和新教材,研制学科课程方案、学期课程纲要、单元设计和课时设计四个层级的方案文本。文本设计中要力求体现深度学习和信息技术的融合,力求贯通一致地解决关键课程问题,落实学科核心素养。

二是转变学习方式,明确不同类别课程的实施路径取向。我校以"主要学习方式+课程群"为依据,设立三个学院。启迪学院主推实践类学习,通过明德修身、梦想教育、生涯规划和身心健康四类课程,强化实践育人。鞍山学院着力推进学科典型学习方式,聚焦高考学科,推进大单元教学,强化实验教学,倡导自主、探究、合作学习,提高教学评一致性。同济学院以跨学科、项目化、研究性学习为主,依托创新实验室课程、"大学-高中"合作课程,基于真实问题解决,促进学生创想、创新、创造。三个学院横向贯通,线上线下融合,促进学生个性发展,教师精准施策,改进结果评价,强化过程评价,探索增值评价,健全综合评价。

3. 保障措施是否健全,能否解决课程关键问题

在组织保障方面,学校进一步明确课程建设责任主体,成立课程发展委员会,提高决策民主性和科学性。学校优化组织架构及功能,设立课程教学与信息中心、学生发展指导中心、教师专业发展中心和后勤服务中心四大中心,配套学院制的运作。

在制度保障方面,学校制订了综合实践活动、劳动教育课程方案,以及学分管理、选课走班制度等七个附件,确保课程实施有据可依。学校强化校本研修、多元评价、专家评议等机制,持续提高课程品质。

在资源保障方面,学校持续优化、完善信息化教学与管理平台功能,新增"网班""晓德助手"等模块,添置移动教学终端设备;紧密依托区域信息化实验区建设项目,争取专家指导和项目经费,搭建数字化教学应用场景,完善各类个性化创新学习空间;加强与高校、企业、兄弟学校合作,建设优质线上课程资源库,促进泛在学习和教研;采取引进、外聘、校内统筹与培训等方式,确保师资数量、结构和质量能胜任"双新"实施。

(三) 合可行

"合可行"关注的是"怎么做到",以提高规划的操作性,并使规划在实践中不断迭代。笔者认为,一个好的课程规划应具备以下三个核心功能。

1. "说明书"功能

课程规划必须让教师、学生、家长都能读得明白,便于操作,所以要简洁、清晰、明了。所谓"少即是多",课程规划表述得越准确具体,就越容易给人深刻印象,从而越容易得到理解并执行到位。有些延伸内容可以通过附件补充说明,或由具体实施部门编制对接方案。

2. "施工图"功能

课程规划要体现指导的全面性、路径的清晰性、操作的可行性,确保规划能"落地"。同时,又要有一定挑战性,要指向"双新"关键、重难点课程问题的解决,科学定位"最近发展区",让师生"跳一跳够得到"。

3. "协作图"功能

课程规划要让每一位教师、学生、家长都能清晰地找到自己在课程建设和实施中的定位,知道自己应该做什么,做成什么样。例如,课程规划要明确职能部门、年级组、教研组和教师在课程规划、实施、评估、管理中各扮演什么角色;如何协作演好这场"大戏";学生是否清晰地知道自己将如何度过高中三年;如何选择合适的生涯目标、修习课程和学习方式;等等。

【规划篇】

同济大学第一附属中学课程规划方案
(2021—2023 年)

为全面落实《国务院办公厅关于新时代推进普通高中育人方式改革的指导意见》《深化新时代教育评价改革总体方案》《关于本市新时代推进普通高中育人方式改革的实施意见》《教育部关于做好普通高中新课程新教材实施工作的指导意见》《普通高中课程方案(2017年版2020年修订)》和《上海市普通高中课程实施方案》,同济大学第一附属中学(以下简称"同济一附中")进一步厘清学校教育哲学、优化课程结构、创新学习空间和教学组织形式、完善学生发展指导,落实立德树人根本任务,推进"双新"实施进程中亟待思考和研究的关键问题,特制订本课程规划。

一、课程规划的依据

(一) 校情学情

1. 学校发展基础

同济一附中创建于1960年,原名上海市鞍山中学,2001年更名为同济大学第一附属中学,2007年被评为"上海市实验性示范性高中",2020年被教育部确定为"普通高中新课程新教材实施国家级示范校"。学校坚持"改革创新、内涵发展",是上海市中小学第一期和第二期课程改革实验校、上海市提升中小学课程领导力行动研究项目(第三轮)参与学校、上海市首批教育信息化应用标杆培育校、《上海市教育信息化2.0行动计划》推进试点校。学校坚持"五育并举、特色发展",构建了"全人涵养"的育人目标,形成了以"1+3辅导员制"深化"全员导师制"的育人模式。作为同济大学杨浦基础教育集团领衔学校,同济一附中紧密围绕同济大学"人工智能+"强势学科,开办人工智能实验班,探索大中小贯通培养的有效途径,探索跨校协同共育机制,开创了"同育创新素养联盟"教育模式。学校重视劳动教育,获"上海市劳动教育特色校"称号;体育、艺术、科技、信息技术教育特色鲜明,学校男足队连续八年获得上海市冠军,合唱团、舞蹈团连续多年获得全国和上海市比赛金奖。学校还承办了内地新疆高中班,构建了以"三融"为特色的民族融合教育体系。学校现有教职工158名,其中专任教师145名,学历为研究生及以上的教师占57.9%,高级教师48名,特级校长、正高级教师2名,区优秀教师3名,区学科带头人7名,上海市名师工作室培养对象及区骨干教师40余名。学校现有学生近1200名,其中内地新疆高中班学生330名,生源多样,学情差异较大。

2. 学校课程建设分析

学校十分关注学生对选修课程的需求。问卷显示,90%的学生对选修课程"非常感兴趣"和"比较感兴趣",近80%的学生对选修课很满意,认为课程数量充足、内容丰富、质量较高、教师管理到位、学有所获。但是学生对于选修课程内容的选择比较分散,喜欢程度不一,表现出不同的选课偏好(表1)。

表1 学生对选修课程的选课偏好

课程类型	科技发展	社会热点	经济建设	人文历史	艺术赏析	网络技术	体育竞技	劳动技术	其他
选择人数占比	46%	36%	14%	39%	46%	21%	17%	16%	3%

通过调研分析发现,学生的选课偏好与学会学习、人文底蕴、实践创新等学生发展核心素养具有较高相关性,他们希望增加外语类、动手实践类、学科拓展及竞赛类、同济科创类的选修课。学校还对课程建设进行了 SWOT 分析(表 2)。

表 2 学校课程建设的 SWOT 分析

优势(S)	劣势(W)
■ 有优良的课改传统和基础,坚持全面育人 ■ 课程体系较完整,市级摹课有一定示范性 ■ 拥有自主研发的信息化教育与管理平台,教育信息化水平高 ■ 创新实验室等个性化学习空间及社会实践与研学资源丰富 ■ 教师队伍团结勤奋有活力,信息素养较高 ■ 教研与课程管理制度健全,走班管理成熟	■ 部分学科实验室设备老化,信息化基础网络和硬件建设薄弱,难以支持常态信息化教学 ■ 生源多样、分化大,学有余力的学生不多。学生选课组合多,内地新疆高中班学生与本地生混班教学,分层教学及辅导困难大 ■ 课程内容尚未完全满足学生个性发展需求,课程结构、实施质量和评价待优化 ■ 有影响力的高水平教师较少
机会(O)	威胁(T)
■ 学校成为"双新"国家级示范校,市、区教育综合改革项目全面推动学校发展,办学影响力持续提升 ■ 上海建设全球科创中心,学校所在的杨浦区全力打造上海科创中心重要承载区及高能级科技创新引领区,引领学校发展的同时,需要大批科技、人文、创新素养兼备的人才;智能时代的到来进一步推进教育信息化 ■ 同济大学提供大学先修课程,与学校合作共建课程,全方位服务学生发展需求 ■ 教师课程开发意愿较强,青年教师发展潜力大 ■ 社区等共建单位积极推进学生社会实践基地建设,学校课程资源较丰富 ■ 家长高度认同学校的办学理念和育人目标,能提供相关课程资源和指导	■ 教育"内卷"和多元价值观的冲击 ■ 部分教师专业发展意愿和能力不足,三级教师结构性缺编,影响部分学科教学质量 ■ 近年高考前端学生有所减少,尾部学生增大 ■ 社会资源的课程化与深度挖掘不够

总体来说,学校有依托高校的优势,良好的课改传统和创新精神,教育信息化水平居于上海乃至全国领先地位,基于信息技术的创新教育特色鲜明;义务教育的三类课程齐备,选修课程虽较丰富但内容尚未完全满足学生个性发展需求,课程的系统性和结构性、实施质量和评价有待提高;学习环境、课堂教学有创新,但整体变革、突破有限,信息化教学尚未常态化。

(二) 教育哲学

1. 学校愿景

为党育人、为国育才,以"济世兴邦、爱国奉献"为办学理念,秉承"明德、笃学、敦行"的校训,发扬"同舟共济,追求卓越"的学校精神;以信息化赋能教育,进一步释放师生的创新潜能,提升学校高质量全面育人的水平;依托同济大学优质资源,打造具有高品质办学环境、高选择课程体系、高水平师资队伍、高素养学生群体的一流大学附中。

2. 学校使命

(1) 优化人本开放的四个环境,打造信息技术赋能的智慧校园。

(2) 建构"五育"并举的课程体系,丰富因材因需施教的组织形式。

(3) 探索评价伴随的教育模式,创新指向深度学习的"慧学课堂"。

(4) 塑造一专多能的教师队伍,完善全员导师制下的育人模式。

(5) 深化大学联盟的共育机制,促进学生全面而有个性的发展。

3. 毕业生形象

学校以"全人涵养"为导向,着力发展学生核心素养,为学生适应未来社会生活、接受高等教育和未来职业发展做好充分准备,使学生成为有理想、有本领、有担当的时代新人。毕业生形象要具备三种品质。

(1) 明德:有理想、有修养、有爱心,信息社会责任明的文化人和担当者。

(2) 笃学:善学习、善合作、善探究,信息学习素养高的求知人和创新者。

(3) 敦行:会健身、会自省、会生活,技术应用能力强的健康人和践行者。

二、课程计划与说明

学校遵循思想性、时代性、基础性、选择性和关联性原则,坚持"五育"并举、融合育人,构建科技与人文融合,必修、选择性必修与选修课程有机衔接的丰富课程体系,引导学生在多样的学习经历中逐步明确人生目标,全面提升核心素养,全面而有个性地发展,成为更好的自己。

(一) 课程设置与结构

学校课程分为两大类。一是国家课程,分为必修课程、选择性必修课程,设置语文等14个科目。二是校本课程,由选修课程、选择性必修课程中的部分课程及学校特色课程组成(图1)。

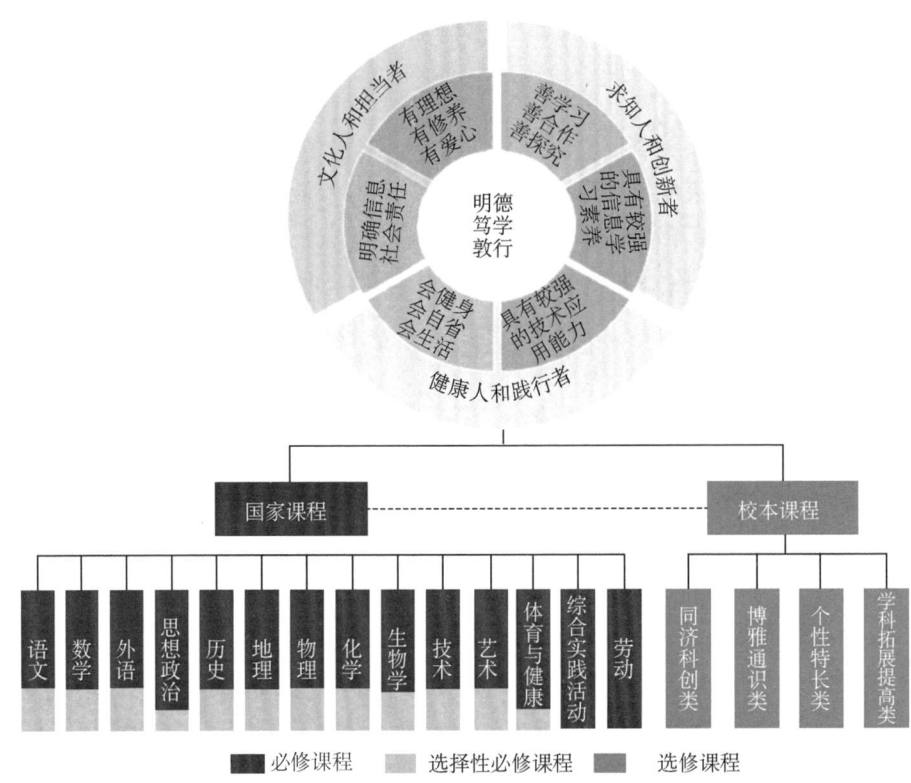

图 1　学校课程结构示意图

说明：

（1）必修课程。由国家统一设置，所有学生必须全部修习。

（2）选择性必修课程（简称"选必"）。由国家统一设置，参加普通高等学校招生全国统一考试的学生必须修习语文、数学、外语的选择性必修内容以及在思想政治、历史、地理、物理、化学、生物学中选择三科修习选择性必修内容，同时可结合兴趣爱好修习其他科目的选择性必修内容。其他学生结合兴趣爱好选择部分科目内容修习，以满足毕业学分要求。

（3）选修课程。选修课程是校本课程的主体，由学校自主开发的校本课程、高校-高中合作课程、高校先修课程构成；按照修习要求，分为限定选修和自主选修。

（二）学分设置、课时安排与作息时间

依据《上海市普通高中课程实施方案》，以常规课为主，每课时 40 分钟，每周 39 课时，符合国家课程方案周课时总时长要求。根据实际授课情况，经申请、审批后可以将 2 节常规课合并为 1 节长课（80～95 分钟/节）。学校课程计划与学分、课时构成分别见表3、表4。

表3 学校课程计划与学分一览表

科目		高一			高二			高三		
		必修	选必	选修	必修	选必	选修	必修	选必	选修
语文		8			6					
数学		6			2	4			2	
外语		6			6				2	
思想政治		4			2					
历史		2			2					
地理		2			2		12		6	
物理		4			2					
化学		2			2					
生物学		2			2					
技术	信息技术	3								
	通用技术	2			1					
艺术(音乐/美术)		2			2			2		
体育与健康		4	2		4	2		4	2	
综合实践活动	研究性学习	3			3					
	军训/社会考察/党团活动	1			1					
劳动	志愿者服务	2学分,不少于40小时,高中三年课外完成,并计入高三必修课程学分								
	其他	4学分,与通用技术、校本课程内容统筹,分别以2学分计入高一、高二必修课程学分								
合计		53	2		27	30		8	12	
同济科创类				2+			2+			
博雅通识类				1+			1+			2+
个性特长类				1+			1+			
学科拓展提高类				6+			6+			
合计				10+			10+			
学分总数		53	2	10+	27	30	10+	8	12	2+

说明：

（1）每学年教学周40周，社会实践1周。每周38课时，每课时按40分钟计。18课时为1学分。

（2）学校为每名学生提供不少于154学分的课程。其中，必修课程为88学分（与国家规定学分相同），选择性必修课程为44学分（大于国家规定的42学分），选修课程（即校本课程）为22学分（大于国家规定的14学分）。

（3）语数外等科目的选修课列入校本课程的学科拓展提高类课程。

（4）校本课程中"X＋"代表学校实际提供的科目多于X学分，学生可以根据实际情况选择修习，总学分不得低于国家规定的14学分。

（5）劳动课程中"其他"是指高一、高二各有2学分，这2学分是劳动课程与校本选修课程中的限定性选修课程的融合，学生在修习限定性选修课程合格后，可以获得相应的学分，不计入课时。

表4 课时构成一览表（数字代表每周课时）

课程类型	科目		高一 上学期	高一 下学期	高二 上学期	高二 下学期	高三 上学期	高三 下学期
国家课程	语文		4	4	0＋3	0＋3		
	数学		3	3	2＋1	0＋3	0＋1	0＋1
	外语		3	3	0＋3	0＋3	0＋2	
	思想政治		3	2	6＋6	6＋6	0＋3	0＋3
	历史		1	1				
	地理		1	1				
	物理		2	2				
	化学		1	1				
	生物学		1	1				
	技术	信息技术	2	2				
		通用技术	1	1	1			
	艺术（音乐/美术）		1	1	1	1	1	1
	体育与健康		4	4	4	4	4	4
综合实践活动	研究性学习/党团活动		2	2	1	1	1	1
	社会考察/军训/学农/党团活动		集中安排，不计入课时					
劳动	志愿者服务		利用课外时间完成，不计入课时					

(续表)

课程类型	科目	高一		高二		高三	
		上学期	下学期	上学期	下学期	上学期	下学期
校本课程	非学科类校本课程	2	2	2	2	1	1
	学科拓展提高类课程	6	6	6	6		
	分层辅导/自修	1	3	2	3	25	27
周课时合计		38	38	38	38	38	38

说明:

(1) 高一上学期思想政治共3课时,其中2课时为必修课,1课时用于学习《习近平新时代中国特色社会主义思想学生读本》(不计学分)。体育与健康的4节课中包括一节体育锻炼课,不计学分。

(2) 国家课程中"X+Y"型课时的X代表必修课时,Y代表选择性必修课时。高二年级的思想政治、历史、地理、物理、化学和生物学每周各1课时为必修,共6课时;等级性考试科目每周各2课时为选择性必修,共6课时。高三年级的等级性考试科目每周各1课时为选择性必修,共3课时。

(3) 高三分层辅导中,包括语文、数学、外语各5课时,等级性考试科目各3课时,共24课时。

(4) 非学科类校本课程中,除了同济科创类、博雅通识类和个性特长类课程,还包括班会、各类专题教育等限定性选修课程。

(5) 学科拓展提高类校本课程中,包括技术科目的选择性必修及融合课程。

三、课程实施与评价

(一)课程实施

1. 高质量实施国家课程

(1) 各学科制订课程实施行动计划。各教研组依据国家课程方案、学科课程标准、学业质量标准、教学基本要求、学校课程规划以及学科特点、原有基础与特色、学情,编制本学科课程方案、学期课程纲要、单元教学设计、单元作业设计、学历案等课程文本;明确教学设计应体现核心素养导向下单元教学的整体性、相关性和综合性;明确作业设计应基于课程标准,体现单元整体性,倡导基于情境和真实性问题的探究性作业。在课程实施过程中,学校严格执行学科实施行动计划、学期课程纲要和教学常规等,以学业质量标准规范教学,不超纲,不盲目赶进度,确保课程实施的专业、规范和有序。

(2) 结合科技创新、信息技术,推进劳动教育。学校开发并实施了由必修课程"劳动实践"("品格养成"劳动实践活动课程与"模拟职业"志愿服务活动课程)和选择性必修课程"创造劳动"("智创未来"工程素养培训课程与"小小工匠"通用技术创新课程)构成的劳动教育课程,以综合实践活动和通用技术课程为重要渠道,将劳动教育与科技创新、信息技术相结合,培养学生劳动创新意识,提升劳动创智能力。

(3) 推进综合实践活动的实施与建设。学校积极整合各类社会资源,建立稳定的综合实践活动基地,丰富和优化党团与班级活动,落实军训,提供学生参与社会考察、研学旅行、职业体验的机会;采用课题研究、项目设计或社会调查等形式,通过学科研究与跨学科研究相结合,提升研究性学习质量;利用信息技术为泛在学习、指导、交流、展示提供便利。

2. 特色化开发校本课程

根据学生发展需求和学校特色、优势,开发校本课程,促进学生个性和特长发展。

(1) 优化校本课程结构。在梳理已有校本课程的基础上,学校对照育人目标,构建四大类校本课程,详见表5。

表5 校本课程构成与开设年级一览表

素养倾向	类别	科目	开设年级	备注
人文底蕴、科学精神、学会学习、实践创新	同济科创类	低碳科技与生态	低碳科技与实践	高一、高二	限定选修
		人工智能与科创实践	Python基础探秘、智能驾驶之垃圾分拣、基于北斗卫星的自动驾驶系统、无人机体验课程等	高一、高二	自主选修
		工程实践	产品三维实体设计、汽车维修等	高一、高二	自主选修
人文底蕴、健康生活、责任担当	博雅通识类	明德修身	"四史"教育系列课程等	高一至高三	限定选修
		媒介素养	音视频创新媒体制作等	高一、高二	限定选修
		人文涵养	筑梦之旅——大国良师、爱智之旅——西方哲学导论等	高一至高三	限定选修
		身心健康	卡牌游戏中的心理探秘、趣味心理等	高一、高二	自主选修
		生涯规划	生涯金字塔、职业体验等	高一、高二	限定选修
		国际视野	哈佛辩论课程、看懂世界格局等	高一、高二	自主选修

(续表)

素养倾向	类别	科目	开设年级	备注
人文底蕴、健康生活、实践创新	个性特长类	艺术欣赏	经典音乐剧欣赏、视唱练耳等	高一至高三	自主选修
		艺术学创	创意舞动、爱上单片机、头脑奥林匹克（OM）等	高一至高三	自主选修
		劳技实践	桐木弹射飞机、艺创课程之实验室微改造等	高一至高三	自主选修
		体育健身	板球、滑板、篮球、足球等	自主选修	限定选修
科学精神、学会学习、责任担当、实践创新	学科拓展提高类	学科拓展	数学思想方法、现代生物技术应用等	自主选修	限定选修
		学科提高	语言说服力、走进神奇的气象世界等	自主选修	自主选修
		学科竞赛	TI（Texas Instruments，德州仪器）图形计算器的应用、PT（Physics Tournament，物理竞赛）创新思维等	高一、高二	自主选修
		学科实践	数学建模与实验、英语演讲与辩论等	高一、高二	自主选修

•同济科创课程：依托同济大学，与社区联动，以低碳和人工智能为特色，以学校已有课程为基础，融入高校课程资源（包括师资、场地、设施等），整合社区资源（包括生态环境、湿地资源、企业资源），推进跨学科项目化学习，着力提升学生创新素养与综合实践能力；由本校和高校教师共同实施。

•博雅通识课程：注重全人涵养，健全人格；由人文类学科教师及学生发展中心开发并实施，适度整合家长课程资源。

•个性特长课程：旨在满足学生兴趣爱好，帮助学生形成积极健康的生活态度，提高艺术修养、信息应用和动手实践能力；由艺术、体育、信息技术、劳动技术及跨学科教师开发并实施。

•学科拓展提高课程：由学科教师开发，对国家课程起到拓展、补充作用，满足学生潜能发展深度要求。

（2）加强体育、美育特色校本课程建设。为发扬体育教育特色，培养学生运动习惯、体育精神，学校对入学新生进行体质监测，根据学生体质情况推荐个性化的体育专项课程及体育活动，探索增值性评价；优化校内体育活动的组织形式，通过开发具有校园青春特点的课间操、舞龙和舞狮等具有中华传统元素的体育活动,推进体育专项训练等,营造积极向上、健康文明的校园体育氛围。为发扬艺术教育特色,提高学生的审美和人文素养,学校以创意活动推动艺术校本课程建设,以音乐剧创造和表演为载体,将戏剧创造、舞美表演、乐器演奏及舞台设计和改造、音视频技术等予以融合,形成具有特色的艺术校本课程。

(3)多途径形成跨学科课程(群)。学校通过自主开发、与高校合作开发、引进高校课程等方式,开展融合式大模块设计,形成了主题化、模块化、系统化、精品化的跨学科课程(群),体现了"人文奠基、科学创新"特色,满足了学生个性化发展需求,提高了学生基于真实情境发现问题、跨学科解决问题的能力。

3. 信息技术赋能课堂和组织管理

(1)打造信息技术赋能的"慧学课堂"新样态。学校实施了指向深度学习的单元教学,构建了"情境化、问题化、任务化、结构化、反思化、信息化"的"双新"课堂;语文学科加强任务群单元教学和基于信息平台的学点关联研究;数学学科关注建模和有效教学对话,提高数学结构思维,探索网络分层教学与辅导;英语学科强化以"规则"为主题的单元教学,形成线上线下融合的"4C"教学模式;物理、化学、生物学学科突出概念教学,加强实验与信息技术的融合教学;政治、历史、地理学科关注价值观念教学,形成思想方法、行为方式的准则,构建跨学科项目。

(2)创新学习空间,实施"网班"教学。学校基于信息平台的学生学习数据,形成"网班",生成每名学生的个性化课表,开展"网班"的分层教学、分类辅导,实现精准施教。学生完成各类课程规定课时的学习并通过学业评价,可获得相应学分;对符合条件的学生,继续实行"学生免修(免考)管理办法"。

(3)加强平台数据分析,优化生涯规划及学生发展指导。学校结合"晓德助手"程序进行梦想教育,帮助学生树立正确理想信念、正确认识自我,更好适应高中学习生活;全面实施全员导师制,做好学生生涯规划和学生发展指导,提高学生对选修课程、选考科目、报考专业和未来发展方向的正确认识和自主选择能力。

4. 打造"云端学院"促进学生个性特色发展

学校以育人功能为主要依据,依托信息技术设立三个"云端学院"。通过创设开放、多元、适切的学习空间,提供包括师资、学习伙伴、学习资源、学习进度等在内的差异化学习支持,匹配多元发展性学习评价,加强线上线下融合,明确不同类别课程的实施路径取向,引导和促进学生转变学习方式,促进学生核心素养全面提升。

(1)"启迪学院"旨在培养学生思想道德,陶冶性情,提升修养,拓展视野,启迪梦想,为学生现在及未来健康、积极生活奠定基础。打破年级、班级界限,实行走班制、学分制,为学生提供课程的多种选择。其中技术、艺术、体育与健身、劳动、社会实践活动(非研究性学习)为必修课程,其余为选修课程,学生须在每一类别选修课程中自主选择课程修习,累计修满2学分。

(2)"鞍山学院"旨在发挥"不甘人后,卓尔不群"的"鞍山精神",通过课堂攻坚,培养学生学科核心素养,提高学业质量,为高考和未来职业生涯奠基。开设九个高考学科,即语文、数学、外语、思想政治、历史、地理、物理、化学、生物学的必修、选择性必修和选修课程。行政班与走班制结合,必修课程须修满50学分,选择性必修课程至少修满38学分,学生可根据兴趣和等级考选考科目选修,至少修满8学分。

(3)"同济学院"旨在依托同济大学和学校创新实验室资源,加强科技和人文融合,培养学生基于问题解决的创新素养、创造能力与综合实践能力。开设大学先修课程、跨学科课程,其中研究性学习为必修课程,科创实践为限定性选修课程,学生须经历一次跨学科的项目学习、课题研究或科创实践等,修满4学分。

(二)课程评价

获得课程评价即关注从学生学习的角度获取的课程改进信息,从教师教学的角度获取的课程改进信息,以及从方案文本评估角度获取的课程改进信息。

1. 学习评价

学校指定课程教学中心、学生发展中心负责组织编写学生评教表、学生问卷和访谈提纲,每学期期末通过座谈会、问卷调查、作业与考试成绩分析等方式,收集学生对课程学习的感受、收获与建议;运用信息技术,全过程采集学生学习数据,包括但不限于课堂表现、作业时长、书面作业评价、网班学习情况、实验评价、学业成绩、课题研究、创意设计及成果等。评价以学生发展为导向,根据学生的作业、日常考查、课堂学习表现等形成学业分析报告,从而发挥评价的诊断、矫正及激励作用。评价的主要内容包括课程结构的合理性、课堂教学的有效性、作业和学业成绩与教学的相关性、课业负担、走班教学管理效能、学生学业成就水平等。

2. 教学评价

学校指定课程教学中心、教师专业发展中心负责组织编写课堂观察表、师生问卷和访谈提纲,聚焦课堂教学,通过课堂观察、教师自评、同行评议、学生评教以及作业、考试质量分析,获取课程修订的信息,激励教师持续改进,确保课程持续更新。评价的主要内容包括学生课堂表现、教学组织与实施是否指向核心素养培育、作业设计、单元作业时长与批改质量、辅导学生的情况、命题质量、单元评价与考试质量分析、学生学习成果(含学生素养发展、学业成效、创意成果等)、校本课程实施成效等。

3. 方案评价

学校指定课程教学中心、教师专业发展中心负责组织专家和教师编写教学方案评议框架和操作办法，通过对教师教学方案（包括单元教学设计、课时教案和作业）、学期课程纲要（国家课程和校本课程）、学校课程规划方案的评价，促进课程调适与迭代。评价的主要内容包括课程体系是否符合国家课程方案要求，是否能回应各方对于课程的期待；各层级方案的课程结构、内容与实施方式是否有利于学校或学科课程目标、育人功能的一致达成；课程实施、组织管理与评价是否有机融合信息技术，是否有利于提高教学评一致性，促进育人方式转变，是否符合学情、校情，具有可行性；是否能充分挖掘、整合利用校内外环境资源，支撑课程实施达成预期；等等。学校还通过每学年年末评选、展示优秀课程方案，试行校本课程星级制，促进精品、特色校本课程建设。

四、保障措施

（一）组织与制度保障

1. 优化学校组织机构，推进现代学校治理

学校设立四大中心，推行年级组长负责制，进一步健全组织管理，提升管理效能。

课程教学与信息中心，负责课程规划、开发与教学、评估、管理；指导教研组和年级组高质量实施国家课程，开发特色校本课程；推进教育数字化转型。

学生发展指导中心，负责学生德育、生涯教育、劳动教育、综合实践，推进全员导师制和家长学校建设等。

教师专业发展中心，负责学校重大教育科研项目研究及成果推广，组织校本研修和教师培训。

后勤服务中心，为学校教育、教学及管理提供全方位的设施、设备、资源、技术等保障。

三个年级组具体组织、实施课程，对教育教学质量全面负责。

2. 加强制度保障，协同落实课程规划

推进课程审议制度，聘请专家作为学校课程委员会成员，就课程规划、实施、评价等决策进行咨询和审议，确保课程规划的科学性、合理性、合规性，以及使课程规划可操作、可达成。学校课程的审议流程如图2所示，包含8个环节。落实课程实施制度，强化校本研修制度，探索多元评价制度，配套规划相关方案，确保课程实施有据可依。

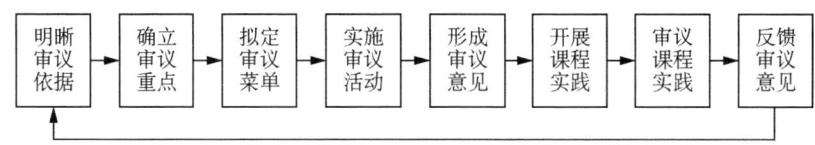

图 2　学校课程审议流程

(二) 师资与研修保障

1. 加强队伍建设,提高教师新课程实施胜任力

推进教师梯队发展工程,实施青年奋进工程、中坚鼎新工程、资深引领工程,加强高水平教师精准培养。

构建具有校本特色的教师培养课程体系,聚焦教师新教材实施、信息化融合和学生发展指导能力的提升。

推进基于信息化平台的专业学习社群实践研究,强化教师发展保障机制,激发教师的内驱力。

2. 推进深度教研,建设基于深度教研的高效课堂

开展"双新"课堂标准大讨论,制定学校好课标准,实施好课评优制度;坚持问题导向,持续改进,不断提升课堂教学水平和效益;形成以核心素养为导向、教学评一致的以"六化"为优点的"慧学课堂"教学范式。

强化公开课、研究课、示范课制度,加强听课研究和指导,及时反馈、督促、示范。

定期组织教研论坛、教师培训,汇编优秀案例等成果,加强宣传,促进经验交流分享,提高影响力。

(三) 环境与资源保障

1. 创建与国家级信息化标杆校相适应的校园环境

对标国家级信息化标杆校的新要求,积极争取市、区、高校项目支持,加强校企合作,完善学校信息化教学与管理平台建设,加快完成上海市首批信息化标杆校规划中的各项任务和指标,努力在数字化教学应用场景等方面为全市乃至全国提供可复制、可借鉴的经验。

2. 丰富课程资源,加强精准推送

依托信息化平台和高校资源,建设优质课程资源库;基于数据精准分析,推送学习资源,促进学生自主、个性化发展。

3. 创设学习空间,支持个性化学习

利用信息化手段,采用教师预约、同伴预约、空间预约和项目化学习等举措,借助青少年科技创新大赛、"明日科技之星"活动、"明天小小科学家"活动,提高创新实验室、学科教室、学科实验室、公共自主学习空间等各类学习空间的使用率,促进学生自主探究与创新实践。

第二篇

学科课程纲要

"化学(必修第一册)"课程纲要

第一部分　基本信息

科目名称：化学

课程类型：综合课程

所用教材：沪科版《化学》必修第一册

授课时数：10

授课对象：高一学生

设计教师：刘林青

第二部分　纲要内容

一、课程目标

本课程纲要以获取"海水中的卤素资源"单元为例,将进一步转化"海水中的卤素资源"为教学脉络,根据教学内容,创设真实情境,建立学习任务,组织学生开展学习活动,引导学生发现问题、解决问题,建立系统认识物质的化学视角与认知模型,初步学会探究物质性质的科学方法,提升实验设计与操作、信息加工与运用等学习能力。在《普通高中化学课程标准(2017年版2020年修订)》[①](简称《课标》)中,这一单元内容主要对应了三个主题,分别为化学科学和实验探究、常见的无机物及其应用,以及化学与社会发展。具体课程目标如下。

(1) 学习研究物质性质,探究反应规律,进行物质分离、检验等不同类型化学实验及探究活动的核心思路与基本方法。

(2) 结合真实情境中的应用实例或通过实验探究,了解氯及其化合物的主要性质。认识这些物质在生产中的应用和对生态环境的影响。

(3) 认识有化合价变化的反应是氧化还原反应,了解氧化还原反应的本质是电子的转移,知道常见的氧化剂和还原剂。

(4) 认识酸、碱、盐等电解质在水溶液中或熔融状态下能发生电离。通过实验事实认识离子反应及其发生的条件,了解 Cl^-、Br^-、I^- 的检验方法。

(5) 通过学习氯及其化合物,帮助学生建立研究非金属及其化合物的思路和方法,为后续学习非金属及其化合物提供学习模型。

(6) 认识物质及其转化在促进社会文明进步、自然资源综合利用和环境保护中的重要价值。

二、课程内容

"海洋中的卤素资源"选自沪科版新教材必修第一册第二章。这一学习主

---

① 中华人民共和国教育部. 普通高中化学课程标准(2017年版2020年修订)[S]. 北京:人民教育出版社,2020.

题是中华人民共和国教育部制定的《课标》中所明确的课程内容,本主题核心知识主要包括粗盐提纯、电解饱和食盐水的原理、氯及重要含氯化合物的性质和应用、氧化还原反应相关概念、电解质的电离、离子反应概念和发生条件、离子方程式的书写、卤素单质性质的递变规律及应用、溴和碘的提取及卤素离子的检验。

在《课标》中,"海洋中的卤素资源"这一主题的相关课程内容要求如下。

(1) 科学探究过程。了解科学探究过程包括提出问题、设计方案、实施实验、获取证据、分析解释、形成结论及交流评价等核心要素;理解从问题出发确定研究目的、依据研究目的设计方案、基于证据进行分析和推理等对于科学探究的重要性。

(2) 化学实验。认识化学实验是探究和学习物质及其变化的基本方法,是科学探究的一种重要途径;初步学会物质的检验、分离、提纯等化学实验基础知识和基本技能。

(3) 科学态度与安全意识。发展对化学实验探究活动的好奇心和兴趣,养成注重实证、严谨求实的科学态度,增强合作探究意识,形成独立思考、敢于质疑和勇于创新的精神;树立安全意识和环保意识。

(4) 元素与物质。认识元素可以组成不同种类的物质,根据物质的组成和性质可以对物质进行分类;同类物质具有相似的性质,一定条件下各类物质可以相互转化;认识元素在物质中可以具有不同价态,可通过氧化还原反应实现含有不同价态同种元素的物质的相互转化。

(5) 物质性质及物质转化的价值。结合实例认识非金属及其化合物的多样性,了解通过化学反应可以探索物质性质、实现物质转化。

(6) 学生必做实验。用化学沉淀法去除粗盐中的杂质离子;同主族元素性质的递变。

(7) 化学在自然资源和能源综合利用方面的重要价值。以海水的开发利用为例,了解依据物质性质及其变化综合利用资源和能源的方法。

这个单元从研究化学反应的视角介绍离子反应与氧化还原反应的相关内容,为整个高中化学的学习打下基础。同时具体介绍氯、溴、碘单质,氯、溴、碘化合物与氯、溴、碘的提取等内容,在传授知识的同时让学生学会研究物质性质的方法、检验物质的思路、海水中资源提取思路等化学方法(图1),帮助学生将理论与实践相结合,具备解决化学问题的能力。

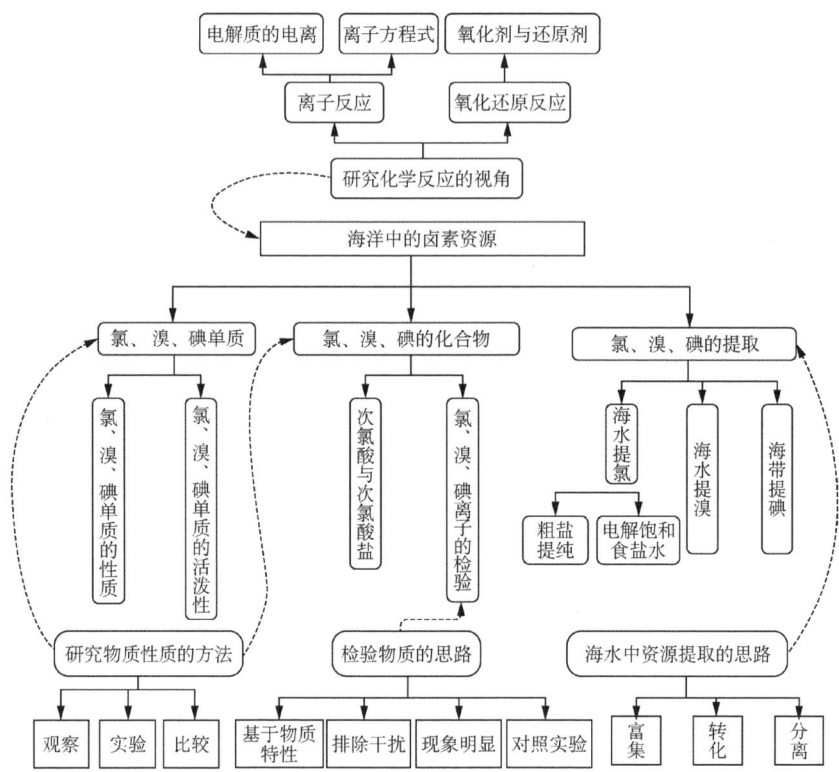

图 1 "海洋中的卤素资源"单元教学结构

三、课程实施

在本单元教学过程中,首先应注重认知模型的建构,例如以氯及其重要化合物为载体归纳非金属及其化合物的研究思路和方法;从单质到化合物,从物理性质、化学性质到用途、制法等,可以引导学生结合氧化还原反应与离子反应相关理论来分析含氯物质间的相互转化;尝试让学生绘制以氯元素为线索的转化关系图、以氯元素为中心的思维导图等,组织学生依据关系图书写相应的化学方程式或离子方程式,分析物质转化的条件、物质类别与元素化合价的变化等,逐步构建基于"价-类"二维的元素观。其次应注重融合 STSE(Science, Technology, Society and Environment,科学、技术、社会和环境)知识与化学史,如介绍氧化还原理论、电离理论的发展史,正确使用含氯化学品的方法,氯、溴、碘的化工生产等,帮助学生了解化学科学的发展历程及其趋势,了解化学在生活生产中的具体应用,认识化学工业在国民经济发展中的重要地位,引导学生从化学的视角看待和解决实际问题,促进学生赞赏化学、体会化学科学对人类文明和社会发展的作用。

具体的"海洋中的卤素资源"单元学习活动见表1。

表1 "海洋中的卤素资源"单元学习活动

单元任务	任务分解	内容	学习活动
海水中含有氯、溴、碘等80多种元素,人类怎样去开发利用这些资源?化学如何帮助我们实现从资源到产品的转化?我们又该如何合理地生产与使用化学品?	感悟体会	粗盐提纯	① 分析:海水晒盐的基本原理 ② 回忆:用物理方法除去粗盐中难溶性杂质 ③ 实验:用化学沉淀法除去粗盐中的杂质离子
		氯碱工业	① 实验:电解饱和食盐水 ② 拓展阅读:氯碱工业的发展
		氯气的性质	① 实验:氯气的化学性质 ② 探究:氯气与水的反应
		次氯酸与次氯酸盐	① 实验:光照下氯水的变化 ② 探究:漂粉精的性质与用途 ③ 讨论:如何合理使用含氯消毒剂
	原理指导	氧化还原反应	① 构建:氧化还原反应模型 ② 拓展阅读:氧化还原反应理论的发展 ③ 课后交流:身边的氧化还原反应
		氧化剂与还原剂	① 分析:物质的氧化性和还原性与所含元素化合价的关系 ② 探究:过氧化氢的氧化性与还原性
		电解质	① 实验:物质的导电性 ② 讨论:分析氯化钠电离的微观示意图并尝试用化学符号进行表征
		离子反应	① 探究:溶液中离子反应的实质 ② 讨论:如何用化学符号表征离子反应
	实践应用	卤素单质的活泼性	① 分析:卤素单质性质的相似性与递变性 ② 探究:比较氯、溴、碘单质的活泼性
		海水提溴与海带提碘	① 分析:海水提溴原理与工艺流程 ② 归纳:从海水中提取资源的一般过程 ③ 探究:海带中碘的检验和提取 ④ 实验:检验氯、溴、碘离子

本单元的学习内容除了卤素元素单质与化合物的性质外,还有氧化还原反应与离子反应等化学反应原理知识,建议发挥核心概念对元素化合物学习的指导作用,引导学生逐步养成从物质类别、元素价态的角度,依据复分解反应和氧化还原反应原理来认识物质的化学性质、变化和应用的认知模型,从而更好地落实学科核心素养的培养。可以对本单元中有关氧化还原反应部分的学习内容进行整合,在不同的学习时段中设计相关活动,逐步提升学生"变化观念与平衡思想"的学科核心素养水平。如在设计"海水中的氯"这一课的教学活动时,围绕"活动目的—任务—评价—反思"做如下活动设计(表2)。

表2 "海水中的氯"主题活动设计

目的	1. 利用本单元教学素材,掌握氯气的性质、氯水的成分和漂白的知识 2. 能够根据不同需要设计实验、实施实验、收集和加工处理信息,得出结论 3. 体验真实情境、合作学习对理解知识的重要作用 4. 树立自觉遵守国家关于资源利用和环境治理等方面法律法规的意识
任务1	探寻能与氯气发生化学反应的常见物质
活动1	1. 画出氯原子的结构示意图,由此分析氯气的主要性质,推测与氯气发生化学反应的物质应该具有的性质 2. 设计探究氯气与铁、氢气、水和氢氧化钠溶液反应的实验,列出实验器材、操作步骤和期待能够观察到的现象
评价1	能由原子结构推测物质性质;能说出实验方案的组成要素;能根据阅读、讨论等途径完善自己的实验方案;能安全、有效地完成实验,适时、准确地记录实验现象,并由此推出结论
任务2	探究氯水的成分和次氯酸盐的性质
活动2	1. 阅读教材内容《氯水的成分》《次氯酸和次氯酸盐》,记录你可能遇到的疑惑 2. 在自己思考的基础上,再根据下列要点进行思考、讨论和交流: 　(1) 谈谈你对消毒、漂白的理解 　(2) 归纳次氯酸的主要性质,尝试书写发生反应的方程式 　　然后推导 $NaClO$、$Ca(CO)_2$ 等盐溶液与稀 HCl、CO_2 和 H_2O 发生反应的方程式 3. 谈谈氯气与氯水的区别和联系。设计与完成验证氯气漂白原理的实验,并完成记录 4. 根据所学知识判断,下列题目涉及哪些知识。梳理并交流你的答题思路 　(1) 将氯气持续通入紫色石蕊试液中,溶液颜色呈"红色—褪为无色—先变黄色后变绿色"的变化。导致颜色变化的物质依次为(　　) 　　A. HCl,$HClO$,Cl_2　　　　　　B. Cl_2,$HClO$,HCl 　　C. HCl,HCl,HCl　　　　　　D. Cl_2,$HClO$,Cl_2

(续表)

活动 2	(2) 图 2 是一种检验某气体化学性质的实验装置,图中 B 为活塞。如先打开 B,在 A 处通入干燥氯气,C 中红色布条颜色无变化;当关闭 B 时,C 中红色布条颜色褪去,则 D 瓶中盛有的溶液是( ) A. 浓 H_2SO_4 溶液　　　　B. 饱和 NaCl 溶液 C. NaOH 溶液　　　　　　D. 水 图 2　实验装置 (3) 现有久制的氯水、新制的氯水、NaCl 溶液、NaOH 溶液四种溶液,加入一种试剂就能区别它们,则这种试剂是( ) A. $AgNO_3$ 溶液　　　　　B. 酚酞试液 C. 紫色石蕊试液　　　　　D. 饱和食盐水 (4) 在常温下,将 Cl_2 通入 NaOH 溶液中可以形成一种漂白液。上述反应的化学方程式是_____。该漂白液的有效成分是_____(填写名称)。已知 AgCl 是白色难溶物,则检验漂白液中是否含有 Cl^- 的方法为_____。有关反应的化学方程式是_____ 答案:(1) A;(2) B;(3) C;(4) $Cl_2+2NaOH\longrightarrow NaClO+NaCl+H_2O$;次氯酸钠;取样,加入硝酸酸化的硝酸银溶液,若出现白色沉淀,则含有 Cl^-;$Ag^++Cl^-\longrightarrow AgCl$
评价 2	能在阅读教材的过程中积极思考,发现自己的疑惑,能针对遇到的疑惑寻求解决方案;能应用对比的方法提出解决问题的方案,学习新的知识
反思	1. 复习本单元所学物质的性质等知识要点,并用于分析问题、解决问题 2. 用合适的、正确的化学用语表述物质的结构、组成和化学变化 3. 根据需要设计实验、进行实验和记录实验现象,并对实验现象综合分析,得出结论

四、课程评价

本单元的课程应注重指导学生从不同视角认识化学变化的多样性,运用氧化还原反应或离子反应原理对氯、溴、碘及其化合物的性质和化学变化作出解释或预测,并能够运用化学变化规律分析说明生产、生活实际中的化学变化,发挥核心概念对元素化合物学习的指导作用,发展学生的"变化观念与平衡思想""证据推理与模型认知""科学态度与社会责任"等学科核心素养。

(一) 学业质量评价标准

化学学业质量水平划分为 4 级。在每个水平中均包含化学学科核心素养的 5 个方面,依据侧重的内容将其划分为 4 个条目(每个条目前面的数字代表水平,后面的数字代表条目序号)。每个条目(按数字表示)分别对应一定的化学学科核心素养。如序号 1 侧重对应"素养 1　宏观辨识与微观探析"和"素养 3　证据推理与模型认知";序号 2 侧重对应"素养 2　变化观念与平衡思想";序号 3 侧重对应"素养 4　科学探究与创新意识";序号 4 侧重对应"素养 5　科学态度与社会责任"。《课标》中有关"海水中的卤素资源"的学业质量评价标准见表 3。

表 3　《课标》中有关"海水中的卤素资源"学业质量评价标准

水平	学业质量评价
1	1-1 能对氯及其化合物之间的转化进行描述和符号表征;能认识离子反应和氧化还原反应的本质,能结合实例书写离子方程式和氧化还原反应化学方程式;能说明常见含"氯"物质的性质与应用的关系 1-2 认识化学变化是有条件的
2	2-1 能从原子结构视角说明氯、溴、碘元素与单质性质递变规律 2-2 能设计物质转化的方案,能运用化学符号表征物质的变化,能说明化学变化的本质特征和变化规律
3	3-1 认识氧化还原反应的本质;能采用模型、符号等多种方式对物质的变化进行综合表征 3-2 能运用宏观、微观、符号等方式描述、说明物质转化的本质和规律;能根据需要设计氯及其化合物之间的转化
4	4-1 能基于物质性质提出物质在生产、生活等方面应用的建议和意见 4-2 能基于"绿色化学"理念分析评估物质转化过程对环境和资源的利用

(二) 评价量表

1. 课堂学习活动评价

本单元的学习过程中会开展若干典型的课堂学习活动。针对活动,可以依据单元目标和评价要点设定评价的目标、内容和要素,在此基础上可以开发评价指标和评价标准,并设计评价表用于具体评价活动(表 4、表 5)。

表 4　化学课分组活动学生组内自评表

活动主题:					
班级:		被评人姓名:	指导教师:		
小组成员:			小组长:		
请在下列你认为符合被评学生相应表现的地方打"√"			非常好	比较好	需改进
活动参与	能积极参与小组合作学习				
	能努力完成小组分工的任务				

分享合作	善于倾听同伴的观点			
	能积极思考并主动提出问题或想法			
	能与同伴一起探讨问题和解决方案			
	乐于与同伴分享探索的收获			
交流表达	能与他人交流想法,并清楚地表述观点			
	能对同伴的观点进行判断、分析、质疑			

表5 化学课课堂汇报(展示)活动组间互评表

活动主题:				
班级:	被评小组:	指导教师:		
小组成员:		小组长:		
请在下列你认为符合被评小组相应表现的地方打"√"		非常好	比较好	需改进
合作表现	同伴间分工明确,能积极参与,充分合作			
	能对同伴的研究给予点评、补充和完善			
展示效果	研究成果展示形式适切,内容科学			
	能清晰、准确地表述交流或汇报内容			
	辅助展示作品的制作生动有趣,能吸引人			
交流表达	能向同学提出值得思考的问题			
	能尝试对同学提出的疑问进行解答			

2. 课后作业评价

本单元的课后作业主要分"课时作业"和"跨课时作业"。课时作业一般是指对应单元中某课时的教学而布置的课后作业,学生要在第二天完成并提交。例如:用玻璃棒蘸取新制氯水滴在pH试纸中部,观察到的现象如图3所示。

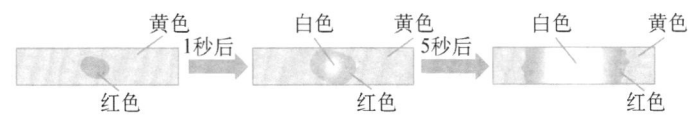

图3 pH试纸检验氯水的变色现象

(1) 使pH试纸变红的微粒X是_____(填微粒符号);使pH试纸变白的微粒Y是_____(填微粒符号)。

(2) 通过pH试纸颜色变化情况,说出X、Y两种微粒某项性质的差异。

_____(任写一条)

【作业说明】

本题采用了真实实验情境,引导学生通过实验探究活动学习化学,评价学生能否从氯水与 pH 试纸作用的现象中提取证据,辨识相关微粒及其反应,并基于实验事实提出自己的看法;同时关注学生的思维过程,体现了"证据推理与模型认知""科学探究与创新意识"的化学学科核心素养。

【参考答案】

(1) H^+;HClO

(2) H^+ 使指示剂变色速率大于 HClO 的漂白速率;H^+ 在 pH 试纸上的扩散速率大于 HClO 等(合理即可)。

跨课时作业是指在单元教学中布置的课后作业,对应内容不仅限于某一课时,完成时长由师生预先约定,一般长于课时作业完成的时间要求。教师对跨课时作业进行批改和评价,并及时开展反馈。学生也可以对作业进行自评或互评。

表 6 是本单元化学课的课后作业完成质量评价表。该评价表可用于学生自评,也可用于在教师对作业进行批改反馈之后学生开展互评。该评价方式能有效将学生每次作业的完成情况进行量化并收集,评价结果可用于对学生一个单元的作业完成情况进行综合评定。

表 6 本单元化学课的课后作业完成质量评价表

评价维度	评价标准	自我评价
双基落实	非常好:准确理解基础知识,掌握基本技能; 比较好:能较好理解基础知识,初步掌握基本技能; 需改进:对于知识技能的掌握较欠缺,有较多错误	
审题清晰	非常好:正确理解题意,准确分析图形; 比较好:能较好理解题意和分析图形,但存在个别审题不清的细节问题; 需改进:对于题目理解和图形分析等存在一定困难	
思维严谨	非常好:推理准确,逻辑严谨; 比较好:逻辑较严谨,但存在个别推理的细节问题; 需改进:逻辑较乱,存在较多错误	
表达规范	非常好:作业格式规范、表达科学准确; 比较好:作业格式较规范,表达基本准确; 需改进:作业格式不规范,表达不够准确	
运算准确	非常好:化学运算准确无误; 比较好:化学运算中存在个别错误; 需改进:化学运算中错误较多	

（续表）

评价维度	评价标准	自我评价
应用灵活	非常好:能灵活应用所学化学知识解决问题; 比较好:能合理应用化学知识解决问题,但存在一些细节问题; 需改进:应用化学知识解决问题的能力较薄弱	

说明:
- 学生根据每次作业的实际情况开展自我评价(可结合教师的批改反馈开展);
- 每个评价维度的评价等级分三档,其中"非常好"可对应自评 5 分,"比较好"可对应自评 4 分或 3 分,"需改进"可对应自评 2 分或 1 分;
- 建议借助信息技术手段开展评价活动,将每次的评分数据记录于数据库,单元学习完成后,可将本单元多次课后作业的各维度自评数据的平均分作为单元作业自评结果。建议分维度采用雷达图的形式呈现(图 4)

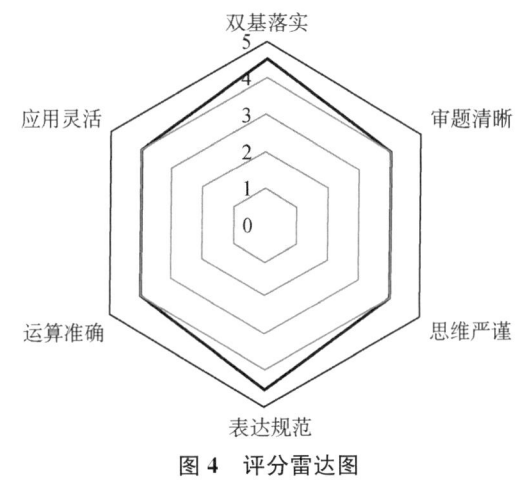

图 4　评分雷达图

(三) 评价示例

探秘氯气的溶解

我们在初中学过氧气与二氧化碳的溶解,两者溶解时情况并不相同,后者与水会发生反应生成新物质。氯气的溶解过程是与氧气类似,还是与二氧化碳类似？能否通过实验来进行探究？请你——

① 结合氯气的物理性质与化学性质,对氯气溶于水的过程提出假设;

② 设计相应的检验方案,结合实验,确定氯水中含有哪些成分;

③ 对实验中的"异常"现象,提出你的假设并进行进一步探究;

④ 查阅资料并结合你的探究结果,用科学的方式表示氯气溶于水的过程。

【活动说明】

本活动通过对"氯气溶于水过程"的探究,既有助于帮助学生通过氯气与水的反应确定氯水中的微粒成分,从而确定氯水的化学性质,又能帮助学生建立物质检验的思路和方法,培养学生依据实验事实和理论推理对化学问题进行分析、论证的学科核心素养。

【活动目的】

通过对氯水成分的探究,结合相关资料信息,确认氯气溶于水的过程。

【活动指导】

① 首先进行类比假设,氯气溶于水时若与氧气类似,则氯水中只存在氯分子和水分子;若与二氧化碳类似,则氯水中会存在其他微粒(由氢元素、氧元素和氯元素中的一种或几种形成,猜测可能有 H^+、Cl^- 等)。

② 对于第一种假设,可以观察氯水外观,呈浅黄绿色,嗅闻有刺激性气味,说明氯水中含有 Cl_2。将氯水滴在无水硫酸铜粉末上,粉末变蓝,说明氯水中含有 H_2O。

对于第二种假设,可以设计实验验证 H^+、Cl^- 等微粒的存在。H^+ 可以用多种物质进行检验,如活泼金属、碳酸(氢)盐、pH 试纸、指示剂等。Cl^- 可以用先加稀硝酸,再加硝酸银溶液的方法进行检验。可知氯气与水发生了反应,产物之一为氯化氢(溶于水为 H^+、Cl^-)。

查阅资料可知,氯分子中的一个氯原子和水中的氢结合形成 HCl,另一个氯原子和剩下的氢氧原子团结合,形成化学式为 HOCl(常写作 HClO)的物质。

③ 用 pH 试纸检验时可以发现 pH 试纸显示出红色后,立即就褪色了;向氯水中滴加石蕊试剂,结果石蕊试剂先变成红色,后来红色又褪去,这两个例子无不说明氯水还存在一种能漂白的成分,猜测 HClO 具有漂白性。

讨论并设计实验证明氯水的漂白性源于 HClO。可以通过排除法确定具有漂白性的只能是氯气与水反应的产物次氯酸。

④ 由氯气的溶解度可以估算出氯水中 H_2O 的含量远大于 Cl_2,但氯水中依然存在 Cl_2,说明氯气与水的反应是不完全的。因此,科学表示氯气溶于水的方式为:

$$Cl_2 + H_2O \rightleftharpoons HCl + HClO$$

资料显示,氯水中大约有 1/3 的氯气与水发生了上述反应。

【活动评价】

本活动为实验探究,应结合提出假设、制订方案、搜集证据、得出结论、反思质疑等科学探究环节进行相应评价。

"提出假设"评价点可以是能否根据氧气与二氧化碳的溶解情况,运用逻辑推理和想象,对氯气的溶解过程作出至少两种不同的假设,并根据每种假设,分析氯水中可能存在的成分微粒等;"制订方案"评价点可以是能否结合各微粒性质,提出多种针对性的检验方案,并能合理考虑检验过程中微粒间可能产生的干扰等;"搜集证据"评价点有实验现象的记录、报告的完整性与整洁性等;"得出结论"评价点有实验结果与结论的相关性,能否结合相关资料科学地表示氯气溶于水的过程等;"反思质疑"评价点有对于与假设不一致的"异常"现象(如指示剂褪色),能否设计对比实验进行探究等。可采用以下评定量表进行评价(表7)。

表7 "氯气溶于水过程"活动评价

评价项目	优	良	一般	差
提出假设	能作出至少两种不同的假设;根据每种假设,分析可能存在的成分微粒	能作出一种假设;根据假设分析可能存在的成分微粒	能作出一种假设;对可能存在的成分微粒分析不足	不能作出假设
制订方案	能对各微粒提出多种针对性的检验方案;能合理考虑干扰	能对各种微粒提出一种检验方案;对可能产生的干扰考虑不够	只能对部分微粒提出一种检验方案	不能提出检验方案
搜集证据	能正确进行实验,仔细观察,客观记录实验现象	能完成检验实验,大部分实验现象有记录	能完成部分检验实验,实验现象记录不完整	未能完成实验
得出结论	将实验结果与假设进行比较,能结合资料对结论用化学符号进行科学表征	能根据实验结果判断假设是否成立;能准确描述结论,但不能用符号进行表征	能根据实验结果判断假设是否成立;无法准确描述氯气溶于水的过程	不能得出结论
反思质疑	能发现"异常"现象,设计对比实验进行探究,排除氯水中已知成分,得出次氯酸具有漂白性的结论	能发现"异常"现象,提出新的探究问题;能初步设计探究实验	能发现"异常"现象,能进一步提出问题	未能发现"异常"现象

五、课程资源

本文首先根据《课标》进行了教学目标的确定以及教学内容的选择和设计,确保本节课与《课标》紧密联结。此外,针对学情,本文选用了沪科版的化学教材作为主要教学资源,笔者结合教材内容,设计课堂讲解、示范和练习,引导学生逐步掌握化学知识和解题方法。除了教材,笔者也会使用其他辅助教学资源,如实验器材、化学模型、多媒体课件等。实验器材可以用来进行实验教学,让学生通过实践感受化学反应的过程;化学模型可以用来直观展示分子结构和化学键的形成;多媒体课件则可以用来呈现化学现象的图像、动画和模拟实验,提高学生的学习兴趣和理解能力。此外,笔者还会根据学生的实际情况和兴趣特点,引导他们进行课外阅读和网络搜索,寻找与化学相关的资料和资源,拓展知识面,丰富学习内容。综合运用这些教学资源,能够在课堂上给学生提供多样化的学习体验,促进学生的全面发展和深度学习。

第三部分 设计说明

一、素养要求

素养要求见表8。

表8 素养要求

学科核心素养	素养水平	描述	典型教学内容举例
宏观辨识与微观探析	水平1	能根据实验现象辨识物质及其反应;能联系物质的组成和结构解释宏观现象	电解饱和食盐水、氯气的性质
	水平3	能从原子、分子水平分析常见物质及其反应的微观特征;能分析物质化学变化与物质微观结构之间的关系	离子反应
	水平4	能从宏观与微观结合的视角对物质及其变化进行分类和表征	离子方程式
变化观念与平衡思想	水平1	能认识到物质运动和变化是永恒的,能归纳物质及其变化的共性和特征	氯、溴、碘的性质
		能根据观察和实验获得的现象和数据概括化学变化发生的条件、特征与规律	电解质的电离
	水平2	能从原子、分子水平分析化学变化的内因和变化的本质	离子反应
	水平3	能运用化学反应原理分析影响化学变化的因素	氧化还原反应
	水平4	能从不同视角认识化学变化的多样性,能运用对立统一思想和定性定量结合的方式揭示化学变化的本质特征	离子反应、氧化还原反应
		能对具体物质的性质和化学变化作出解释和预测,能运用化学变化的规律分析说明生产、生活实际中的化学变化	氧化还原反应、氧化剂和还原剂
证据推理与模型认知	水平1	能识别化学中常见的化学反应的理论模型,能将化学事实和理论模型之间进行关联和合理匹配	电解饱和食盐水、氧化还原反应、电解质的电离

(续表)

学科核心素养	素养水平	描述	典型教学内容举例
证据推理与模型认知	水平2	能运用理论模型解释或推测物质的组成、结构、性质与变化	氧化还原反应
科学探究与创新意识	水平1	能根据教材中给出的问题设计简单的实验方案，完成实验操作，观察物质及其变化的现象，客观地进行记录，对实验现象作出解释，发现和提出需要进一步研究的问题	用化学沉淀法除去粗盐中的杂质离子、卤素离子的检验
科学探究与创新意识	水平2	能根据对简单化学问题的解决提出可能的假设，依据假设设计实验方案，组装实验仪器，与同学合作完成实验操作；能运用多种方式收集实验证据，基于实验事实得出结论，提出自己的看法	氯、溴、碘单质的活泼性及离子反应的实质
科学探究与创新意识	水平4	能根据文献和实际需要提出综合性的探究课题，根据假设提出多种探究方案、评价和优化方案；能对实验中的"异常"现象和已有结论进行反思、质疑和提出新的实验设想，并进一步付诸实施	氯水成分探究
科学态度与社会责任	水平1	具有安全意识，逐步养成严谨求实的科学态度，不迷信，能自觉抵制伪科学；能列举事实说明化学对人类文明的伟大贡献，主动关心与环境保护、资源开发等有关的社会热点问题，形成与环境和谐共处，合理利用自然资源的观念	氯气的性质、次氯酸和次氯酸盐
科学态度与社会责任	水平2	具有"绿色化学"观念，能运用所学知识分析和探讨某些化学过程可能对人类健康、社会可持续发展带来的双重影响，并对这些影响从多个方面进行评估	氯碱工业
科学态度与社会责任	水平3	具有理论联系实际的观念，有将化学成果应用于生产、生活的意识，能依据实际条件并运用所学的化学知识和方法解决生产、生活中简单的化学问题；在实践中逐步形成节约成本、循环利用、保护环境等观念	海水提溴、海带提碘

二、教材分析

本单元选自沪科版《化学》必修第一册第二章，主要包括氯、溴、碘等卤素单质及其重要化合物的主要性质与应用；氧化还原反应、电离与离子反应；化学在自然资源综合利用方面的重要价值等学习内容。

本单元以海洋中的卤素资源的开发与利用为主要线索，结合氧化还原反应、离子反应等化学反应原理知识，使学生能基于代表物类别、类别通性、氧化还原、电离、离子反应等认识角度，预测物质性质与设计物质转化，建立物质性质、结构及用途之间的联系，认识化学在促进社会发展、改善人类生活条件等方面所起到的重要作用。通过氯、溴、碘单质与化合物性质的教学，使学生了解含氯物质间的转化，可以帮助学生构建对于典型非金属元素及其化合物的研究思路和方法；通过氧化还原反应与离子反应的教学，引导学生从不同视角认识化学反应，并能够运用相关化学原理对反应产物进行预测、探究，强化证据推理意识；通过与氯气、盐酸、漂粉精、溴、碘等相关的工业生产过程的教学，引导学生体会化学工业与化学理论之间的联系与差别，了解中国在海洋资源开发利用方面的成就，增强科技兴国、实业兴国的使命感，养成珍惜资源、合理开发和综合利用资源的意识。

三、学情分析

本单元的学习是学生从初中开始学习化学以来，第一次较为全面地、系统地去接触元素化学，也是第一次深入地去感受、发现与认识化学反应的原理和本质。学生的学习不应仅仅停留在"知道"或是"认识"等低阶层次，而是应透过现象看到反应的本质，能在本单元的学习活动中建立化学学科中最有特色的"微粒观"与"转化观"等核心观念，培养"应用""掌握""评价"等高阶思维，因此对于高一新生和教师而言，这无疑给"教"和"学"都带来了一定的挑战。

在进行本单元的学习之前，学生已具备元素化合物的基本知识，提前学习了原子结构相关知识，理解了如何从电子得失角度分析化合价的变化。另外，高一的学生具备一定的小组实验、讨论分析等合作学习的能力。在实际教学中我们把原子结构、电解质和离子反应这些知识点放在本节课之前学习。在本章学习中，就能更好地将学生的认知进一步从宏观引向微观，从物质引向离子，使学生的思维能力得到锻炼并取得进步。

"国家制度与社会治理"课程纲要

第一部分 基本信息

科目名称: 历史

课程类型: 基础型课程

所用教材:《历史 选择性必修1 国家制度与社会治理》

授课时数: 18

授课对象: 高二学生

设计教师: 陈晶灿

第二部分 纲要内容

一、课程目标

"国家制度与社会治理"这门课程最核心的目标是要引导学生运用唯物史观与阶级分析方法,对上层建筑(国家制度和社会治理)的各领域的实质进行深入分析,并认识到国家治理体系和治理能力现代化的重要性。具体而言,学生通过本课程的学习应达到如下目标:能够基本认识中国古代国家制度和社会治理措施的主要发展线索,同时能够简单了解欧美国家在制度建设和社会治理方面的重要成就及其历史渊源,并且初步掌握当代中国国家制度和社会治理措施的由来和概况;能够认识到制度会随着社会变迁而变化,不同国家和地区的制度,应当在坚持自身优秀传统的基础上,从社会实际情况出发,相互取长补短,日臻完善。

二、课程内容

"国家制度与社会治理"这门课程由6个专题组成。《普通高中历史课程标准(2017年版2020年修订)》①(简称《课标》)规定每一门选择性必修课程的学分为2分,学校安排为18课时,具体课程内容与学习目标见表1。

表1 课程内容与学习目标

专题	课时	课程内容	学习目标
政治制度	4课时	1. 中国古代政治制度的形成与发展 2. 西方国家古代和近代政治制度的演变 3. 中国近代至当代政治制度的演变 4. 中国历代变法和改革	了解中国古代政治体制在秦朝建立后的巨大变化;通过宰相制度和地方行政层级管理的变化,认识自秦起君主专制中央集权政治体制的演变线索;了解古代至近代西方政治体制各主要类型的产生和演变过程,以及共和制在中国建立的曲折过程

---

① 中华人民共和国教育部.普通高中历史课程标准(2017年版2020年修订)[S].北京:人民教育出版社,2020.

(续表)

专题	课时	课程内容	学习目标
官员的选拔与管理	3课时	1. 中国古代官员的选拔与管理 2. 西方的文官制度 3. 近代以来中国的官员选拔与管理	了解中国古代官员选拔方式的更迭过程和不同阶段的特征,知道中央集权体制下古代中国的官员考核和监察制度;了解中国科举制与西方近代文官制度的渊源关系,知道西方近代文官制度的特点,以及对近现代中国公务员制度的影响
法律与教化	3课时	1. 中国古代的法律与教化 2. 近代西方的法律与教化 3. 当代中国的法治建设与精神文明建设	知道中国先秦时期成文法的产生过程,以及这一时期思想家对于德治、法治关系的讨论;知道自西汉起历代王朝法律、礼教并用的统治手段;了解近代西方法律制度的渊源和基本特征,知道宗教伦理在西方社会发展进程中的作用;了解当代中国的法治建设和精神文明建设成就
民族关系与国家关系	4课时	1. 中国古代的民族关系与对外交往 2. 近代西方民族国家与国际法的发展 3. 当代中国的民族政策 4. 当代中国的外交	了解中国古代的民族政策和边疆管理制度,认识中国作为统一的多民族国家的发展历程,以及中国古代处理对外关系的体制;了解近代西方民族国家的形成过程,以及国际法的发展;了解当代中国民族区域自治制度的历史意义,以及独立自主的和平外交政策的主要成就
货币与赋税制度	2课时	1. 货币的使用与世界货币体系的形成 2. 中国赋税制度的演变	了解中外历史上货币发行和使用情况,以及现代世界货币体系的形成;了解中国古代赋税制度的演变;了解关税、个人所得税制度的产生及其在中国的实行
基层治理与社会保障	2课时	1. 中国古代的户籍制度与社会治理 2. 世界主要国家的基础治理与社会保障	了解中国古代以赋役征发为首要目的的户籍制度,以及有代表性的基层管理组织;知道中国古代王朝在社会救济和优抚方面采取的重要措施;知道西方主要国家基层治理的特点及其由来;了解现代社会保障制度的产生及其实行情况

三、课程实施

本课程的活动及实施方法见表2。

表2 课程活动及实施方法

专题	活动设计	教学方法	学习方法	拓展练习
政治制度	活动一:绘制时间轴 通过时间轴梳理古今中外政治制度的演变线索,小组合作探究政治制度的特点及其历史影响	引导学生探明某一政治制度产生的历史背景,以及与该制度有关的历史渊源;在了解制度内容的基础上,要重点分析这一制度的特点及作用,并阐明该制度对当时及以后的影响	绘制时间轴:学生根据教材内容,将大问题分解为多个问题,通过阅读教材,进行整理分析	完成中外政治制度对比习题
官员的选拔与管理	活动二:提取信息,比较中西方选官制度 解读材料,归纳中国不同时期的选官制度的方式、依据及其利弊,西方文官体制的特点;通过比较理解中西方选官制度的联系	中国古代官员的选拔与管理服务于中国古代的中央集权体制,要重点分析不同时期选官制度的创新之处和缺陷,同时要注意中西方不同时期选官制度的联系与影响	历史比较法:通过对不同时间、空间条件下的历史事件、历史现象及历史人物进行比较,找出异同,发现本质,探寻历史发展的共同规律和特殊规律	整理关于官员选拔与管理的相关知识点
法律与教化	活动三:小组合作比较法律体系 比较中西方不同的法律体系,查阅资料,了解教化对于社会治理的作用	法律与教化这一专题相对抽象,教师在教学的过程中,可以通过问题情境的设置,引导学生多层次多角度进行探讨	问题驱动法:创设问题情境,激发学习兴趣,延续探究热情	完成中外法律体系的知识梳理和关于对法律的认识的小作文
民族关系与国家关系	活动四:绘制图片 通过绘制地图、坐标轴、方位图,了解我国不同时期处理与不同方位民族关系的政策;比较不同时期的对外交往线路图,归纳中国古代对	学生容易将民族关系与国家关系相混淆,教师要引导学生注意区别民族关系与国家关系。在今天我们的国土领域之内,我国各民族在不同历史时期建立的政权与	小组合作探究法:能够自己解决的问题以自学的形式完成,不能自己解决的问题以小组合作探究的形式完成,既能独	概述历代王朝的阶段特征

(续表)

专题	活动设计	教学方法	学习方法	拓展练习
民族关系与国家关系	外关系的阶段特征；绘制中华人民共和国成立后的中国外交成就大事年表	中央王朝的关系，都应该视为民族关系。中国古代的国家关系，则是专门指中国与其他国家之间的交往	立自主地开展学习，也能与他人愉快合作，共享学习的乐趣	概述历代王朝的阶段特征
货币与赋税制度	活动五：搜集货币，探究信息 搜集我国不同时期的货币实物或图片，小组合作探究货币本身所隐含的历史信息。分组讨论世界货币体系的演变历程，以及中国不同时期赋税制度演变的动因	这一专题的内容具有明显的跨学科特征，教师需要掌握一定的经济学、财政学基础理论知识，教师可与思政课教师集体备课。另外，教师要让学生明确，无论是货币制度还是赋税制度，从古至今都有相当大的变化，其变化的深层动力，主要来自生产力水平的提高和社会经济的发展	史政结合（重点）：在学习赋役改革实例时，联系国家所处的时代背景，结合社会矛盾，来揭示改革的历史必然性及其特点，分析其产生的影响。全面把握历史发展中时、空、人、事之间的纵横联系，在学习过程中体会历史思维的奥妙	完成配套习题，认识赋役制度的演变
基层治理与社会保障	活动六：绘制表格，整理信息 运用表格梳理古代的户籍制度和基层组织；查阅资料，了解当代中国的社会保障制度及其巨大成就	重点要梳理古代的户籍制度和基层组织，使学生对中国古代的户籍制度与基层组织有整体认识。要强调当代中国在推进现代社会保障制度建设上取得的巨大成就	图表绘制法：运用表格将复杂、繁琐的细小知识点进行整理，较为直观形象地呈现历史脉络	完成配套习题；了解不同时空下的户籍制度与基层管理制度

四、课程评价

课程评价是课程实施的关键一环，科学有效的课程评价能够为课程学习提供正导向作用，同时也能为课程设计的调整提供客观的反馈依据。

1. 学业质量标准

学业质量标准是以历史学科核心素养及其表现水平为主要的评价维度。历史核心素养包括唯物史观、时空观念、史料实证、历史解释、家国情怀五个维度。高中历史学业质量分为4级,选修选择性必修课程内容的学生需要参加等级性考试,其学业水平要求需要达到《课标》规定的水平3和水平4。基于历史学科素养的评价内容(水平3和水平4)见表3。

表3 基于历史学科素养的评价内容(水平3和水平4)

核心素养	具体要求
唯物史观	能够将唯物史观运用于对历史的学习、探究中,并将其作为认识和解决现实问题的指导思想
时空观念	能够把握相关史事的时间、空间联系,并用特定的时间和空间术语对较长时段史事加以概括说明。在对历史和现实问题进行独立探究的过程中,能够将其置于具体的时空框架下;能够选择恰当的时空尺度对其进行分析、综合、比较,在此基础上作出合理的阐述
史料实证	在探究特定历史问题时,能够对史料进行整理和辨析;能够利用不同类型的史料,对所探究的问题进行互证,形成对该问题更全面、丰富的解释。比较、分析不同来源、不同观点的史料;能够在辨别作者意图的基础上利用史料;在评述历史时,能够对材料进行适当的取舍;在对历史和现实问题进行探究的过程中,能够恰当地运用史料对所探究问题进行论述
历史解释	能够分辨不同的历史解释;尝试从来源、性质和目的等多方面,说明导致这些不同解释的原因并加以评析。在独立探究历史问题时,能够在尽可能占有史料的基础上,尝试验证以往的说法或提出新的解释
家国情怀	能够把握中华民族多元一体的发展趋势,以及世界历史发展的进步历程,形成正确的世界观、人生观、价值观和历史观;能够表现出对历史的反思,从历史中汲取经验教训,更全面、客观地认识历史和现实社会问题;能够将历史学习所得与家乡、民族和国家的发展繁荣结合起来,立志为新时代中国特色社会主义建设和中华民族伟大复兴作出自己的贡献

2. 多维度评价

关注"三结合"与"两化","三结合"包括:课内学习评价与课外学习评价的有机结合、过程性评价与终结性评价的有机结合以及量化评价和质性评价的有机结合。"两化"即注重评价主体的多元化和评价方式的多样化。为方便记录,本课程的评价主要分为过程性评价和终结性评价,过程性评价的具体评价内容见表4。

表4 过程性评价内容

环节	评价内容
课前预习	课前预习的按时完成;课前预习问题的生成与思考

(续表)

环节	评价内容
课堂学习	课堂回答问题的数量和质量；与教师互动的次数和质量
课外活动	活动方案的设计与组织；活动过程中问题的解决；活动成果的总结展示
单元检测	单元思维导图的绘制；单元选择题与思考题的解答

终结性评价要重点关注学生在完成阶段性的学习后所达到的历史学科核心素养的水平。就历史学科而言，最能考查学生核心素养的方式之一就是历史"SOLO 论文"的撰写，在期中或期末阶段，学生要基于阶段的历史学习主题，撰写历史"SOLO 论文"。对历史"SOLO 论文"的评价标准见表5。

表5　历史"SOLO 论文"评价标准

评分	层次	表现
0 分	前结构层次	学生基本上无法理解问题和解决问题，只提供了一些逻辑混乱、没有论据支撑的答案
1~3 分	单点结构层次	学生找到了一个解决问题的思路，但却就此收敛，单凭一点论据就得出答案
4~6 分	多点结构层次	学生找到了多个解决问题的思路，但却未能把这些思路有机地整合起来
7~9 分	关联结构层次	学生找到了多个解决问题的思路，并且能够把这些思路结合起来思考
10~12 分	抽象拓展层次	学生能够对问题进行抽象的概括，从理论的高度来分析问题，而且能够深化问题，使问题本身的意义得到拓展

五、课程资源

本课程充分利用我校作为"双新"示范校所具备的课程资料，寻求课程教学专家与历史学家对教师进行专业的培训与指导；充分利用我校的信息化平台，挖掘数字化资源，实现线上学习与线下学习的有机结合；利用学校的跨学科教研组，打破学科壁垒，进行跨学科备课。可参考的课程资源如下。

（1）《历史 选择性必修1 国家制度与社会治理》和《普通高中历史课程标准（2017年版2020年修订）》。

（2）网站：国家教育资源公共服务平台、中学历史教学园地、学科网。

第三部分 设计说明

一、素养要求

通过本课程的教学,引导学生从制度视角去认识人类政治生活发展的历史,并在此基础上进一步培养学生历史学科核心素养;引导学生从历史发展的角度认识相关国家制度和社会治理措施,了解其产生的时代背景,及其意图解决的社会问题,并辩证分析制度的利弊及发展变化。本课程的各专题内容均古今贯通、中外关联。学生需要把握不同时期、不同国家和地区的制度、措施之间的联系,能够运用特定的时间和空间术语对历史上的重要制度、措施进行描述概括,理解有关制度和措施的演变进程、影响、意义。学生还需要进一步从历史发展的角度,从各种涉及政治制度与社会治理的史料出发,理解某一制度创立的历史条件、发展演变,并对其作用和影响给出恰如其分的评价;具备重视证据的思维方式和能力,从宏观和微观的不同角度认识制度的延续、变迁和互相影响,理解制度形成和变化背后的复杂社会因素,逐渐提高自己的历史解释能力。

最后,通过本课程的教学,学生要更清楚地认识不同国家政治制度的特点和产生的原因,正确认识历史上政治文明的演进,使学生增强对当今中国制度建设与发展的自信心和责任感,加深对中国特色社会主义的制度自信。

二、教材分析

历史选择性必修教材《国家制度与社会治理》通过国家制度和社会治理的相关内容,展示人类政治生活的发展。本册六个专题都是在历史必修教材《中外历史纲要》基础上的递进与拓展。每个专题都是先叙述中国的发展脉络,再叙述西方的发展脉络,重点在于了解认识中国从古至今的国家制度和社会治理体系。

三、学情分析

从学情来看,政治制度、官员的选拔与管理、民族关系与国家关系这三个专题的内容在必修课程中有比较充分的体现,学生有一定的学习基础。而法律与教化、货币与赋税制度、基层治理与社会保障这三个专题,新内容相对较多。例如,对于货币与赋税制度,学生掌握的是片段式知识,如秦朝时期统一货币、汉朝中央政府推行"五铢钱"以及隋唐时期推行租庸调制和两税法,缺少对于赋役制度演变的完整把握及深层次的认知,学生理解起来也有一定的难度。所以在学习这一专题时,教师对于专业名词的解释、史料的选取与解读需要进一步思考,引导学生从唯物史观出发,全面辩证地认识这些制度对于国家治理的重要意义。

"组成细胞的分子与结构"课程纲要

第一部分　基本信息

科目名称：生物学

课程类型：新授课

所用教材：沪科版《生物学 必修1 分子与细胞》

授课时数：20课时

授课对象：高一学生

设计教师：胡超越、蔡婷、王蔚颖

第二部分 纲要内容

一、课程目标

通过对组成细胞的分子和结构的学习,认识生命的物质性、统一性、差异性和复杂性,初步形成结构与功能相适应的生命观念。

二、课程内容

本课程中每一章节的教学内容见表1。

表1 课程教学内容

章目	教学内容
走进生物学	生物学是与人类生活密切相关的自然科学
	实验探究是学习生物学的重要途径
	用高倍镜观察动植物细胞
	细胞是生物体结构的基本单位
细胞的分子组成	C、H、O、N、P、S等元素组成复杂的生物分子
	蛋白质和核酸是重要的生物大分子
	糖类和脂质是细胞的结构成分和能源物质
	检测生物组织中的还原糖、脂肪和蛋白质
	水和无机盐是生命活动的必需物质
细胞的结构	细胞由质膜包裹
	细胞各部分结构既分工又合作
	观察叶绿体和细胞质流动
	制作真核细胞的结构模型

三、课程实施

1. 教学方法

教学方法包括多媒体教学、实验教学、组织小组合作学习和案例分析。

2. 学习方法

学习方法包括实践操作、小组讨论、制作思维导图、观看视频教程、参加课堂讨论、自主探究和拓展阅读。

3. 活动设计

根据教学内容,设计活动,具体活动安排对照表见表2。

表 2 活动安排对照表

课时	教学内容	活动安排
0.5	生物学是与人类生活密切相关的自然科学	1. 资料分析:杂交技术研究历程与成果 2. 实验设计:探究海滩土壤对海水稻幼苗生长的影响 3. 活动:利用高倍显微镜观察不同生物的细胞装片 4. 资料分析:施莱登和施旺通过不完全归纳法归纳并提出细胞学说的科学史
0.5	实验探究是学习生物学的重要途径	
1	用高倍镜观察动植物细胞	
1	细胞是生物体结构的基本单位	
1	学习交流与评价	
0.5	C、H、O、N、P、S等元素组成复杂的生物分子	1. 活动:模拟氨基酸脱水缩合形成蛋白质 2. 活动:动手搭建DNA(Deoxyribonucleic Acid,脱氧核糖核酸)分子双螺旋结构 3. 资料分析:蛋白质与相关疾病的案例 4. 资料分析:胆固醇与心血管疾病的案例
1.5	蛋白质和核酸是重要的生物大分子	
2	糖类和脂质是细胞的结构成分和能源物质	
1	检测生物组织中的还原糖、脂肪和蛋白质	
1	水和无机盐是生命活动的必需物质	
2	学习交流与评价	
1	细胞由质膜包裹	1. 活动:玉米染色演示实验 2. 资料分析:细胞膜结构的探究过程 3. 活动:运载药物脂质体的设计 4. 资料分析:细胞核是细胞生命活动的控制中心 5. 活动:细胞质流动的实验观察 6. 活动:建构真核细胞结构模型
3	细胞各部分结构既分工又合作	
1	观察叶绿体和细胞质流动	
1	制作真核细胞的结构模型	
2	学习交流与评价	

4. 拓展性练习(示例)

幽门螺杆菌在胃中大量繁殖会引起胃炎、胃溃疡等多种疾病。幽门螺杆菌具有较强的尿素酶活性,该酶能催化尿素分解为氨和 CO_2。目前,^{13}C-尿素呼气检测是诊断幽门螺杆菌感染的方法之一,具体方法如下:让待检者服下一定量的 ^{13}C-尿素,约30分钟后收集其呼出的气体,检测其中是否含有 $^{13}CO_2$。

(1) 从细胞结构组成的角度进行比较,幽门螺杆菌与胃腺细胞最本质的区别是_____。

(2) 幽门螺杆菌遗传物质的基本单位是_____。

(3) 幽门螺杆菌的遗传物质主要分布在_____结构中。
A. 核糖体　　B. 线粒体　　C. 核仁　　D. 拟核

(4) 下列细胞中,与幽门螺杆菌一样属于原核细胞的一组是_____。
① 酵母　② 支原体　③ 草履虫　④ 绿眼虫　⑤ 大肠杆菌　⑥ 蓝细菌
A. ①②③　　B. ①②⑥　　C. ④⑤⑥　　D. ②⑤⑥

(5) 幽门螺杆菌的质膜主要成分为_____。
① 磷脂　② 蛋白质　③ 多糖　④ 胆固醇
A. ①　　B. ②　　C. ①②　　D. ①②③

(6) 细胞核是人体胃腺细胞储存遗传信息的主要场所,下列关于细胞核各结构及功能的叙述正确的是_____(多选)。
A. 胃腺细胞核膜由双层膜结构组成
B. 染色质由 DNA 和蛋白质组成
C. 核仁与细胞中核糖体的形成有关
D. 核孔是细胞核中大分子 DNA 进出的通道

(7) 幽门螺杆菌与人体胃腺细胞共有的细胞结构有_____(多选)。
A. 细胞质膜　　B. 线粒体　　C. 核糖体　　D. 细胞质基质

(8) 根据题干信息可知,使用 ^{13}C-尿素呼气检测胃部是否有幽门螺杆菌感染时,若待检者服下一定量的 ^{13}C-尿素,约30分钟后收集其呼出的气体,其中不含有 $^{13}CO_2$,则可诊断为待检者_____(感染/未感染)幽门螺杆菌,你的判断依据是_____。

(9) 当幽门螺杆菌在胃中大量繁殖引起胃炎、胃溃疡时,血液中白细胞通过毛细血管壁细胞间隙到达感染部位,此过程体现细胞质膜具有_____。
① 一定的流动性　② 全透性　③ 信息交流功能
A. 仅①　　B. 仅②　　C. 仅③　　D. 仅①③

【参考答案】

(1) 幽门螺杆菌无核膜包被的细胞核。

(2) 脱氧核糖核苷酸。

(3) D。

(4) D。

(5) C。

(6) ABC。

(7) ACD。

(8) 无;幽门螺杆菌具有较强的尿素酶活性,该酶能催化尿素分解为氨和CO_2。待检者呼出的气体中不含有$^{13}CO_2$,说明其缺少尿素酶,无法分解^{13}C-尿素,故判断未感染幽门螺杆菌。

(9) D。

四、课程评价

课程评价的类型、内容和评分标准见表3。

表3 课程评价对照表

评价类型	具体内容	分值	评分标准
过程性评价	小组观察和讨论相结合	15	能根据材料作出合理的分析判断,交流讨论后归纳概括出生物学概念
	教师提问、学生即时回答	15	积极参与师生互动,探究知识,形成一定的科学创新意识
	课堂学习、基础巩固	15	完成课堂巩固性作业并保持85%以上的正确率
形成性评价	自我评价	15	自我总结单元框架体系,能构建相关概念,及时解决让自己困惑的问题,并提出新的思路
	学业评价	20	围绕学科核心素养,解决以选择、填空等为主的学业质量评价问题,达到《普通高中生物学课程标准(2017年版2020年修订)》[①](简称《课标》)中水平1、水平2的要求

---

① 中华人民共和国教育部.普通高中生物学课程标准(2017年版2020年修订)[S].北京:人民教育出版社,2020.

(续表)

评价类型	具体内容	分值	评分标准
形成性评价	阶段评估	20	阶段性总结梳理本课程内容,形成较为完善的理论体系,初步形成解决问题的能力

五、课程资源

1. 教科书

教科书是最基本的资源,包含了所有的基本概念和理论。本课程使用的教科书为沪科版《生物学 必修1 分子与细胞》。

2. 校本学案

校本学案通常由教师编写,包含知识梳理、作业和单元检测的指导。

3. 教学视频

这些视频可以帮助学生更好地理解复杂的生物学概念。

4. 在线课程

许多大学和教育机构都提供在线课程,学生可以在家自学。还有上海微校平台的空中课堂,也可以很好地利用起来。

5. 学术文章和研究报告

这些资源可以提供最新的研究成果和深入探究得到的观点。

6. 图书馆数据库

这些数据库包含大量的生物学文献,学生可以在这里查找相关的信息。

7. 互动学习平台

这些平台提供互动的学习环境,例如"晓德助手"应用程序,学生可以通过互动方式来学习。

8. 生物模型

这些模型可以帮助学生更好地理解细胞的结构。

9. 生物学软件

这些软件可以模拟生物学过程,帮助学生更好地理解生物学概念。

第三部分　设计说明

一、素养要求

《课标》对于学习本课程的学生的素养要求是:从结构与功能相适应这一视角,揭示细胞由多种多样的分子组成,这些分子是细胞执行各项生命活动的基础;建构并使用细胞模型,阐明细胞各部分结构,以及这些结构如何通过分工与合作形成相互协调的有机整体,实现细胞水平的各项生命活动。本课程内容和《课标》中的素养要求对照见表4。

表4　本课程内容与素养要求对照表

核心素养	素养要求
生命观念	通过分析蛋白质、核酸、糖类、脂质、水等各种分子的结构特点、主要功能及分子结构与功能之间的关系,使学生从分子层面形成结构与功能相适应的观念;从质膜分子组成磷脂分子的结构特点、细胞亚显微结构、内膜系统等方面,使学生形成细胞质膜、各种细胞器、细胞核的功能都与其形态结构相适应的观念
科学思维	通过图和表的形式,直观分析各种分子的结构和功能,形成相关生物学概念,培养学生归纳与概括、演绎与推理等科学思维,培养学生实事求是的思考方式和批判性思维;通过细胞模型帮助学生了解与保护细胞、控制物质、细胞间信息交流等相关的概念,培养建立模型的能力和思维
科学探究	通过系列实验帮助学生逐步提升科学探究素养,通过给定实验方法步骤,培养学生实践操作能力,依据科学性原则对实验设计进行评价;在观察实验和模型制作活动中,培养学生科学探究能力
社会责任	通过"广角镜""生物学和社会""前沿视窗"栏目及相关评价题,在拓宽学生视野的同时,引导学生对于合理膳食、健康生活等社会议题进行科学理性的分析,养成良好饮食习惯,同时做好社会宣传;引导学生关注细胞结构研究的社会价值,感悟生物学对人类生命健康的重要意义

二、教材分析

本课程内容包含三章,分别对应沪科版《生物学 必修1 分子与细胞》第一、二、三章,具有衔接初高中生物学内容和为后续教学铺垫的作用。本课程聚焦

"细胞是生物体结构与生命活动的基本单位"这一概念。第一章《走进生物学》作为高中生物学课程的绪论,通过典型案例呈现高中生物学课程的学习价值、学习方法,解答高中生物学课程学习为何从细胞开始;通过观察和实验帮助学生回顾并提升对细胞的认识,进入高中生物学课程的学习。第一章以学科概念的构建与学生的亲身经历作为学习活动的设计起点。第二章《细胞的组成分子》介绍了蛋白质、核酸、糖类、脂质、水和无机盐等是组成细胞的重要分子,主要内容包括细胞中分子的元素组成、结构特点及主要生物学功能,同时还介绍了对生物分子的定性检测和定量分析实验,使学生增加对生物分子的感性认识,进一步提高科学探究能力。本章为后续学习细胞的结构以及细胞内的生活活动奠定了分子学的理论基础。第三章《细胞的结构》基于细胞结构模型,在亚显微结构水平阐述细胞各部分的结构特征、各部分之间分工合作完成生命活动的证据和机理。从组成细胞质膜结构的分子特征,推理和演绎质膜的结构基础和功能,通过实例说明细胞各部分的分工合作,完善"细胞是生物体结构和生命活动的基本单位"概念。

本单元的学习也为后续学习细胞的各项生命活动,如物质跨膜运输、细胞呼吸、光合作用、有丝分裂等奠定细胞结构理论基础。

三、学情分析

初高中衔接阶段的学生对高中生活充满期待,有探索未知的欲望,但可能对高中生物学的学习准备不足。初中阶段的学生已学过不同的生物系统和组织,对生活中接触到的特殊细胞的特点和功能有些许了解,同时也对细胞结构和名称有了较为简单的认知,但是对于细胞和构成细胞的物质缺乏直观的印象,对相关知识的理解和建构相对模糊。

学生在初中学习过程中已经具备了一定的实验探究能力,初步学习过显微镜的使用方法,但由于各校的教学条件不一,学生的显微镜实验操作技能还需要进一步夯实。在此基础上,教师需要引导学生结合生活经验和对不同装片的观察,将不同类型的生物细胞之间建立关联,自主构建"细胞是生物体结构与生命活动的基本单位"的大概念,归纳总结细胞的结构特点及其与生命的关系,加强对细胞分子组成、细胞结构的基本概念和分类的理解,深入了解各个细胞的结构和功能,掌握细胞结构和功能之间的联系;加强学生对实验观察和操作的能力,通过实践来加深对细胞结构的理解和认识。

"PT 思维训练"课程纲要

第一部分　基本信息

科目名称：物理学

课程类型：物理研究型课程

所用教材：校本教材《未来科学家创新教材——物理分册》

授课时数：28 课时

授课对象：高一、高二部分学生

设计教师：冯亚辉

第二部分　纲要内容

一、课程目标

本课程选用来自历年"国际青年物理学家竞赛(International Young Physicists' Tournament, IYPT)"的真实物理情境,通过师生之间的讨论、交流,帮助学生形成活动、合作、反思的学习模式,并通过交流答辩等环节,提升学生的阅读、思考和表达能力,让学生在实验探究的过程中,树立正确的物理观念,锻炼科学思维,培养科学的态度与责任,从而提升学生的物理学科核心素养。

课程的具体目标可分为两个层面。

1. 学校层面

(1) 通过辅导学生进行研究型学习,培养教师的创新意识、实践能力和团队合作精神;

(2) 通过与学生共同探究物理规律的过程,培养教师激发学生创新意识和思维的能力;

(3) 以"济世兴邦,爱国奉献"的校训为引领,有机地融合学校课程总体目标,继续加强创新实验室课程建设,强化立德树人,提升学生物理核心素养;

(4) 通过课程的开展与不断改进,进一步丰富学校的创新教育。

2. 学生层面

(1) 通过合作学习,学会制订合理的实验方案;

(2) 掌握科学的文献查阅技能;

(3) 掌握 Origin、Logger Pro、Tracker 等数据、图像处理软件的使用方法;

(4) 通过对真实案例的探究,掌握科学探究的基本步骤,体会将真实问题进行提炼、抽象并建构模型的科学研究方法;

(5) 能自主完成研究报告,借助多媒体工具,使用规范的物理语言对研究过程、结果进行交流展示;

(6) 通过自主探究的过程,感受物理学科的理性美及逻辑美。

二、课程内容

"高中 PT 思维训练"课程以国际三大物理竞赛之一的 IYPT 为参考,结合我校在 PT 类竞赛中的相关经验,根据"核心素养导向的课堂教学"理念来设置具体的教学内容,培养学生观察生活、自主思考、由具体问题到抽象建模的科学探究能力。

我校具有优良的教育改革传统,是上海市高中生创新素养培育试点校。多年来,学校坚持"济世兴邦,爱国奉献"的办学理念,教师坚持"教为不教,学为再学"的课堂设计,在"双新"教育教学改革中,进一步深化创新实验室课程建设,以创新精神与实践能力的培养为重点,在满足学生发展需求的同时,促进师生共同提高。本课程依托的实验室有满足学生自主研究需求的实验器材,且学校近年在 PT 类竞赛中都取得了优异的成绩,教师对指导学生研究型学习有一定的经验积累。

课程依托于我校未来物理学家创新实验室,适用于高中一、二年级的学生在选修课、STEAM(Science,Technology,Engineering,Arts,Mathematics,科学、技术、工程、艺术、数学)课的时间进行学习。

本课程以真实问题为抓手,根据学生自主选择的当年 IYPT 课题,配合学生的研究进度进行教学,课程引领学生经历完整的科学探究过程。为此,本课程设置了题目解读、实验设计、数据处理、交流汇报、分析小结五个核心教学板块。

1. 课程大纲

本课程的大纲见表1。

表1 "高中 PT 思维训练"课程大纲

课题名称	板块	课时	课时内容
高中 PT 思维训练	板块一 题目解读	2课时	介绍 IYPT 的发展、赛制和我校参与 PT 类比赛的发展过程
			播放往年的比赛录像,体验真实比赛场景
			结合本年度比赛题目分组讨论,选取各个小组的主攻题目
	板块二 实验设计	10课时	教授查阅文献的方法,学生自主查阅、整理与选择相关的文献资料
			教师指导学生结合课题内容开展预实验

(续表)

课题名称	板块	课时	课时内容
高中PT思维训练	板块二 实验设计	10课时	讲授物理常用软件,如 Origin、Logger Pro、Tracker 等,学生使用教师给定的数据,练习使用相关软件,熟悉软件应用
			实验优化Ⅰ:结合课题已有的文献调研及实验结果,小组讨论、分析,在教师的指导下调整实验方案
	板块四 交流汇报	2课时	开题答辩:各小组汇报实验进展,教师根据各组进展赋分
	板块五 分析小结	1课时	中期小结:教师点评各小组在开题答辩中的表现,各小组成员共同讨论,并进一步优化研究方案
	板块三 数据处理	10课时	实验优化Ⅱ:参考开题答辩的内容,进行进一步的文献调研,教师指导小组讨论,并共同分析、调整实验方案。部分小组可对课题进行横向拓展,开展独立课题
			运用数据分析软件处理实验数据,学生在教师指导下形成初步实验结论
			讲授答辩规范及技巧,介绍学术论文写作方法,各小组在教师辅导下完善答辩PPT(PowerPoint,演示文稿),采用科学的方式进行实验结果的呈现。部分小组可尝试撰写学术论文
	板块四 交流汇报	2课时	终期答辩:各小组汇报课题研究成果,教师根据各组研究情况赋分
	板块五 分析小结	1课时	终期总结:教师点评各小组在终期答辩中的表现,并讨论进一步完善的方案。学有余力的学生在教师指导下形成独立课题,并可进一步着手撰写学术论文

说明:板块四"交流汇报"和板块五"分析小结"穿插于其他板块间,起到及时对学生课题研究进行沟通交流和反馈的作用。

2. 题目解读

现象解释型题目是IYPT最常见的题目类型,这类题目最典型的特点是描述一个现象,让学生对此进行研究。题目中往往有 explain、induction、phenomenon 等字样。如2016年的第8题《磁力小火车》:

"Button magnets are attached to both ends of a small cylindrical battery. When placed in a copper coil such that the magnets contact the coil, this 'train' starts to move. Explain the phenomenon and investigate how relevant parameters affect the train's speed and power."（将纽扣型磁体吸附在一个小的圆柱形电池两端,就做成了一个"小火车",把这个装置放置于一个铜线圈中,只要磁体与铜线圈一接触,这个"小火车"就开始运动。解释这个现象并研究影响小火车速度及功率的相关参量。）

对这类问题,学生可以从分析英文原版题目的句子结构入手,找到完成研究所需的各类信息。

首先找出题目中的名词,这些往往是后续实验过程中需要准备的材料及需要重点研究的对象。比如上题中的 button magnets、a small cylindrical battery、copper coil 等,明确指出了后续实验中要用到的器材包括以下几类。

（1）"纽扣式磁体"——常见的为钕磁铁；

（2）"小型圆柱形电池"——常见的为 5 号和 7 号干电池；

（3）"铜线圈"——物理实验中用到的线圈。

train's speed and power 告诉我们需要分析研究的对象是"小火车的运动速度及功率",以上这些都是研究的基石。

然后关注谓语动词,动词往往告诉我们在实验过程中需要完成的动作及研究对象发生的物理过程。比如上题中的 are attached to 告诉我们磁体与电池是如何组合的。我们知道电池有正负极,磁体有 N、S 极,题目中并没有告诉我们电池正极与磁体的 N 极或者 S 极相连,也没有告诉我们两个磁体间是同名磁极还是异名磁极相对,排列组合后,我们可以得出四种连接方式、两种放入线圈的方式。

（1）电池正极端进入线圈。

① 正极——N 极,负极——S 极；

② 正极——N 极,负极——N 极；

③ 正极——S 极,负极——N 极；

④ 正极——S 极,负极——S 极。

（2）电池负极端进入线圈。

① 正极——N 极,负极——S 极；

② 正极——N 极,负极——N 极；

③ 正极——S 极,负极——N 极；

④ 正极——S 极,负极——S 极。

this train starts to move 可翻译为"小火车开始运动",指出了研究对象的运动过程是"从静止到运动"。根据既有的知识,即力是改变物体运动状态的原因,我们不难得出,本实验的关键点在于以下五个问题。

（1）小火车受哪些力？
（2）各力的施力物体是什么？
（3）为什么会产生这个力？
（4）各力的大小与什么因素有关？
（5）各个力对小火车的运动起什么作用？

至此，研究的基本思路有了雏形。

句子的状语、定语部分也给我们提供了重要信息，它们往往点明了实验的条件、场所、特征等。比如上题中的 small 就使得我们将目光聚焦到 5 号、7 号电池，放弃了 1 号电池。when placed in a copper coil such that the magnets contact the coil 告诉我们"小火车"不仅仅是放入线圈中就可以了，还要与铜线圈相接触。

进一步对题目进行挖掘，我们又有了下面的问题。
（1）铜是良导体，与铜线圈接触是否会使铜线圈中产生电流？
（2）题目中用到了磁体，是否与安培力有关？
（3）磁体周围是非均匀磁场，小火车运动是否产生感应电动势？
（4）感应电动势的存在是否再次对小火车的运动产生影响？

我们通常先根据一个物理量进行发散思考，而后再将多个物理量进行有机组合，最后思考所有的可能。

三、课程实施

1. 教学方法与学习方法

本课程的教学方法与学习方法见表 2。

表 2 "高中 PT 思维训练"课程的教学方法与学习方法

课题名称	学习板块	教学方法	学习方法
高中 PT 思维训练	题目解读	讲授法、讨论法	自主学习法、比较归纳法
	实验设计	讨论法、研究法、练习法	小组合作学习法、实验法、练习法
	数据处理	讲授法、演示法、练习法	自主学习法、练习法
	交流汇报	讲授法、课堂讨论法、启发法	小组合作学习法、倾听法、比较归纳法
	分析小结	讲授法、课堂讨论法、启发法	自主学习法、倾听法、比较归纳法

2. 活动设计案例

学习主题：终期答辩

（1）汇报题目介绍。根据学生所做的前期工作，结合目前IYPT比赛的形式，本次终期汇报的题目选自2017年国际青年物理学家锦标赛。在力、热、光、电等分支板块下的17个题目中选择2题作为本节课讨论汇报的题目，分别是第2题《粉末的颜色》和第9题《水中蜡烛》。题目具体内容如下。

Colour of Powders

If a coloured material is ground to a powder, in some cases the resulting powder may have a different colour to that of the original material. Investigate how the degree of grinding affects the apparent colour of the powder.

Candle in Water

Add some weight to a candle such that it barely floats in water. As the candle burns, it may continue to float. Investigate and explain this phenomenon.

（2）汇报流程安排。本节课共汇报两个题目，以正反方辩论形式为主，具体流程见表3。

表3 汇报流程

流程	限时（分钟）
正方对所选题进行汇报	5
反方向正方提问，正方回答	2
反方进行报告（最多2分钟），正反方讨论	7
正方总结发言	1
裁判提问	3
—	总计：18

（3）学生进行课题汇报。课题汇报中对不同角色的要求：正方就某一问题做陈述时，要求重点突出，包括实验设计、实验结果、理论分析以及结论等；反方就正方陈述中的弱点或者谬误质疑，总结正方报告中的优点与缺点，但是，反方的提问内容不得包括自己对问题的解答，只能讨论正方的解答。

在每一阶段的汇报中，每支队伍只能由一人主控发言，其他队员只能做协助工作，可以和主控队员交流，但不能替代主控队员进行陈述。

（4）教师总结。根据学生在前面汇报中的表现，结合IYPT比赛规则，进行针对性指导,给出下一阶段实验改进的方案,指出课题汇报、正反方讨论环节中存在的不足。

四、课程评价

1. 学生学业状况评价

学生学业状况评价标准见表4。

表4 学生学业状况评价标准

分类	项目	分值	要求和评分标准	评分细则
过程性评价	课堂出勤	10	每节课按时出勤,不迟到早退	全勤为10分,缺勤或无理由迟到早退扣1分,扣5分及以上者本课程考评为不合格
	实验操作规范	15	实验器材的借还应及时登记;正确使用实验器材;对于易燃易爆的危险品的防护措施到位;实验流程规范	1. 完全符合标准得15分; 2. 操作存在错误但完成度较高,及时更正且未引起安全事故的,每次扣2分; 3. 操作出现明显错误的,视程度酌情扣分并按照实验室相关规定对于损坏的仪器进行赔偿
	课堂提问及问题解决能力	45	对课题主动思考、积极尝试;能建立合理的物理模型;实验探究过程全面、完整;遇到疑问能正确查阅文献;能选取合适的软件正确处理实验数据;善于与组员及教师沟通,乐于分享,具有良好的沟通合作能力	1. 完全符合标准得40~45分; 2. 对于课题的分析基本正确,能正确使用实验器材,能够及时参与小组讨论沟通的,得30~40分; 3. 对于课题的理论分析存在明显错误,但能参与小组讨论沟通并及时更正自身理论错误的,得10~30分; 4. 对于课题理解错误,并缺乏小组合作精神的,得0~10分
结果性评价	开题及终期答辩	30	课题分析维度正确;实验探究过程结构严谨,研究方法合理;数据处理正确可靠;数据呈现方式清晰、合理;PPT顺序设置	1. 完全符合标准得30分; 2. 表情举止拘谨,但课题汇报思路基本清晰,能够基本准确回答教师提问,没有明显逻辑问题的,得20~30分;

(续表)

分类	项目	分值	要求和评分标准	评分细则
结果性评价	开题及终期答辩	30	合理；表述清晰、简洁，能正确使用文字、公式、图表等呈现实验结论；能用规范的物理语言完成课题答辩；答辩过程中能够准确回答教师提出的问题	3. 课题研究存在明显理论错误，或理论与实验结论不匹配，回答问题过程中出现明显错误的，得5~20分； 4. 课题未完成，无法回答教师提问的，得0~5分

2. 教师及课程评价

教师及课程评价标准见表5。

表5 教师及课程评价标准

分类	项目	分值	要求和评分标准	评分细则
教师评价	情境分析能力	20	对于课题进行正确剖析；能建立合理的物理模型；实验探究思路全面、完整；遇到疑问能正确查阅文献；能选取合适的软件正确处理实验数据	1. 完全符合标准得20分； 2. 对于课题的分析基本正确，能正确提出探究思路的，得10~20分； 3. 对于课题的理论分析存在偏差的，得5~10分； 4. 对于课题理解错误的，得0分
教师评价	课堂提问及问题解决能力	20	课堂中积极与每一组学生进行沟通，及时指出学生研究过程中的错误，合理铺设问题情境引导学生进行思考	1. 完全符合标准得20分； 2. 对于课题的分析基本正确，参与过小组讨论沟通并提出问题的，得10~20分； 3. 对于课题的分析基本正确，参与过小组讨论沟通但无引导过程的，得5~10分； 4. 对于课题的理解存在错误，并缺乏师生沟通的，得0~5分
教师评价	点评、评价能力	20	能够针对学生汇报内容提出相关的问题及建设性建议，客观地给出评价	1. 完全符合标准得20分； 2. 能够提出问题但无建设性建议的，得10~20分； 3. 提出的问题与学生汇报内容关联性不强的，得5~10分； 4. 不提问或无法给出客观评价的，得0~5分

(续表)

分类	项目	分值	要求和评分标准	评分细则
课程评价	创新能力培养	40	通过课程学习,学生能够主动对于生活中的物理现象进行观察和思考,能运用科学研究方法进行其他科学问题的探究	1. 完全符合标准得40分; 2. 学生能主动观察生活中的物理现象并思考,能够基本提出探究问题的思路的,得20~40分; 3. 学生能主动观察生活中的物理现象并思考,能够进行分析解释但不能提出科学探究方法的,得10~20分 4. 学生不能主动观察生活中的物理现象,但在遇到问题时有一定的思考,得0~10分

五、课程资源

(1) 校本教材资源:《未来科学家创新教材——物理分册》。

(2) 多媒体资源:Origin、Logger Pro、Tracker 等软件;多媒体课件。

(3) 实验室资源:物理创新实验室。

(4) 器材资源:课程实验所需的实验器材。

(5) 网络资源:中国知网(https://www.cnki.net)、IYPT 官方网站(https://pt.nankai.edu.cn/iypt/list.htm)

第三部分 设计说明

一、素养要求

在"双新"背景下,物理学科教学特别强调培养学生的核心素养,物理核心素养主要包括:物理观念、科学思维、实验探究、科学态度与责任。

"物理观念"是从物理学视角形成的关于物质、运动与相互作用、能量等的基本认识;是物理概念和规律等在头脑中的提炼与升华;是从物理学视角解释自然现象和解决实际问题的基础。

"科学思维"是从物理学视角对客观事物的本质属性、内在规律及相互关系的认识方式;是基于经验事实建构物理模型的抽象概括过程;是分析、综合、推理论证等方法在科学领域的具体运用。

"科学探究"是指基于观察和实验提出物理问题、形成猜想和假设、设计实验与制订方案、获取和处理信息、基于证据得出结论并作出解释,以及对科学探究过程和结果进行交流、评估、反思的能力。

"科学态度与责任"是指在认识科学本质,认识科学、技术、社会、环境关系的基础上,逐渐形成的探索自然的内在动力,严谨认真、实事求是和持之以恒的科学态度,以及遵守道德规范、保护环境并推动可持续发展的责任感。

二、教材分析

《未来科学家创新教材——物理分册》是我校教师自主编写的校本教材,适用于物理拓展型课程的教学,是"高中PT思维训练"课程的教材,本教材内容包括:IYPT发展介绍、PT类赛事介绍、我校在PT思维教学及PT类比赛中的成绩、IYPT题目研究解析及IYPT学生研究案例展示等内容。教材的主要板块与本课程的主要教学板块高度契合,每一个板块都包含使物理核心素养落地的有效案例及抓手,本教材可以很好地辅助教师完成本课程的教学。为了便于学生自主学习,教材后还附了IYPT研究参考模板、我校往年IYPT研究成果及优秀学生在学习与比赛中的心得体会等。

三、学情分析

我校学生在以往的学习经历中，习惯了解决高度优化后的物理问题，喜欢研究理想化的物理模型，对物理的学习还更多地停留在纸面上，对真实问题的解决能力较弱，通过动手动脑完成物理实验的能力不强，这种学习习惯不利于物理核心素养的培养。在教学过程中，我们发现有一批学生对物理有浓厚的兴趣，尤其对物理实验、物理研究型学习兴趣浓厚，而现有的课程体系不能很好地满足这部分学生的学习需求，需要有更加丰富、多元的课程来充实物理课程教学，这部分学生也需要更加开放的学习空间与实验器材的支持，这些都促使学校尽快开设本课程。

经过多个学期的物理研究型课程的学习，我们发现该部分学生的物理观念更加完善，能用科学的思维进行合理且完整的科学探究，逻辑思维与表达能力也有显著提升，在课程的学习过程中，也逐渐展现出良好的科学态度与责任感。

"零基础学Python"课程纲要

第一部分　基本信息

科目名称：信息技术

课程类型：校本选修

所用教材：自编教材

授课时数：18

授课对象：高一学生

设计教师：郎樱

第二部分 纲要内容

国务院《新一代人工智能发展规划》中提到"在中小学阶段设置人工智能相关课程,逐步推广编程教育;利用智能技术加快推动人才培养模式、教学方法改革,构建包含智能学习、交互式学习的新型教育体系"。同时教育部发布的《普通高中信息技术课程标准(2017年版2020年修订)》[①](简称《课标》)中,也将人工智能、物联网、大数据处理纳入其中。Python作为目前非常热门的基础编程语言,其特点显著:语法简单、极易上手;免费开源共享;移植性、扩展性强;拥有强大的库。Python越来越受到大众的喜欢,也逐步走入中小学生的拓展课堂中。

本课程为爱好编程的学生提供Python基础知识和实践练习,学生将通过八个趣味主题任务,实现基本的人机互动、通过列表来合理组织数据、用三大基本算法结构来解决简单问题。本课程属于个性特长课程,旨在培养学生信息意识、计算思维和数字化学习等核心素养,同时也为学生未来参与人工智能专业学习打下基石。

一、课程目标

本课程以建立学科大概念"算法"为主线,以引导学生掌握学习该学科的方法和培养学生运用多种工具解决现实问题的能力为总目标。

具体可归纳为三个小目标。

(1) 通过四个主题单元的学习,能熟练掌握Python的变量、运算符、表达式、字符串、列表、三大基本结构语句、自定义函数、常用库等编程技能。

(2) 根据不同主题的任务需求,能采用计算机的处理方式界定问题、使特征抽象化、建立结构模型、合理组织数据,运用合理算法形成解决问题的方案。

(3) 在小组合作过程中,善于利用学习资源与学习工具开展自主学习、协同工作、知识分享与创新创造,助力终身学习能力的提高。

---

① 中华人民共和国教育部.普通高中信息技术课程标准(2017年版2020年修订)[S].北京:人民教育出版社,2020.

二、课程内容

本课程共有四个主题单元，在每个单元中设计不同的项目化学习任务(图1)。主题单元逐层分解为各类子任务，帮助学生建立联系的、统一的思维，将孤立、细碎的知识点结构化、体系化、情境化，最终促成核心素养的培养。

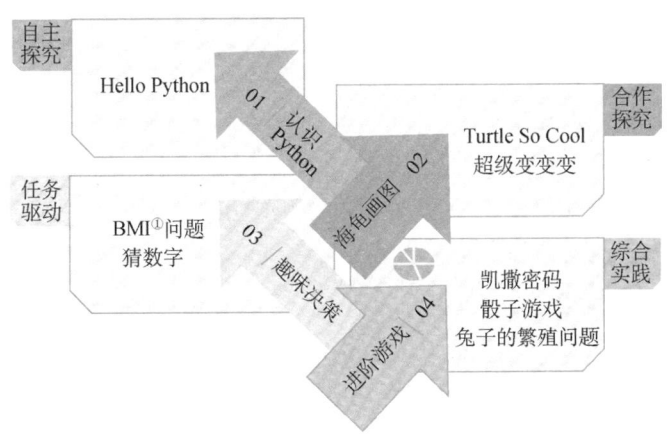

图1 "零基础学 Python"课程结构图谱

三、课程实施

(一) 教学方法建议

为了给学生的计算思维的进一步发展和数字化学习能力的提升创造条件，针对学生的认知水平，本课程建议采取以下三种教学方法。

1. 项目式教学

通过分解出若干子任务，让学生参与实际项目，以解决实际问题。学生可以在完成项目的过程中综合运用抽象建模、算法设计、编程实现、调试优化等技能。

2. 问题导向教学

以实际问题为出发点，引导学生运用所学知识进行分析、解决，以培养学生的计算思维，提高其解决问题的能力。

---

① BMI，即 Body Mass Index，身体质量指数。

3. 分组协作

将学生分成若干小组,让他们在解决问题的过程中相互合作、交流和讨论,以培养学生的团队协作能力和沟通能力。

(二)单元学习活动设计

第一单元 认识 Python

1. 建议课时:2

2. 单元学习目标

(1)认识 Python,并完成 Python 的安装。

(2)熟练掌握 Python 的新建文件、保存和运行调试等基本操作。

(3)掌握输入输出语句,实现简单的人机交互。

3. 单元活动设计

【学习主题:Hello Python】

该学习主题可分为以下若干子任务。

(1)体验任务:体验下载和安装 Python 的过程;

(2)基础编程:编写第一个经典程序"Hello World",学习使用 IDLE 和基础交互模式;

(3)基础编程:编写一个简单人机交互对话程序,体验输入 input()和输出 print()语句的编写。

4. 学习资源

Python 安装的教学视频、配套课程学习单、多媒体 PPT、练习程序。

第二单元 海龟画图

1. 建议课时:4

2. 单元学习目标

(1)了解 Python 第三方库 Turtle,学习导入库的方法。

(2)理解循环结构的执行流程。

(3)学会使用 for 语句,完成简单螺旋四边形绘图。

(4)学会使用变量控制颜色、角度等。

(5)综合运用 Turtle 函数画出多边形创意图形。

3. 单元活动设计

本单元包含两个学习主题。

【学习主题一:Turtle So Cool】

该学习主题可分解为以下若干子任务。

(1) 基础编程:有趣的 for 循环——编写"螺旋正方形"基础绘图程序;

(2) 进阶编程:编写"四色旋转螺旋线"绘图程序。

【学习主题二:超级变变变】

该学习主题可分解为以下若干子任务。

(1) 综合应用:变量的作用——实现"变色多边螺旋图形"综合运用;

(2) 设计创作:以个人或小组形式开展 Turtle 创意设计绘图比赛。

4. 学习资源

介绍 Turtle 基本操作的微课视频、配套课程学习单、多媒体 PPT、练习程序。

第三单元　趣味决策

1. 建议课时:4

2. 学习目标

(1) 掌握算术关系和布尔运算符。

(2) 理解分支结构的执行流程。

(3) 能使用 if 语句实现分类决策。

(4) 掌握 random 库及随机函数。

(5) 理解条件循环的算法思想。

(6) 综合运用循环嵌套分支结构解决实际问题。

3. 单元活动设计

本单元包含两个学习主题。

【学习主题一:你需要减肥吗——BMI 问题】

该学习主题可分解为以下若干子任务。

(1) 基础编程:制作一个 BMI 计算器;

(2) 进阶编程:开发"BMI 智能健康小助手"程序,依据 BMI 情况智能化提供健康建议。

【学习主题二:"猜数字"游戏】

该学习主题可分解为以下若干子任务。

(1) 基础编程:随机数生成;

(2) 基础编程:固定次的"猜数字"游戏;

(3) 进阶编程:不定次的"猜数字"游戏;

（4）拓展探究：break 循环中止的优化问题。

4. 学习资源

介绍分支语句和循环语句的微课视频、配套课程学习单、多媒体 PPT、练习程序。

第四单元　进阶游戏

1. 建议课时：8
2. 学习目标

（1）理解加密解密的基本原理，探究信息安全的解决策略，提高对数据安全的防护意识和能力。

（2）熟练掌握字符串的相关函数操作。

（3）掌握程序的调试、纠错和优化，体验自顶部向下逐步求精的方法。

（4）能根据实际问题的数据组织需求，合理选用列表，并熟悉其特点及基本操作。

（5）能从实际问题中使特征抽象化，建立结构模型，使用计算机学科方法和思想，综合运用算法的控制结构解决较复杂问题。

（6）借助计算机强大的自动化运算优势，验证依靠人力难以检验的问题，如数学的概率。

（7）初步学习自定义函数，了解通过函数封装可重复使用代码块的思想。

（8）初步了解递归算法的思想，有助于编程者在解决复杂的问题时，简化逻辑，同时可以让代码变得简洁。

3. 单元活动设计

本单元包含三个学习主题。

【学习主题一：凯撒密码】

该学习主题可分解为以下若干个任务。

（1）观察提炼：通过观察，提炼凯撒密码的加密解密规则。

（2）基础编程：凯撒密码的加密程序。

（3）进阶编程：优化两个程序错误（Bug），解决仅对字母加密、对非字母不加密的问题，解决字母轮回问题。

（4）综合应用：在"解密大比拼"团队竞赛活动中，我方截获敌方密码一条，已知该密码采用的是凯撒密码，密钥 key=5。请各位学生大展身手，开发解密程序，看看哪个小组能最快解出密码。

（5）拓展讨论：分组搜索资料，探讨凯撒密码加密算法的安全性是否高，现今社会会采用哪些加密算法。

【学习主题二：骰子游戏】

该学习主题可分解为以下若干子任务。

（1）基础编程：用列表操作的编程练习；

（2）综合应用：设计随机掷骰子程序，实现简化版骰子游戏；

（3）拓展探究：掷出5个相同的骰子的概率到底是多大？利用计算机自动化掷骰子，计算概率。

【学习主题三：兔子的繁殖问题】

该学习主题可分解为以下若干子任务。

（1）观察提炼：通过观察和推算，对兔子繁殖问题进行数学建模；

（2）基础编程：利用循环和列表，实现兔子繁殖问题的程序检验；

（3）进阶编程：利用递归实现兔子繁殖问题的程序检验；

（4）拓展讨论：分组搜索资料，讨论递归和循环的区别和联系。

4．学习资源

介绍随机数、列表等的微课视频，配套课程学习单、多媒体PPT、练习程序。

四、课程评价

本课程评价方式包括过程性评价和结果性评价。过程性评价主要对课堂中的表现进行评价，以自评和师评为主，具体评价指标可参考过程性评价量表（表1）。结果性评价主要形式是评价阶段性主题任务的成果展示，分为自评、他评和师评，具体评价指标可参考结果性评价量表（表2）。

表1　过程性评价量表

评价维度	评价指标描述	自评	师评
学习态度	学习态度端正，积极投入学习新知，具有较强的学习能力（8～10分）		
	学习态度较为端正，能投入学习新知，具有一定的学习能力（4～7分）		
	学习态度较差，经常做与课堂无关事宜，无法集中注意力去投入学习（0～3分）		
课堂成效	能顺利完成项目中80%及以上的任务（8～10分）		
	只能完成项目中40%～70%的任务（4～7分）		
	只能完成项目中低于30%的任务（0～3分）		

（续表）

评价维度	评价指标描述	自评	师评
小组合作	小组活动井然有序，能够积极参与组内讨论，经常提出有效的意见，贡献度高(8~10分)		
	有小组活动，能参与组内讨论，偶尔提出有效的意见，贡献度一般(4~7分)		
	基本不参与或较少参与小组活动(0~3分)		
项目流程	根据需求，在学案上及时且详细记录项目过程中的重要知识和关键调试步骤等(8~10分)		
	根据需求，在学案上记录大多数的相关知识和部分程序步骤等(4~7分)		
	学案上基本空白，或较少记录相关知识和关键步骤(0~3分)		

表2 结果性评价量表

评价维度	评价指标描述	自评	他评	师评
功能完整性	程序执行无问题，功能完整或极少部分功能考虑不周，能充分解决问题(8~10分)			
	程序执行有错误，部分功能考虑不周或未实现，能基本解决问题(4~7分)			
	程序执行有多处错误或大部分功能无法实现，无法解决问题(0~3分)			
代码规范度	代码编程格式规范、一致，程序元素命名有意义，关键代码有注释(8~10分)			
	代码编程格式较规范，有部分注释(4~7分)			
	代码编程格式不规范，无任何注释(0~3分)			
设计复杂度	程序结构复杂，用到了4项及以上课堂所学技术(8~10分)			
	程序结构较复杂，用到了2项及以上课堂所学技术(4~7分)			
	程序结构简单，技术含量不高(0~3分)			
创意拓展性	能自行检索学习资料，提出自己的思考和想法，实现拓展功能并对算法进行优化(8~10分)			
	能提出一定的创新想法或优化建议，但尚未完全实现(4~7分)			
	没有提出任何拓展创意功能(0~3分)			

五、课程资源

（1）教师准备资源：微课视频、多媒体课件、学生练习程序、课程学案。

（2）线上学习资源：Python 语法在线网站，如"菜鸟教程"网站（http://booksky.991b.net）等。

第三部分　设计说明

一、素养要求

本课程属于个性特长类的学校校本特色选修课程。依据《课标》的要求，通过本课程的学习，学生应提高信息技术学科核心素养水平，包括信息意识、计算思维、数字化学习与创新和信息社会责任四个核心素养。

1. 信息意识

强调学生能根据解决问题的需要，自觉、主动地寻求恰当的方式获取与处理信息。在合作解决问题的过程中，愿意与团队成员共享信息，实现信息的最大价值。

2. 计算思维

强调培养学生利用计算机学科思维解决问题的能力，即能将问题形式化、问题特征抽象化，建立结构模型，对数据进行合理组织，运用合理的算法形成解决问题的方案。

3. 数字化学习与创新

强调学生适应数字化学习环境，养成数字化学习与创新的习惯。掌握数字化学习资源、工具的操作技能，并能将其用于开展自主学习、协同工作、知识分享与创新创造。

4. 信息社会责任

强调学生具有一定的信息安全意识，对于信息技术创新具有积极的学习态度和理性判断，以及负责行动的能力。

二、教材分析

本课程共设四大学习单元，分为八个主题任务："Hello Python""Turtle So Cool""超级变变变""BMI 问题""猜数字""凯撒密码""骰子游戏"和"兔子的繁殖问题"。作为校本特色选修课程，本课程并没有固定的教材。每个学习主题需要教师自主开发设计学案资料及练习程序，通过任务和问题驱动并指导学生进行学习探究。

三、学情分析

本课程面向高一的学生,高一新生在初中阶段接触过编程语言的较少。虽然大多数学生为编程初学者,但是他们具备足够的逻辑推理能力,并且热情好学,对计算机系统的基本操作也较为熟练,同时具备一定的数字化学习能力和小组协作能力。

四、资源管理

1. 课程开发资源管理

收集和梳理 Python 最新的程序素材和技术手册,包括慕课视频资源、多媒体资源、Python 学习网站等,不断积累、整理、完善课程资源,将课程的主题内容做细、做实、做深。

2. 学生成果档案管理

建立学生单元学习档案袋,记录每次单元学习活动的任务流程及阶段成果,选取优秀学生成果进行展示。

3. 教师资源管理

主讲教师应为信息技术学科教师,若班级人数较多,可配一名助教,辅助教学答疑。

"足球裁判理论与实践"课程纲要

第一部分　基本信息

科目名称： 体育与健康

课程类型： 选学拓展类

所用教材：《足球竞赛规则 2023/2024》

授课时数： 36 课时

授课对象： 高一、高二、高三学生

设计教师： 彭剑超

第二部分　纲要内容

一、课程目标

使学生身心健康,激发学生的活动兴趣,培养学生的创新精神;使学生对足球裁判员有所了解及掌握足球裁判员工作内容,丰富学生的足球裁判知识,进一步提高学生的足球裁判水平;加强我校足球裁判员队伍建设,培养一专多能的人才,为我校内外足球比赛输送裁判工作人员;结合我校学生体育文化节契机,举办足球裁判员培训班;对于成绩优秀的学生,可推荐其参加国家三级、国家二级足球裁判员培训。

二、课程内容

(一) 实践部分

1. 身体素质的训练
(1) 速度:30米、60米、80米加速跑;
(2) 灵敏:短距离折返跑,快速变向跑,各种起动跑;
(3) 力量:俯卧撑、立卧撑、引体向上,各种跳跃练习,腹背肌力量练习;
(4) 耐力:6分钟定时记距跑,1 000~1 200米跑,变速跑。
2. 临场执罚
(1) 课中;(2) 课外。

(二) 理论部分

1. 足球裁判员的职业道德
(1) 概述;
(2) 准则和规范;
(3) 临场体现;
(4) 如何提高裁判员的职业道德水平。
2. 足球竞赛规则的简史
(1) 形成;

(2) 演变;

(3) 发展完善。

3. 足球竞赛规则条文的分析

(1) 比赛场地、球、队员人数、队员装备;

(2) 裁判员、助理裁判员;

(3) 比赛时间、比赛开始或重新开始、比赛进行及死球、计胜方法;

(4) 越位;

(5) 犯规与不正当行为;

(6) 任意球、罚球点球;

(7) 掷界外球、球门球、角球。

4. 足球裁判方法

(1) 裁判员与助理裁判员的跑位和选位;

(2) 裁判员与助理裁判员的配合;

(3) 裁判员的哨音、手势及助理裁判员的旗示;

(4) 准确判罚犯规;

(5) 提高判罚越位的准确性;

(6) 红、黄牌的使用;

(7) 有利条款的运用;

(8) 预防和制止比赛中的严重犯规和暴力行为;

(9) 做好第四官员(替补裁判员)的工作;

(10) 做好裁判在赛前、赛中、赛后的工作。

三、课程实施

1. 教学时数分配表(表1)

表1 "足球裁判理论与实践"选修课教学时数分配表

课次	理论	实践	速度	耐力	综合	机动
	16	11	2	2	3	2
1	1			1/2	1/2	
2	1	1				
3	1		1/2		1/2	
4	1	1				

(续表)

课次	理论	实践	速度	耐力	综合	机动
	16	11	2	2	3	2
5	1		1/2		1/2	
6	1	1				
7	1	1				
8	1		1/2	1/2		
9	1		1/2		1/2	
10	1	1				
11	1			1/2	1/2	
12	1			1/2	1/2	
13	1	1				
14	1	1				
15	1	1				
16		2				
17	1	1				
18						2

总计：16学时理论课，11学时实践教学课，2学时速度练习，2学时耐力练习，3学时综合练习，2学时机动课（理论、实践测试），共36学时。

本课程的教学分为理论教学和实践教学两个部分。在理论教学部分，主要讲解足球裁判的基本概念、规则和判罚技巧，以及比赛中的紧张情绪和压力管理等方面的知识。在实践教学部分，通过实际比赛的情景模拟和裁判体验，加深学生对于理论知识的理解和应用。

通过这样的教学安排，学生可以全面了解和掌握足球裁判的基本知识和技能，提高实际操作能力和判罚水平，为以后从事足球裁判工作打下坚实的基础。

2. 教学内容周历表（表2）

表2 "足球裁判理论与实践"选修课周历表

周次	主要教学内容
第一周	1. 介绍本学期教学内容及要求 2. 足球竞赛规则的简史 3. 足球裁判员的职业道德 4. 灵敏度和耐力训练：多种跑、1 000米跑

(续表)

周次	主要教学内容
第二周	1. 讲授《足球竞赛规则》第一至第四章 2. 在实践中运用学到的理论
第三周	1. 讲授《足球竞赛规则》第五章和第六章。介绍裁判员、助理裁判员的权限和职责 2. 速度和力量训练:30米加速跑、实心球
第四周	1. 讲授《足球竞赛规则》第七至第十章 2. 在实践中运用学到的理论
第五周	1. 讲授《足球竞赛规则》第十一章,即越位的规定 2. 速度和力量训练:10米、30米、50米跑,引体向上
第六周	1. 讲授《足球竞赛规则》第十二章 2. 在实践中运用学到的理论
第七周	1. 讲授《足球竞赛规则》第十三章和第十四章 2. 在实践中运用学到的理论,加深理解
第八周	1. 讲授《足球竞赛规则》第十五至十七章 2. 速度和力量训练:30米、50米跑,引体向上
第九周	1. 讲授足球竞赛中裁判员与助理裁判员的跑位和选位方法 2. 速度练习:50米跑考核 3. 力量练习:立定跳远、纵跑
第十周	1. 讲授足球竞赛中裁判员与助理裁判员的配合方法 2. 临场进行裁判员与助理裁判员的配合
第十一周	1. 讲授足球竞赛中裁判员的哨音、手势及助理裁判员的旗示 2. 力量训练:立定跑、蛙跳 3. 耐力训练:1 000米跑
第十二周	1. 讲授准确的判罚犯规的方法 2. 力量训练:实心球 3. 耐力训练:1 000米跑
第十三周	1. 讲授准确判罚越位的方法 2. 临场实习
第十四周	1. 讲授足球竞赛中红、黄牌的重要作用 2. 临场实习
第十五周	1. 讲授足球竞赛中运用有利条款的时机与方法 2. 讲授裁判员中第四官员在比赛前、中、后的工作流程 3. 临场实习

(续表)

周次	主要教学内容
第十六周	1. 实践考核 2. 评定考核成绩
第十七周	1. 理论考核 2. 评定考核成绩
第十八周	1. 考核情况分析 2. 教学总结

这个周历表按照每周一个主题安排教学内容,每周的教学内容都有理论教学和实践教学两个部分。每周的主题涵盖了足球裁判的基本知识、规则、判罚技巧、心理素质和表达能力等方面的内容。同时,在第十六周,安排了实践考核,让学生体验裁判的工作并总结。在第十七周安排理论复习和测试,以检验学生的学习成果和对知识及技能的掌握程度。在第十八周,安排了足球裁判专题讨论与经验分享环节,以及考试情况分析和课程总结,为学生提供一个展示学习成果和分享经验的平台。

四、课程评价

本课程采用过程性评价与终结性评价相结合的方式,关注学生的运动技能、体能素质、心理素质等方面的发展。以学生的实际表现为评价依据,注重学生的个性差异,充分体现学生的全面发展。参照国家《普通高中体育与健康课程标准(2017年版2020年修订)》[1]和学校体育课程考核标准,设定合理的评价指标和要求。

1. 考试内容及分值

(1) 理论考试

足球规则知识考试主要测试学生对足球规则、裁判方法、比赛组织规则等基础知识的掌握程度,内容包括比赛中的各种情况判断,犯规判罚标准,红、黄牌使用规范等。评分标准通常为优秀(86~100分)、良好(73~85分)、及格(60~72分)和不及格(60分以下)。

---

[1] 中华人民共和国教育部.普通高中体育与健康课程标准(2017年版2020年修订)[S].北京:人民教育出版社,2020.

(2) 实践考试

足球裁判实践考试评分标准见表 3。

表 3　足球裁判实践考试评分标准

分值	26～30 分	21～25 分	11～20 分	5～10 分
评分标准	判罚正确，手势规范，哨音响亮，跑位恰当	判罚较正确，手势较规范，哨音较响亮，跑位较恰当	判罚欠正确，手势不够规范，哨音欠响亮，跑位不够恰当	判罚不正确，手势不规范，哨音吹不响，不会跑位

(3) 1 000 米耐力跑考试

男生评分标准：优秀为 3 分 30 秒及以内；良好为 3 分 31 秒到 3 分 50 秒；及格为 3 分 51 秒到 4 分 30 秒。

女生评分标准：优秀为 3 分 50 秒及以内；良好为 3 分 51 秒到 4 分 10 秒；及格为 4 分 11 秒到 4 分 55 秒。

2. 拓展评价管理办法

成立社团组委会，设社长 1 名，负责社团的组织和纪律管理；团内设 2 个副社长，分别负责 2 个小队的组织和纪律管理。

每节课评选"最佳裁判员"和"优秀裁判员"，给予适当的奖励，以此鼓励学生。

采取轮流值日制和小队负责制，负责器材的借用和归还。

五、课程资源

本节课的书面教学资源为《足球竞赛规则 2023/2024》。

第三部分　设计说明

一、素养要求

1. 掌握规则知识

熟悉掌握足球比赛规则,包括比赛场地、比赛时间、球员人数、球员装备、比赛开始和结束等方面的规则。

2. 具备判罚能力

具备准确判罚的能力,能够根据比赛规则和实际情况作出正确的判罚。

3. 具备观察能力

具备敏锐的观察能力,能够观察比赛中的细节和变化,及时发现比赛中的违规行为。

4. 具备沟通能力

具备良好的沟通能力,能够与球员、教练、观众等进行有效的沟通和交流。

5. 态度公平公正

具备公平公正的态度,不偏袒任何一方,保证比赛的公平性和公正性。

6. 擅长团队合作

能与其他裁判和工作人员进行良好的团队合作,共同维护比赛秩序和安全。

7. 提高身体素质

具备良好的身体素质,包括耐力、速度、反应能力等,以适应长时间的比赛执法。

二、教材分析

1.《足球竞赛规则 2023/2024》主要内容

（1）比赛场地:竞赛场地必须是长方形,并用线来标明。两条较长的边界线叫边线,两条较短的线叫球门线。人造草坪的颜色必须是绿色,且必须符合《国际足联足球场草坪质量概念》或《国际人造草坪标准》的要求(除非经国际足联特许批准)。

（2）比赛时间:每场比赛由两个 45 分钟的半场组成,中场休息时间通常为

15分钟。引入了补时规则，以弥补因球员受伤、犯规、替换球员等造成的比赛时间损失。

（3）球员与队伍：正式比赛每队必须派出11名球员参赛，包括1名门将和10名场上球员。明确了球队官员、替补球员等的角色和责任。

（4）比赛规则：规定了进球、越位、犯规、黄牌和红牌等的基本规则。引入了关于场地内多出人员的具体规定，包括在进球后、比赛恢复前，裁判员对多出人员的处理办法。

（5）裁判与官员：明确了裁判员、助理裁判员、第四官员、VAR（Video Assistant Referee，视频助理裁判）等各自的角色和职责。对裁判员和助理裁判员的判罚提出了更高的准确性要求，并引入了技术辅助判罚系统。

（6）比赛胜负判定：规定了比赛胜负的判定标准，包括进球数量、加时赛、点球大战等。强调了黄牌和口头警告不会导致比赛进入点球大战，除非球员在点球大战中收到黄牌。

（7）犯规与处罚：对恶意犯规、暴力行为等规定了相应的处罚措施，包括罚款、停赛等。引入了对于故意迟到、恶意犯规、无谓的延时等违规行为的罚款和罚扣等措施。

（8）其他规定：规定了球员的装备要求、替换球员的程序、伤停补时的计算方法等。强调了比赛公平、公正、尊重对手和观众的重要性。

2. 规则变更内容

（1）禁区内手球犯规的判罚：明确了防守队员故意将球传给处于越位位置的对手时，裁判员和助理裁判员需要判断防守队员是否存在故意性，如果故意则视为越位，否则比赛继续进行。

（2）进球庆祝时间：将进球庆祝视为裁判必须在每半场损失时间中弥补的时间的一部分，以及弥补因任何外部因素干扰而损失的时间。

（3）比赛时间：后备助理裁判在视野比主裁判或其助理更清晰的情况下，可更多地协助裁判员，并就场内和场外发生的所有事件向主裁判和其助理提供建议。

（4）比赛胜负的判定：球员和技术人员收到的黄牌和口头警告不会导致比赛进入点球大战。

（5）越位：国际足球协会理事会对防守队员故意将球传给处于越位位置的对手提出了新的考虑因素。

（6）犯规和不当行为：如果裁判员因防守队球员在挑战进攻球员控球权时犯规而判罚点球，且有良好的进球机会，则防守队员不会受到警告处罚；技术区域内的教练员不应因技术区域外人员的违规行为而受到处罚。

（7）点球：守门员不得做出不尊重比赛或对手的行为。

（8）视频助理裁判协议：通过强调拥有多个视频助理裁判和多个重播操作员的可能性，来修改 VAR 的工作方式。

三、学情分析

（1）已有知识和技能：80%的社团学生已经掌握了一定的足球运动技能，并且积累了一定的足球基本知识。他们可能对足球比赛有一定的了解，但对规则的具体内容和细节还不够熟悉。

（2）兴趣和参与度：高一年级学生对足球通常有较高的兴趣。通过学习足球竞赛规则，他们可以更好地理解比赛，提高观看比赛的兴致，同时也能在参与比赛的过程中更合理地运用技战术。

（3）理解能力：高中生的思维活跃，认知能力和模仿能力较强，能够理解和掌握相对复杂的概念。然而，由于规则的专业性和复杂性，他们可能需要一些时间来消化和理解某些规则的细节。

（4）个体差异：学生之间存在思维、身体、技能和技战术的差异。高二年级学生可能对规则理解得更快，而高一年级学生可能需要更多的指导和练习。

（5）学习需求：学生希望通过学习规则来提高自己在比赛中的表现，同时也希望能够更好地欣赏和理解足球比赛。他们需要明确的指导和实践机会，以加深对规则的理解和应用。

"英语(高一上)"课程纲要

第一部分　基本信息

科目名称：英语

课程类型：基础型课程

所用教材：沪教版《英语》必修第一册

授课时数：每单元8课时

授课对象：高一学生

设计教师：刘绮

第二部分 纲要内容

一、课程目标

高中英语课程的总目标是培养学生的英语核心素养,从英语教育的视角出发,落实立德树人的根本任务,具体目标分为四个方面。

(一) 语言能力目标

具有一定的语言意识和英语语感,在常见的具体语境中整合性地运用已有语言知识,理解口语和书面语篇所表达的意义,识别其恰当表意所采用的手段,有效地使用口语和书面语表达意义和进行人际交流。

(二) 文化意识目标

获得文化知识,理解文化内涵,比较文化异同,汲取文化精华,形成正确的价值观,坚定文化自信,形成自尊、自信、自强的良好品格,具备一定的跨文化沟通和传播中华文化的能力。

(三) 思维品质目标

能辨析语言和文化中的具体现象,梳理、概括信息,分析、推断信息的逻辑关系,建构新概念,正确评判各种思想观点,创造性地表达自己的观点,具备多元思维和创新思维。

(四) 学习能力目标

树立正确的英语学习观,保持对英语学习的兴趣,具有明确的学习目标,能够多渠道获取英语学习资源,有效规划学习时间和学习任务,选择恰当的策略与方法,监控、评价、反思并调整自己的学习内容和进程,逐步提高使用英语学习其他学科知识的意识和能力。

二、课程内容

1. 单元1(Unit 1)课程内容

【主题语境】：人与自我

【语篇类型】：记叙文

【课程内容】：本单元的主题语境是"生活"，主要包括五个板块。Reading and interaction 板块主要通过获得奥斯卡奖的电影 *Life in a day* 讲述了世界上不同地方多样化的生活；Grammar activity 板块介绍了 present continuous passive(现在进行时被动态)的语法结构；Listening and speaking 板块主要介绍了志愿者活动；Writing 部分介绍了非正式书信的撰写；Cultural focus 介绍了文化的四个要素，讲述了爱尔兰移民的故事。单元中所有的板块都围绕着"生活"这个话题，层层递进，中外结合，不仅有利于拓宽学生知识面，也给予了学生思考的空间。

单元1课时安排见表1。

表1 单元1课时安排表

课时	教学板块	教学目标
Period 1~3	Reading and interaction (a) Comprehension work (b) Deep reading (c) Mini-project & focus on language	• 认识新词汇、词组以及表达方法； • 理清文章内容，抓住大意； • 能够解释电影制作的原因和方式； • 能够讲述电影中的场景； • 能够讲述制作自己的数字时间胶囊的方法和理由
Period 4	Grammar activity	• 能够识别语篇为传递意义选用的语法结构
Period 5	Listening and speaking	• 能够理解音频内容的大意和细节； • 能够理解口语的语音特征； • 能够阐述自己的志愿者计划的观点和细节
Period 6	Writing	• 能够分析范文的内容、语言和格式； • 能够撰写学校生活方面的内容
Period 7~8	Cultural focus	• 能够了解文化的四个要素； • 在观看视频的过程中，能结合画面，了解爱尔兰移民的生活

2. 单元2(Unit 2)课程内容

【主题语境】：人与社会

【语篇类型】:说明文

【课程内容】:本单元的主题语境是"地点",主要包括五个板块。Reading and interaction 板块讲述了西安和佛罗伦萨两座古城的主要特点与历史重要性;Grammar activity 板块介绍了 future in the past(过去将来时)的语法结构;Listening and speaking 板块讲述了主人公在加拿大几个城市所发生的趣事;Writing 部分以新西兰皇后镇为背景讲述了旅游博客文章的撰写;Cultural focus 针对地名的意义和由来进行了探讨,并且介绍了中国的一个城市——南宁。单元中所有的板块都围绕"地点"这个话题,层层递进,中外结合,不仅有利于拓宽学生知识面,也给予了学生思考的空间。

单元2课时安排见表2。

表2 单元2课时安排表

课时	教学板块	教学目标
Period 1~3	Reading and interaction (a) Comprehension work (b) Deep reading (c) Mini-project & focus on language	• 认识新词汇、词组以及表达方法; • 理清文章内容,抓住大意; • 能够介绍一个城市的主要特点与重要性
Period 4	Grammar activity	• 能够识别语篇为传递意义选用的语法结构
Period 5	Listening and speaking	• 能够识别语篇的类型,辨识语篇的文体特征; • 能够听懂音频内容,并且描述主人公的经历
Period 6	Writing	• 能够用恰当的词汇和语法结构表达主要意思; • 能够针对旅游经历撰写旅游博客
Period 7~8	Cultural focus	• 能够了解地名的意义和由来; • 在观看视频的过程中,能结合画面,了解南宁这座城市的相关信息

3. 单元3(Unit 3)课程内容

【主题语境】:人与社会

【语篇类型】:议论文

【课程内容】:本单元的主题语境是"选择",主要包括五个板块。Reading and interaction 板块主要讲述了作者对食物的分类;Grammar activity 板块在一个食物日记中介绍了定语从句;Listening and speaking 板块介绍了生活中常见的售货机中的食物和饮料;Writing 部分指导学生对一系列的社交活动进行小短文的撰写;Cultural focus 针对外卖的利与弊展开论述,引导学生对外卖服务进行思考。单元中所有的板块都围绕"选择"这个话题,层层递进,中外结合,不仅有利于拓宽学生知识面,也给予了学生思考的空间。

单元 3 课时安排见表 3。

表 3 单元 3 课时安排表

课时	教学板块	教学目标
Period 1～3	Reading and interaction (a) Comprehension work (b) Deep reading (c) Mini-project & focus on language	• 认识新词汇、词组以及表达方法; • 理清文章内容,抓住大意; • 能够解释食物选择对交通、包装以及生产的影响
Period 4	Grammar activity	• 能够识别语篇为传递意义选用的语法结构
Period 5	Listening and speaking	• 能够识别语篇的类型,辨识语篇的文体特征; • 描述个人使用售货机的经验
Period 6	Writing	• 能够用恰当的词汇和语法结构表达主要意思; • 能够针对社交活动撰写小短文
Period 7～8	Cultural focus	• 能识别语篇陈述中的情感态度、价值观和社会文化现象; • 在观看视频的过程中,能结合画面,注意到图片、动画等传递的信息

4. 单元 4(Unit 4)课程内容

【主题语境】:人与自我

【语篇类型】:记叙文

【课程内容】:本单元的主题是住房与生活空间,以及其对我们生活质量的影响,主要包括五个板块。Reading and interaction 板块主要探讨了一则社会实验,讲述了一个 21 世纪的伦敦家庭"回到 20 世纪 40 年代"体验生活的故事;Grammar activity 板块中两名中国青少年分享他们对于家中房间的想法,学生在语境中学习以关系副词引导的定语从句;Listening and speaking 板块呈现了一档电台节目,讨论了一位专家关于在家庭中分享空间与责任的观点;Writing 板块则是撰写一篇杂志文章,让学生描述自己的房间;Cultural focus 板块介绍了一栋英国的历史建筑 Highclere Castle(海克利尔城堡),探讨了英国家庭在过去 40 年间休闲活动的变化。

单元 4 课时安排见表 4。

表4 单元4课时安排表

课时	教学板块	学习目标
Period 1~3	Reading and interaction (a) Comprehension work (b) Deep reading (c) Mini-project & focus on language	• 认识新词汇、词组以及表达方法； • 理清文章内容，抓住大意； • 能够领会副词在文本中的含义及妙处； • 能够描述过去与现在生活方式的不同
Period 4	Grammar activity	• 在语境中正确使用由关系副词引导的定语从句
Period 5	Listening and speaking	• 列出家规并说明理由
Period 6	Writing	• 使用合适的语言和格式描述一间房间
Period 7~8	Cultural focus	• 理解海克利尔城堡的历史价值 • 说明英国休闲活动的变化

三、课程实施

（一）教学方法

任务型教学法(Task-based Teaching)：任务型教学法是一种以完成特定任务为目标的教学方法，强调学生在实际情境中运用英语进行交际。教师设计各种任务，让学生在完成任务的过程中学习和运用英语知识，培养学生的语言运用能力和跨文化交际能力。

情境教学法(Situational Teaching)：情境教学法是一种将语言知识和技能融入具体情境中的教学方法，让学生在实际情境中学习和运用英语。教师可以通过角色扮演、模拟对话等方式创设情境，激发学生的学习兴趣和积极性。

信息技术辅助教学法(Information Technology-assisted Teaching)：信息技术辅助教学法是指利用现代信息技术手段辅助英语教学的方法，如多媒体教学、网络教学、在线学习平台教学等。这些方法可以帮助教师丰富教学内容，提高教学效果，同时也能激发学生的学习兴趣和积极性。

（二）学习方法

自主学习：本课程强调学生的自主学习能力，学生需要自我控制学习节奏，自我安排学习内容，自我评价学习效果。

合作学习：合作学习法(Cooperative Learning)是一种以小组为单位的学习

方式,学生在小组内相互合作、讨论和解决问题,共同完成任务。这种学习方法有助于培养学生的团队合作精神和沟通能力。本课程鼓励学生进行小组合作学习,提高学习效率和效果。

情境学习:本课程注重将英语学习与实际生活情境相结合,让学生在实际语境中学习和使用英语。

利用网络资源:本课程鼓励学生利用网络资源进行自主学习,如在线词典、学习网站、英语电影、英语歌曲等。

阅读英文原著:本课程鼓励学生阅读英文原著,提高阅读理解能力和扩大词汇量。

参加英语活动:本课程鼓励学生参加各种英语活动,如英语角、英语演讲比赛、英语戏剧表演等,提高英语实际应用能力。

四、课程评价

学业质量是学生在完成英语学科课程学习后的学业成就表现。高中英语学业质量以学生在语言能力、文化意识、思维品质和学习能力等方面的核心素养为基础,结合高中英语课程的内容以及高中学生英语学习的进阶情况,重点描述了高中学生在特定问题情境中运用英语解决问题的表现和能力。英语课程学业质量具体分为三个水平。

水平一:学生能够在相对熟悉的情境中,围绕必修课程内容所涉及的人与自我、人与社会和人与自然等主题语境,使用所学的语言知识和文化知识,有效运用学习策略,理解必修课程所规定的不同类型语篇所传递的意义、意图和情感态度,理解语篇中不同的文化元素及其内涵,分析不同语篇类型的结构特征和语言特点,并能以口头或书面形式陈述事件、传递信息、表达观点和态度等。

水平一主要用于检测必修课程的学习结果,是高中学生在英语学科应达到的合格要求,也是高中英语学业水平考试命题的主要依据。

高一第一学期要求完成初高中英语学习的衔接,80%的学生英语能力达到水平一的初级阶段。

水平二:学生能够在不太熟悉的语境中,围绕选择性必修课程内容所涉及的人与自我、人与社会和人与自然等主题语境,使用所学的语言知识和文化知识,综合运用学习策略,理解选择性必修课程所规定的不同类型语篇所传递的意义、意图和情感态度,理解语篇中不同的文化元素及其内涵,分析不同语篇类型的结构特征和语言特点,并能以口头或书面形式陈述事件、传递信息、再现真实或想象的经历、阐释观点和态度等。

水平二主要用于检测选择性必修课程的学习结果,是英语高考命题的主要依据。

水平三:学生能够在更加广泛的或不熟悉的语境中,围绕选修课程中的提高类课程内容所涉及的人与自我、人与社会和人与自然等主题语境,运用所学的语言知识和文化知识,综合运用学习策略,理解选修课程中的提高类课程所规定的不同类型语篇所传递的意义、意图和情感态度,理解语篇中不同的文化元素及其内涵,分析不同语篇类型的结构特征和语言特点,并能以口头或书面形式陈述事件、传递信息、创造性地再现经历、阐释观点和态度等。

水平三主要用于检测选修课程中提高类课程的学习结果,可以作为其他相关考试或测评的依据。

五、课程资源

教材、练习册、教材配套资源库。

第三部分　设计说明

一、素养要求

英语学科核心素养主要包括语言能力、文化意识、思维品质和学习能力。

首先，我们需要关注英语学科语言能力。语言能力指在社会情境中，以听、说、读、看、写等方式理解和表达意义的能力，以及在学习和使用语言的过程中形成的语言意识和语感。

其次，需注重培养学生的文化意识。文化意识的培育有助于学生增强国家认同和家国情怀，坚定文化自信，树立人类命运共同体的理念，学会做人做事，成长为有文明素养和社会责任感的人。

再次，需要关注学生的思维品质。思维品质的重点是学生在逻辑性、批判性、创新性等方面所表现的能力和水平，好的思维品质有助于提升学生分析和解决问题的能力，使他们能够从跨文化视角观察和认识世界，对事物作出正确的价值判断。

最后，需要培养学生的学习能力。学习能力指学生积极运用和主动调适英语学习策略、拓宽英语学习渠道、努力提升英语学习效率的意识和能力。学习能力的培养有助于学生做好英语学习的自我管理，养成良好的学习习惯，多渠道获取学习资源，自主、高效地开展学习。

二、教材分析

（一）单册教材结构

本套教材每册均包含四个主题单元。教材附录包括音标符号表（必修第一册）、词汇表、专有名词表、术语表、语法参考5个部分。

（二）单元内部结构

教材每个单元设有 Objectives，Reading and interaction，Grammar activity，Listening and speaking，Writing，Cultural focus，Self-assessment 7个板块。各个板块功能明确，在内容方面有机关联，围绕同一主题语境呈现语言和文化，帮助学生

发展语言技能,促进英语学科核心素养的形成(表5)。

表5 教材板块内容

板块	内容
Objectives (学习目标)	明确本单元的单元学习目标,目标中包含学习内容、学习方式、学习结果和学习环境
Reading and interaction (阅读与互动)	以语篇为载体,探究语篇中的语言、修辞、思想与文化,帮助学生全面提高语言能力、思想品质,把握文化内涵,提升文化意识和学习能力。本板块包括读前活动、阅读篇章、理解活动、深度阅读、微型任务和语言聚焦等栏目
Grammar activity (语法活动)	以语篇为载体,引导学生在语境中探索语言现象,自主发现语言规律,然后在新语境中尝试应用,最后在真实语境中进行综合化的训练,发展有效的语法应用能力
Listening and speaking (听说练习)	包括听力活动和口语活动。听力活动提供模拟电台、电视台、现场采访等听力素材,侧重培养学生对听力语篇的信息加工、归纳、总结和提炼能力。口语活动和听力活动紧密联系,为学生创造了听说相结合的训练机会,锻炼学生表达和交际能力
Writing (写作)	设置情境,通过引导性问题和范文,引导学生思考写作内容,探究和发现范文的思想内容、组织方法、语言运用的特点和文体规范。本板块侧重对学生自主学习策略的培养,引导学生学习范文的语篇类型、内容结构、修辞特点、文体格式等,然后开展独立的写作训练
Cultural focus (文化聚焦)	以语篇和视频为载体,聚焦文化现象与文化特点,引导学生学习中外优秀文化。本板块侧重引导学生发现多元文化现象,联系中外文化,开展对文化内容的分析和比较,提升文化意识和文化比较能力,加强对中华优秀文化的自信,树立家国情怀,培养人类命运共同体的理念,将价值塑造、知识传授和能力培养三者融为一体
Self-assessment (单元自我评估)	单元结束前,学生根据单元首页的学习目标和已学内容,对照自我评估的标准,借助同学和教师的反馈,开展自我评估,调整后续学习计划,提升自主学习能力

三、学情分析

高一的学生对于基本的语法和词汇有一定的掌握。但是,由于之前教学的重点主要是基础知识的学习和应试技巧的训练,学生的英语语言能力和学习能力还有待加强。因为受到家庭、初中学校、学生本身心理等因素影响,所以高一的学生对于英语学习的态度和习惯会参差不齐。学生的学习方法虽然已经形成,但由于高中阶段的英语学习更加注重语言的应用能力和思维能力的培养,学生需要调整自己的学习方法，以适应高中阶段的英语学习需求。在资源方面，高一的学生在学习英语时，可以利用的学习资源包括教科书、参考书、网络资源等，同时也有教师的指导。

第三篇

学科单元教学规划

一、地理学科

《甜蜜生活"搬"出来》单元教学规划

单元名称： 甜蜜生活"搬"出来

所在学科： 地理

授课年级： 高一

设计教师： 刘育蓓、吴祺、陈童临

第一部分　背景分析

一、课标分析

根据《普通高中地理课程标准(2017年版2020年修订)》①(简称《课标》),本单元主要包含两个内容:运用资料,描述人口分布、迁移的特点及其影响因素,并结合实例,解释区域环境资源承载力、人口合理容量;运用资料,归纳人类面临的主要环境问题,说明协调人地关系和可持续发展的主要途径及其缘由。

人口、资源问题与环境问题密切相关,关系到区域可持续发展途径及人地协调。本单元为跨单元主题式学习,将两个单元的《课标》内容整合,探究人口分布、迁移的原因,有利于启发学生思考人口与资源、环境的关系等一系列与我们生活息息相关的问题。

二、教材分析

本单元内容涉及《地理》必修二第1单元《人口》、第5单元《环境问题与可持续发展》。其中,人口及其相关问题为主体,是必修二的开篇单元,对《地理》必修二的学习起引领作用。第1单元强调人口的分布、增长使人类对资源环境利用的强度日益增加,从而对区域环境资源承载力产生影响,导致自然资源枯竭、环境污染和生态破坏等问题日趋严重。第5单元是教材的最后一个单元,学习第5单元有助于学生认识人类面临的主要环境问题,理解转变发展观念对形成节约资源和保护环境的空间格局、产业结构、生产方式和生活方式的重要性,提升对协调人地关系、走可持续发展之路的认识。

三、学情分析

通过课前访谈可知,学生凭借生活经验和已有认知,对人口分布、迁移的特

---

① 中华人民共和国教育部. 普通高中地理课程标准(2017年版2020年修订)[S]. 北京:人民教育出版社,2020.

点,人口容量有一定的感性认识,对人类生活的自然环境中的岩石圈、大气圈、水圈等圈层有一定的理性认识。但是学生对与人口相关的重要概念认知不足,不能充分理解人口容量的概念,难以结合实例说出区域资源环境承载力、人口合理容量与其影响因素之间的关联。

学生对人口分布区域的认知比较浅薄,只有近三分之一的学生通过自主学习可以基本掌握人口时空分布特点等内容,能初步结合地图分析人口分布、迁移的影响因素。但学生尚未形成人口问题的系统思维框架。对影响人口分布、人口迁移的因素,人类面临的主要环境问题,如全球变暖、酸雨、水土流失等问题的表现、成因和影响没有形成整体性分析框架,思维水平尚停留在单点和多点结构层次。

因此,本单元将教学突破口预设为:辨析地理概念、提升地理读图技能、培养地理综合思维。

第二部分 单元规划

一、单元主题

甜蜜生活"搬"出来。

二、课程内容

本单元分为两个方面，一是整体感知——必修二与必修一之间的联系，即人口与城市、产业、文化、区域发展、环境问题与可持续发展等主题的关联；二是地理学习方法，如区域认知、区位分析、比较思维、辩证看待地理问题等。本单元课程内容如图1所示。

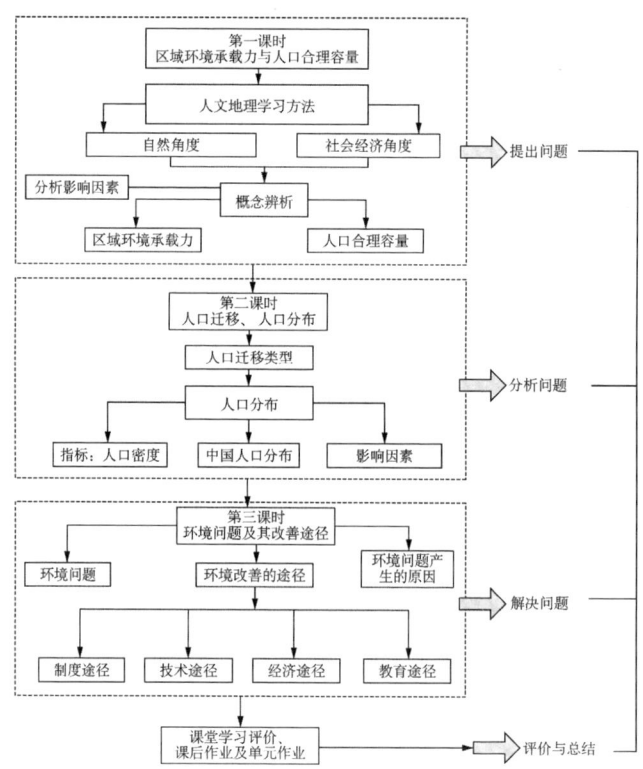

图1 本单元课程内容

三、学习目标

本单元学习目标见表1。

表1 单元学习目标

单元学习目标	对应素养水平
1. 运用资料,解释环境资源承载力、人口合理容量;结合实例,综合分析、阐明区域环境资源承载力的影响因素;结合人与环境关系的三种模式图,解释超过环境资源承载力可能带来的后果以及规划人口合理容量的意义,增强综合思维和人地协调观	Z3、R3
2. 结合人口迁移案例,从时空维度说明人口迁移类型、迁移的特点及其影响因素,提升区域认知、综合思维和人地协调观	Q2、Z2、R2
3. 运用资料描述不同尺度区域的人口分布特点,结合案例,从自然和社会经济两方面概括其影响因素,提升区域认知和综合思维;结合资料绘制人口迁移路线图,推测未来我国胡焕庸线两侧的主要人口迁移方向及其原因,提升地理实践力、综合思维和人地协调观	D1、Z3、R2
4. 小组合作,结合实例,归纳当地主要环境问题、产生原因,以及不同发展阶段人地关系的特点,提出可持续发展的途径,感悟协调人地关系和可持续发展的重要意义,提升人地协调观和综合思维	R2、Z3

注:①Z表示综合思维,Q表示区域认知,D表示地理实践力,R表示人地协调观。
②Z、Q、D、R后面的数字编码表示在《课标》中对应的学业质量水平。

四、教学实施

1. 课时内容设计

课时设计以之前热播的电视连续剧《山海情》中的宁夏西海固"甜蜜生活'搬'出来"为主题,以当地脱贫攻坚故事为主线,基于《课标》设计以人口、可持续发展作为跨单元主题的学习活动,体现了复杂情境的地理问题化,促进学生真正地学习,引导学生深度学习地理学科的思想方法。本单元的课时内容如图2所示。

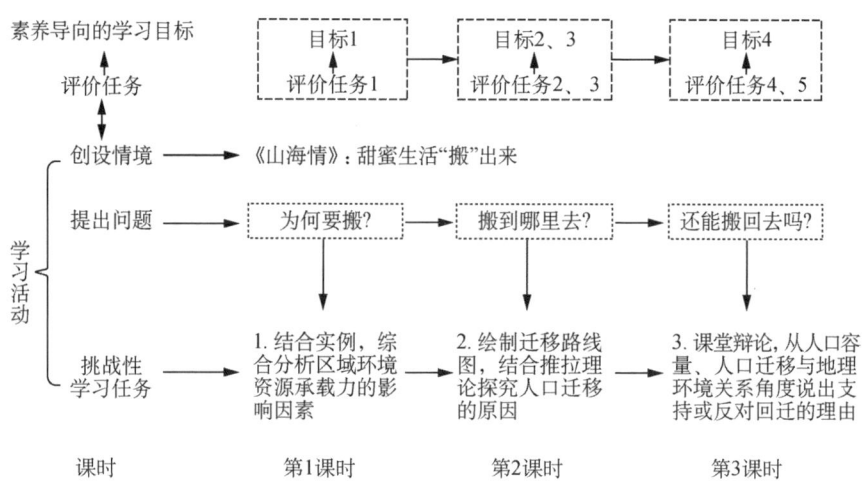

图 2　课时内容设计

2. 学习任务

本单元学习任务与教学过程见表 2。

表 2　学习任务与教学过程

问题	学习任务	教学过程
第1课时： 为何要搬？	任务1：描述视频中反映的人地关系问题	教师指导学生观看视频，描述视频中表现的人地关系问题
	任务2：探究西海固村民为何要搬迁	教师引导学生分组学习，结合实例分析影响资源环境承载力的主要因素
	任务3：辨析西海固地区人口合理容量与资源环境承载力的差异	教师组织学生开展"报纸上站多少人"的体验活动，指导学生运用资料解释人口合理容量与资源环境承载力
	任务4：结合人与环境模式图，解释西海固地区规划人口合理容量的意义	教师指导学生读图，结合实例分析规划人口合理容量的重要意义
第2课时： 搬到哪里去？	任务5：探究涌泉村村民迁移到宁夏北部的原因	教师指导学生绘制迁移路线，并从自然和社会经济因素两大方面探究人口迁移的原因
	任务6：探究部分涌泉村村民迁移到人口密度更大的福建的原因	教师指导学生绘制迁移路线，从时间维度归纳由于自然环境和经济发展水平的影响，造成的人口迁移

(续表)

问题	学习任务	教学过程
第2课时：搬到哪里去？	任务7：探究部分村民到加拿大定居的原因	教师指导学生绘制迁移路线、判断迁移类型和成因，从空间角度归纳人口迁移类型
	任务8：推测未来我国胡焕庸线两侧的主要人口迁移方向及其原因	教师指导学生课前查阅资料，了解胡焕庸线的来历；指导学生描述人口分布特点，归纳人口分布的影响因素
第3课时：还能搬回去吗？	任务9：绘制思维导图，说明西海固曾经面临的环境问题及原因	教师指导学生绘制思维导图，从区域自然、社会因素的角度分析当地的生态环境问题
	任务10：课堂辩论，题目为能回迁还是不能回迁	教师指导学生查阅资料，归纳当地自然环境发生的主要变化，综合分析其形成原因，总结协调人地关系、实现可持续发展的途径。教师关注辩论中的情况，把握时间，最后进行点评

五、教学评价

本单元的课程教学评价表见表3。

表3 课程教学评价表

序号	评价内容	评价指标	评价标准	评价方法	评价建议(形成性评价为X；表现性评价为B)
1	探究西海固村民为何要搬迁	能运用给定资料，分析、归纳影响资源环境承载力的主要因素，并说明各因素之间的联系	水平1：提到了1～2个因素，但无法清晰论述各因素与案例之间的关联 水平2：准确提出一些因素，并说出其与案例间的简单联系，但无法清晰论述每个因素与案例之间的联系（或有层次地分析地理因素之间各方面的异同） 水平3：提出环境资源承载力的五个影响因素，能清晰阐述每个因素与案例之间的联系。能创造性地回答问题，提出自己个性化的见解	1. 课堂观察 2. 学历案填写 3. 表现性评价量表1	任务1 X：教师口头评价（完整性、重点突出、注重联系） 任务2 B：运用思维结构评价表（注重引向高阶思维） 任务3 X：生生、师生口头评价（活动的参与度与感受、解释的准确度） 任务4 X：生生、师生口头评价（准确性、合理性、应用能力）

(续表)

序号	评价内容	评价指标	评价标准	评价方法	评价建议(形成性评价为 X;表现性评价为 B)
2	探究涌泉村村民迁移到宁夏北部的原因	能正确绘制迁移路线,并从自然和社会经济因素两大方面探究人口迁移的原因	水平 1:不能正确绘制迁移路线图;无法判断村民迁移的类型并分析迁移的原因 水平 2:能正确绘制迁移路线图;能判断村民迁移的类型,分析原因时能兼顾迁出和迁入两地状况,但只涉及自然或者人为因素中的某一方面 水平 3:能准确绘制迁移路线图,能判断村民迁移的类型,分析原因时能兼顾迁出和迁入两地状况,而且同时涉及自然和人为两方面因素	1. 课堂观察 2. 学历案填写 3. 表现性评价量表 2	任务 5 B:运用表现性评价量表(地理实践力和思维结构评价) 任务 6 X:生生、师生口头评价(准确性、逻辑性、全面性) 任务 7 X:生生、师生口头评价(准确性)
3	推测未来我国胡焕庸线两侧的人口迁移的主要方向及其原因	能结合给定资料和自主查阅资料,描述我国人口分布特点,分析人口分布的影响因素,综合运用人口容量知识推测人口迁移的主要方向	水平 1:能简单描述我国人口分布特点,说出部分影响人口分布的因素,但无法清晰论述各因素与不同区域的关联。无法预测胡焕庸线两侧未来人口迁移方向,或能预测但无法清晰表述原因 水平 2:能准确描述我国人口分布特点,完整归纳影响人口分布的因素,能大体解释每个因素与不同区域的联系,将分析思路初步迁移到环境类似的区域。能结合人口容量知识及课前查阅的资料,预测胡焕庸线两侧未来人口迁移的主要方向,较完整地表述理由 水平 3:能准确描述我国人口分布特点,完整说出影响人口分布和环境资源承载力的主要因素,清晰论述以上因素与不同区域	1. 课堂观察 2. 学历案填写 3. 表现性评价量表 3	任务 8 B:运用表现性评价量表(地理实践力和思维结构评价)

(续表)

序号	评价内容	评价指标	评价标准	评价方法	评价建议(形成性评价为X;表现性评价为B)
3	推测未来我国胡焕庸线两侧的人口迁移的主要方向及其原因	能结合给定资料和自主查阅资料,描述我国人口分布特点,分析人口分布的影响因素,综合运用人口容量知识推测人口迁移的主要方向	的联系,并将分析思路成功迁移到不同地区。能结合人口容量知识及课前查阅的资料,预测胡焕庸线两侧未来人口迁移的主要方向,并完整、清晰地表述理由 水平4:在水平3的基础上,能运用多学科知识对局部区域或某些时段人口的小突破作出合理解释,创造性地回答问题,提出自己个性化的见解	1. 课堂观察 2. 学历案填写 3. 表现性评价量表3	任务8 B:运用表现性评价量表(地理实践力和思维结构评价)
4	绘制思维导图,归纳西海固曾经面临的环境问题并分析原因	绘制思维导图。根据材料归纳西海固环境问题。指导学生从区域自然、社会因素的角度分析当地的生态环境问题,进行结构性关联	水平1:能够简单描述西海固环境问题,但无法分析原因和绘制思维导图 水平2:能够根据材料归纳西海固环境问题,并从区域自然、社会因素角度分析其原因及绘制思维导图,但缺乏完整性、合理性、美观性 水平3:能够根据材料归纳西海固环境问题,并从区域自然、社会因素角度分析其原因及绘制思维导图,具备完整性、合理性、美观性	1. 课堂观察 2. 表现性评价量表4	任务9 B:运用表现性评价量表(完整性、合理性、美观性),生生互评、教师总结
5	课堂辩论:能回迁还是不能回迁	通过查阅资料,结合人口合理容量、人口迁移原因等所学知识,形成观点,归纳当地	水平1:对"能回迁还是不能回迁"有自己的见解,但缺乏论据 水平2:对"能回迁还是不能回迁"有自己的见解,但论据不够全面,语言逻辑性一般,语言表达流畅性一般 水平3:能辩证地看待"能	1. 课堂观察 2. 表现性评价量表5	任务10 B:运用课堂辩论评分表(评价维度有观点、论据与表达),进行自评、互评和师评

(续表)

序号	评价内容	评价指标	评价标准	评价方法	评价建议(形成性评价为X;表现性评价为B)
5	课堂辩论:能回迁还是不能回迁	自然环境发生的主要变化,综合分析其形成原因,总结协调人地关系、实现可持续发展的途径	回迁还是不能回迁",论据全面,语言逻辑性较好,语言表达较为流畅 水平4:能辩证地看待"能回迁还是不能回迁",论据全面,语言逻辑性非常好,语言表达非常流畅,能有效调动现场情绪	1. 课堂观察 2. 表现性评价量表5	任务10 B:运用课堂辩论评分表(评价维度有观点、论据与表达),进行自评、互评和师评

持续性评价说明:

(1) 根据单元学习目标和重点,匹配评价任务。

(2) 注重评价任务的多样性,激发学生参与的积极性。

(3) 针对四个核心素养的特征,参照学业质量标准,进行巩固、迁移和进阶式评价任务设计,侧重对思维结构的表现评价。如:通过分析影响资源环境承载力的主要因素,指导学生初步建立要素联系与综合、时空综合、地方综合的思想,形成基本的区域认知(差异性和整体性);通过对人口迁移的原因的探究,梳理基本分析思路(从自然和社会经济因素两大方面分析),并分析人口分布影响因素,以及环境问题成因与措施,同时形成区域联系的观点;绘制迁移路线图、预测胡焕庸线两侧人口迁移方向的过程,既是地理实践力的体现,也让学生进一步体会区域的差异和联系,加深对地理与生活、生产联系的理解;人口分布的特点分析可以引导学生建构、形成对空间-区域尺度、区域特征的认知。人地协调观始终渗透在评价任务中。

六、单元作业

1. 作业要求

(1) 确保作业与单元、课时的学习目标一致,以帮助学生更好地理解和学习所学内容。

(2) 设计多样化的作业,包括书面作业、实验、调查、讨论等。

(3) 确保作业的可行性和合理性,确保作业的目的明确,并给出足够的指导和支持。

(4) 关注学生的反馈,并设计相应的评价标准。

2. 作业示例

家族人口增长和迁移情况调查。

(1) 调查目标:通过调查本家族人口增长和迁移情况,了解人口增长的特点、原因以及人口迁移的类型和原因。

(2) 活动步骤:

① 制订家族成员情况的调查计划;

② 向家族成员调查祖辈和父辈家庭人口数量,以及有关迁移情况;

③ 绘制家族成员族谱图和迁移路线图;

④ 分析家族成员数量变动的特点及原因;

⑤ 分析家族成员迁移时间、迁移类型、迁移原因,并简述迁移中的故事。

(3) 评价要点:

① 调查计划考虑周详,针对性强;

② 能充分调动家族成员参与,通过多种渠道获得全面、准确的信息;

③ 族谱图结构合理,层级清晰,设计美观,图例恰当;

④ 迁移路线图定位准确,路径方向表达清晰,图例设计恰当;

⑤ 能通过调查数据全面、准确地概括家族成员数量变动、迁移的特点,结合所学知识、查阅相关文献,阐释其原因;

⑥ 能生动、形象地描述家族成员数量变动和迁移的故事,给人以启示。

七、教学资源

(1) 学习资源:《普通高中地理课程标准(2017年版2020年修订)》、教材、教学基本要求、配套地图册、配套练习册、光盘资源等。

(2) 多媒体教学资源:《山海情》视频节选、学校移动教学平台。

(3) 信息化教学资源:搜索引擎、天地图网站(https://www.tianditu.gov.cn)等。

(4) 校本学案,包括学习目标、重难点提示、知识梳理、拓展与探究、习题。其中,拓展与探究板块涉及相关知识链接、学法指导、学科前沿、地理学家的介绍等,提供进一步学习的图书期刊资源和网络资源,引发学生思考与探究。

二、化学学科

《基于真实情境的有机化学》单元教学规划

单元名称：基于真实情境的有机化学

所在学科：化学

授课年级：高二

设计教师：许祥龙

第一部分 背景分析

一、课标分析

《普通高中化学课程标准(2017年版2020年修订)》在课程基本理念第4条中提出,重视开展"素养为本"的教学,开展以化学实验为主的多种探究活动,重视教学内容结构化设计,激发学生学习化学的兴趣,促进学生学习方式的转变,培养他们的创新精神和实践能力。[①] "素养为本"指"化学学科核心素养"是化学教学实施的本源和目标,其对化学作业的设计有着提纲挈领的指导作用。学科核心素养的培养需要较长的时间跨度和合适的培养途径。基于学科核心素养把新课程的教学内容整合为具有一定主题的结构化的教学单元,有助于更好地培养学生的学科核心素养。

化学学科与人类的生存发展息息相关。化学科学对解决人类所面临的粮食生产、资源利用、环境保护等社会热点问题有巨大的现实作用。化学知识的广泛应用性,决定了化学问题具有真实的情境性。[②] 强调真实的情境,也就是更加关注学生的个性化、自主性。每个学生有着不同的成长环境和生活经验。只有"活"且"实"的教学情境,才能有助于每个学生的学科核心素养在不同程度上得到发展。[③]

二、教材分析

本单元教学内容选自沪科版《化学(必修第二册)》第七章《常见的有机化合物》单元。本单元通过典型的有机物介绍了饱和烃、不饱和烃以及常见的烃的含氧衍生物、高分子化合物等,要求学生能够辨识常见有机化合物分子中的碳骨架和官能团;能概括常见有机化合物中碳原子的成键类型;能描述甲烷、乙烯、乙炔的分子结构特征,并能搭建甲烷和乙烷等分子的立体模型。

[①] 中华人民共和国教育部. 普通高中化学课程标准(2017年版2020年修订)[S]. 北京:人民教育出版社,2020.
[②] 房喻,徐端钧. 普通高中化学课程标准(2017年版)解读[M]. 北京:高等教育出版社,2018:28-74.
[③] 郑敏艺,黄紫洋. 基于真实情境开展化学学科核心素养教学[J]. 化学工程与装备,2021(10):282-284.

三、学情分析

高二学生已经具备了比较丰富的化学知识,但对有机物和有机化学的认识比较简单。希望他们能够通过学习一些重要的有机化合物,初步建立有机化学的概念,了解有机物对人类的生活品质提高和社会进步发展的重要意义。从知识的角度来看,学生初学有机化学时对分子结构的认识往往存在比较大的障碍,因此本次单元活动设计中首先开展有机分子模型的搭建,帮助学生形成对有机分子空间结构的直观认知。另外,借助塑料、药品的合成等,能够让学生将所学的知识用于实践,激发学生参与活动的热情。

第二部分 单元规划

一、单元主题

基于核心素养培养的结构化教学目标的落实,需要基于真实情境的单元活动设计,因此本单元的主题是基于真实情境的有机化学。

二、课程内容

本单元主要包括有机分子模型搭建、生活中的塑料、阿司匹林的合成与改良三个单元活动。具体安排如图1所示。

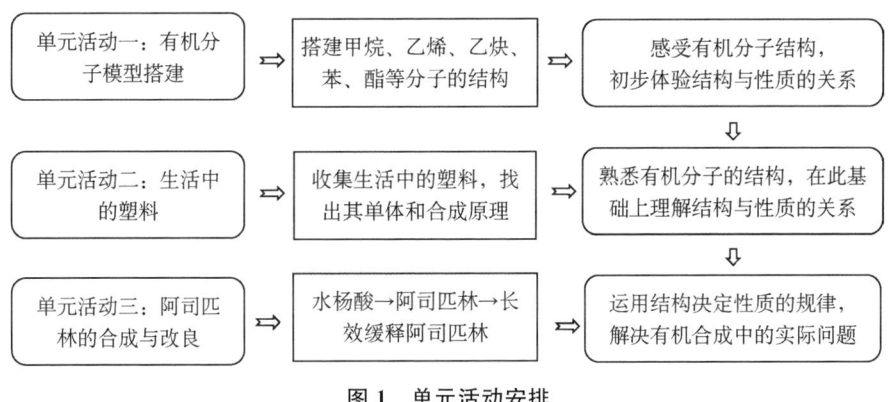

图1　单元活动安排

从知识层面来看,有机化学是介绍化学物质的学科,具体包括物质的命名、结构、性质及制备等。而有机物结构和性质的关系是贯穿整个高中有机化学的重要线索。大多数高二的学生在学习这部分内容时,已经具备了较强的空间思维能力,但在有机化学分子结构的学习上总有部分学生非常吃力,问题的关键在于学生没有将自身的空间思维能力(数学立体几何知识)与有机分子结构建立起良好的关联,导致学生对于有机分子结构的认知发展与其通过立体几何习得的空间思维能力相比,存在一定的滞后。

三、学习目标

（1）学生通过动手搭建结构模型，加深对典型有机分子结构的认识和理解。

（2）借助"生活中的塑料"案例，引导学生形成学以致用的意识，能够利用所学有机化学知识解释生活中的现象及解决实际问题。

（3）通过"阿司匹林合成历史"的案例，让学生体会到科学家为了科技和学术的进步而不懈努力的精神。

四、课程实施

1. 活动一：有机分子模型搭建

对于分子这种无法直接由肉眼观察到的微观粒子，仅凭想象很难完全还原出其本来的空间结构，而通过动手搭建有机分子模型，会为初学有机化学的学生提供一个重要的学习支架：模型展示出的分子空间结构与纸面上的结构简式对号入座，能够帮助学生快速地把已有空间思维能力迁移应用到有机化学的学习中来，能够降低有机化学的入门难度。

为了保证每位学生都有动手的机会，采购了30套有机分子模型，在课堂上组织学生开展了"有机分子模型搭建"（图2）的实践活动。活动作业的开展需要一定的时间和空间环境，对学生能力的要求也较高，在实施过程中需根据学生情况分层、分小组开展。该项活动的内容和评价维度见表1。

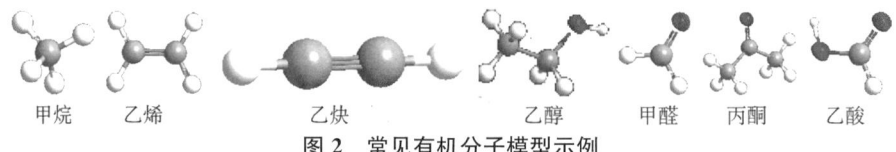

甲烷　乙烯　乙炔　乙醇　甲醛　丙酮　乙酸

图2　常见有机分子模型示例

表1　"有机分子模型搭建"活动内容和评价维度

活动描述	评价维度		
	优	中	差
搭建模型前，认真听教师讲解，明确不同颜色小球代表的原子种类，明确不同原子能够形成共价键的数量	能够结合原子结构正确解释不同原子达到稳定结构所需共价键的数量和原因	能够准确说出不同原子（小球）达到稳定结构所需共价键的数量	仅能够辨识小球种类，或对小球种类也不明确

（续表）

活动描述	评价维度		
	优	中	差
搭建模型的过程中,要关注分子的空间结构,如果用搭建模型的方式来模拟化学反应,要格外注意断键与成键的位置和方式,理解反应机理	能够结合所搭建的分子模型,通过断键、成键的方式准确模拟有机反应的过程	能够在规定的时间内搭出正确的分子模型	无法在规定的时间内搭出正确的分子模型
搭建好模型后,要能根据模型说明有机分子的空间构型,并利用模型分析一氯代物的同分异构体	能够结合模型,快速找出一氯代物的同分异构体	能够正确描述模型的空间构型	无法正确描述模型的空间构型

注：学生搭建好球棍模型后,需结合PPT等方式呈现有机分子的比例模型；教师要让学生明确比例模型更接近有机分子的真实面目。

2. 活动二：生活中的塑料

科学家在马里亚纳海沟和南极冰层发现"微塑料",说明塑料污染已经遍布地球的各个角落,严重危害到人们的日常生活,保护环境迫在眉睫。生物可降解材料在使用期后短时间内可降解为植物可吸收的二氧化碳和水,对环境无害,因此学术界加大了对生物可降解材料的研发投入。生物可降解材料既可节约能源又绿色环保,对社会经济发展和环境保护具有重要意义。

随着我国"禁塑令"在各行业中的落实,"生物可降解材料"这一学术名词逐步被大众所认知。而在我们的生活中,除了可降解塑料外,还有各种各样不同性能且目前仍不可替代的不可降解塑料,如何引导学生正确、辩证地看待"塑料",也就成为了当前化学教学中需要考虑的内容之一。

学生在学习了聚乙烯、聚氯乙烯等高分子有机物(即塑料)的合成方法后,对高分子有机物合成的原理有了初步的了解,对不同类型的高分子有机物具有不同性能也有了初步的认识。为引导学生走进生活,了解生活中的塑料及其性能,并在此基础上对高分子有机物的合成方式形成更完整的认识,在本单元的教学过程中,组织开展了寻找生活中的塑料(图3)的实践活动。具体活动内容和评

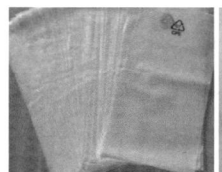  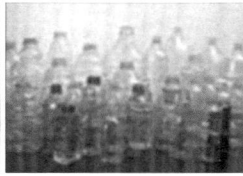 

聚乙烯（PE）　　聚氯乙烯（PVC）　　聚酯（PET）　　聚乳酸（PLA）

图3　生活中常见的塑料及其制品

价维度见表2。

表2 "生活中的塑料"活动内容和评价维度

活动描述	评价维度		
	优	中	差
以小组为单位,寻找生活中常见的塑料,并能根据塑料的某种特征对其进行初步分类(如可降解塑料、不可降解塑料、绝缘塑料与导电塑料等)	能够对找出的塑料制品按照组成、性质等特征进行正确分类	能够找出生活中常见的塑料制品,并对其成分进行正确说明	找出的塑料种类少,或把纤维、橡胶等制品误认为是塑料
通过查阅资料等方式,写出各类塑料的化学式,并能在此基础上找出合成该塑料的单体	能够根据写出的塑料化学式,找出正确的单体	能够正确写出各类塑料的化学式	无法写出所找到塑料的化学式,或化学式书写有错误
通过查阅资料等方式,明确各类塑料的性能,并结合其化学式,从组成与结构的角度对塑料的性能进行正确分析	能够结合塑料的化学组成和结构正确解释塑料的性能	能够正确描述不同类型塑料的性能和用途	无法正确描述塑料的性能

资料备注:生物可降解材料是指在自然界中通过微生物、水的作用发生化学、物理或生物作用而降解的材料。主要有聚乳酸(PLA)、聚己内酯(PCL)、聚羟基脂肪酸(PHA)、聚丁二酸丁二醇酯(PBS)、聚对苯二甲酸-己二酸丁二醇酯(PBAT)等。目前,研究最为广泛的为PLA,PLA因其机械强度高、熔点高、生物降解性好等优点被认为最有可能替代传统的石油基材料,如聚乙烯(PE)、聚丙烯(PP)、聚对苯二甲酸乙二醇酯(PET)等。[1]

拓展活动:如何获取合成PLA的单体?

活动指引:

① 对提取农作物秸秆中的植物纤维素,合成淀粉,进而合成塑料制品的简单流程进行研究。

② 对利用自然界中现有的植物资源,通过发酵法获取乳酸的可行性进行研究。

3. 活动三:阿司匹林的合成与改良

药物合成是有机化学的重要研究领域,关乎人类的生存和健康。阿司匹林

---

[1] 丁跃,卢波,季君晖.聚乳酸基生物可降解材料的相容性[J].化学进展,2020(6):738-751.

是人类历史上第一种重要的有机合成药物,也是世界上使用最广泛的药物。[①]

我国著名化学家傅鹰先生常说:"一门科学的历史是那门科学最宝贵的部分。科学只给我们知识,而历史却给我们智慧。"在阿司匹林的药物合成史中,蕴藏着丰富的有机合成学习素材,通过对这段历史的学习与研究,能够让学生习得阿司匹林合成工艺不断改进和完善的方法,同时也让学生感受到医学的魅力,体会到近代科学家为达成目标而不断努力的精神。

学生学完有机化学模块后,对羟基、醛基、羧基等各类官能团的性质有了较为完整的认识,具备了学习研究药物合成流程的知识基础。故这一阶段可以组织实施"阿司匹林的合成与改良"单元活动。具体的活动内容和评价维度见表3。

表3 "阿司匹林的合成与改良"活动内容和评价维度

活动描述	评价维度		
	优	中	差
以小组为单位,查阅中医典籍中关于柳树药用功能的文字描述,并能结合所学化学知识或所查阅资料进行简单解释	能够准确查找资料,并从柳树皮中含水杨酸的角度解释药效	能够查阅到相关资料,并进行简单的梳理说明	所查资料不完善、不准确
查阅近代西方医药领域从水杨酸到乙酰水杨酸(阿司匹林)的合成历程,并能结合所学化学知识画出制备工艺流程图	所查资料完善、准确;绘制的流程图科学,并能给出合理解释	所查资料较完善、准确;绘制的流程图有少量或没有错误	所查资料不完善、不准确;绘制的流程图有科学性错误
通过查阅资料等方式,找出现在合成长效缓释阿司匹林的方法,并能结合所学化学知识画出制备工艺流程图	所查资料完善、准确;绘制的流程图科学,并能给出合理解释	所查资料较完善、准确;绘制的流程图有少量或没有错误	所查资料不完善、不准确;绘制的流程图有科学性错误

资料备注:

(1) 相关分子结构如图4所示。

[①] 谢铁林.阿司匹林的"前世、今生和未来"——"有机合成"教学设计[J].中学化学教学参考,2015(23):18-21.

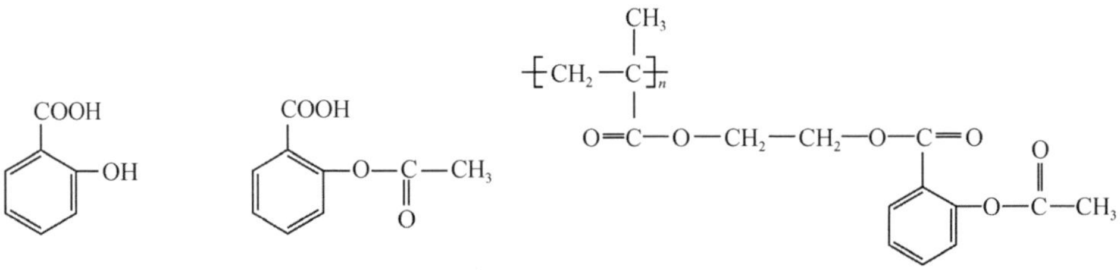

(a) 水杨酸　　(b) 乙酰水杨酸（阿司匹林）　　(c) 长效缓释阿司匹林

图 4　相关化合物分子结构

（2）由水杨酸制备乙酰水杨酸的反应原理如图 5 所示。

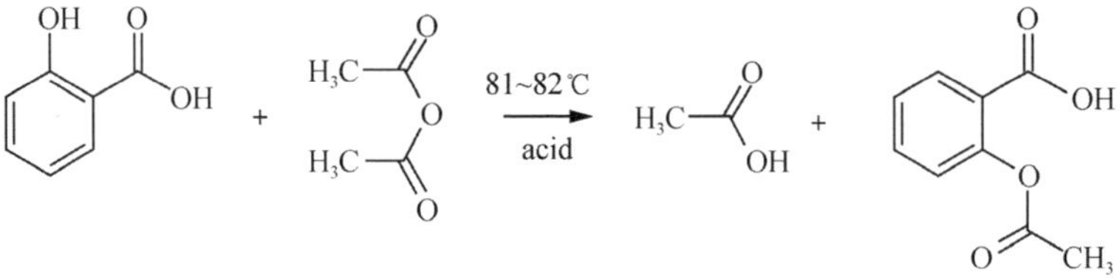

图 5　由水杨酸制备乙酰水杨酸的反应原理

（3）《本草纲目》木部第三十五卷·木之二：柳。

枝及根白皮。

【气味】同华（苦，寒，无毒）。

【主治】痰热淋疾。可为浴汤，洗风肿瘙痒。煮酒，漱齿痛。（苏恭）

小儿一日、五日寒热，煎枝浴之（藏器）。煎服，治黄疸白浊。酒煮，熨诸痛肿，去风止痛消肿（时珍）。

【发明】颂曰："柳枝、皮及根亦入药。"葛洪《肘后方》："治疔疮、肿毒、妒乳等多用之。"韦宙《独行方》：主疗疮及反花疮，并煎柳枝、叶作膏涂之。今人作浴汤、膏药、牙齿药，亦用其枝为最要之药。时珍曰："柳枝去风消肿止痛。其嫩枝削为牙枝，涤齿甚妙。"

五、教学评价

对于教师的教学评价分为三个等级。

（1）优秀：完成了三项活动，并在有机化学单元的教学过程中进行了实践，体现了较好的连贯性和统合性。但活动作业的数量不多，对学生在进行相关活动后化学学科核心素养的落实情况尚不明确，需要跟进实践和研究。

(2) 良好：完成了三项活动，达到了较好的活动效果，但受限于教学课时及教师精力，无法让每名学生都在课堂上进行活动作业的展示，也无法在有限的时间内对每名学生的活动表现进行客观的评价，故后续需要进一步优化活动作业评价方案，兼顾公平与效率。

(3) 合格：目前对活动作业的设计和实践尚处于比较初级的阶段，在课堂教学中实施和开展活动的频率、获得的经验还比较有限，尚未提炼形成有价值、可推广的经验，后续需要找到合适的切入点，进一步组织实践和经验总结。

六、单元作业

通常塑料容器的底部都有一个小小身份证——一个三角形的符号，三角形里边有数字1~7，每个编号各代表一种塑料材质，如图6所示。

图6 塑料底部符号

(1) 2~6号塑料属于聚烯烃材质。聚烯烃在生成过程中，形成了新的_____（填写"C—C键"或"C—H键"），发生了_____反应（填反应类型）。

(2) 1号塑料的材质是聚对苯二甲酸乙二醇酯，简称PET。结构简式如图7所示，比较1~6号塑料的结构，推测哪种材质更易开发成可降解塑料，请解释原因。

_____

_____。

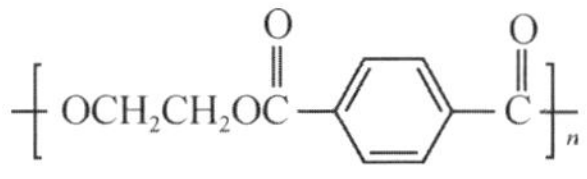

$$\{OCH_2CH_2O\overset{O}{\overset{\|}{C}}-\underset{}{\bigcirc}-\overset{O}{\overset{\|}{C}}\}_n$$

图7 聚对苯二甲酸乙二醇酯结构简式

药物的合成与改良是有机化学的重要任务。将布洛芬嫁接到高分子基体E上，可制得一种缓释布洛芬M，合成路线如图8所示。

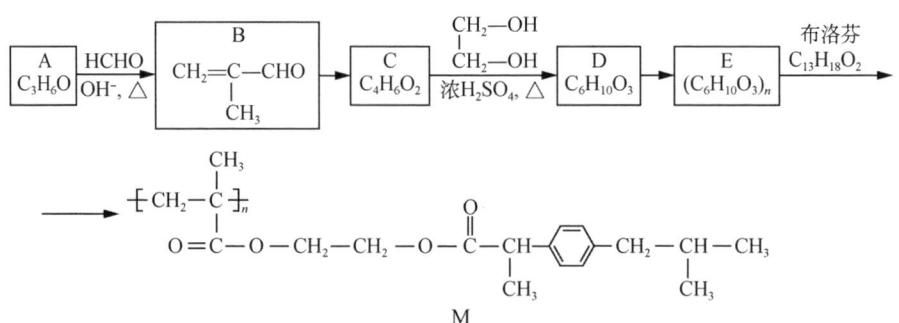

图 8 缓释布洛芬合成路线

已知：$2CH_3CHO \xrightarrow{OH^-} CH_3\overset{OH}{\underset{|}{C}}HCH_2CHO \xrightarrow{\triangle} CH_3CH=CHCHO$

(3) A 能够发生银镜反应，A 的结构简式为_____。

(4) 下列有关 B 的说法正确的有_____（单选）。

A. 存在顺反异构

B. 与 A 互为同系物

C. 1 mol B 最多可以和 2 mol H_2 发生加成反应

(5) C 中官能团的名称是_____、_____。B→C 的反应类型为_____。

(6) 下列关于布洛芬的说法正确的是_____（双选）。

A. 能发生氧化、取代、加成反应

B. 过量布洛芬不能与 Na_2CO_3 生成 CO_2

C. 能与高锰酸钾溶液反应生成对苯二甲酸

D. 一个布洛芬分子含有两个手性碳原子

(7) ①口服布洛芬对胃肠道有刺激，原因是_____；

② 用 [CH₂OH-吡啶] 对布洛芬进行成酯"修饰"后的有机物 N 可降低对胃肠道的刺激，写出 N 的结构简式：_____；

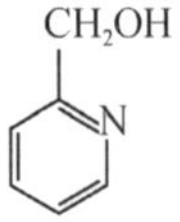

③ M 在人体中可以水解，缓慢释放出布洛芬，疗效增强、镇痛更持久且能减轻药物对胃肠道的刺激。若 1 mol M 完全水解，消耗水的物质的量为_____mol。

(8) 合成缓释布洛芬，需要用到乙二醇。工业生产中，常采用乙烯氧化法制备乙二醇（如反应式①所示）；有学生根据所学知识设计了另一条由乙烯为原料制得乙二醇的合成路线(如反应式②所示)。

① $CH_2=CH_2 \xrightarrow{O_2}$ 环氧乙烷 $\xrightarrow{H_2O}$ $HOCH_2CH_2OH$ 乙二醇

② $CH_2=CH_2 \xrightarrow{Br_2} CH_2BrCH_2Br \xrightarrow[\text{NaOH 水溶液}]{\triangle} HOCH_2CH_2OH$

通过两种途径的比较,解释工业生产选用乙烯氧化法的原因(从原料成本、环境污染和原子利用率 3 个角度评价)

_____。

(9) 根据信息,完成一条由乙二醇、二甲基丙烯酸和阿司匹林(邻乙酰氧基苯甲酸结构)为原料,制备缓释阿司匹林的合成路线(其他试剂任选)。

参考答案:

(1) C—C 键,加聚反应。

(2) 1 号塑料(聚对苯二甲酸乙二醇酯)。1 号塑料中有酯基,而 2~6 号塑料中主链上均为碳碳键,相对于碳碳键而言,酯基更易发生水解反应断裂,故 1 号塑料更易开发为可降解塑料。

(3) CH_3COCH_3。

(4) C。

(5) 羧基,碳碳双键,氧化反应。

(6) AC。

(7) ① 布洛芬中含有羧基,显较强的酸性,对肠胃有刺激;

② (布洛芬与吡啶甲醇形成的酯结构式);③ $2n$。

(8) 乙烯氧化法用到的原料是氧气和水,成本低;没用到氯气,合成过程中也没大量用到氢氧化钠溶液,生产过程中不会大量产生废气废液,绿色环保;原子利用率 100%,符合绿色化学理念。

(9) 略。

七、教学资源

[1] 中华人民共和国教育部.普通高中化学课程标准(2017年版2020年修订)[S].北京:人民教育出版社,2020.

[2] 房喻,徐端钧.普通高中化学课程标准(2017年版2020年修订)解读[M].北京:高等教育出版社,2018.

[3] 郑敏艺,黄紫洋.基于真实情境开展化学学科核心素养教学[J].化学工程与装备,2021(10):282-284.

[4] 丁跃,卢波,季君晖.聚乳酸基生物可降解材料的相容性[J].化学进展,2020(6):738-751.

[5] 谢铁林.阿司匹林的"前世、今生和未来"——"有机合成"教学设计[J].中学化学教学参考,2015(23):18-21.

《海水中的卤素资源》单元教学规划

单元名称： 海水中的卤素资源

所在学科： 化学

授课年级： 高一

设计教师： 叶佩佩、刘林青、许祥龙、顾一舟

第一部分　背景分析

一、课标分析

根据《普通高中化学课程标准（2017年版 2020年修订）》[1]（简称《课标》），本单元的学习主要为促进学生"宏观辨识与微观探析""变化观念与平衡思想""证据推理与模型认知""科学探究与创新意识"和"科学精神与社会责任"等方面的化学学科核心素养的发展。本单元的学科核心素养要求如下。

（1）结合溴和碘提取的工业流程，了解卤素的性质及其应用，认识化工生产对于现代社会发展的重要意义；

（2）能结合含卤素物质的性质，完成常见物质制备、分离、提纯、检验等简单任务；

（3）能尝试从物质类别、元素价态的角度认识物质的化学性质和变化；

（4）联系相关的生活和生产实际，列举卤素及其化合物的应用，有意识地参与社会性议题的讨论。

二、教材分析

本单元选自沪科版《化学》必修第一册第二章，从中选择氯、溴、碘等卤素单质及其重要化合物的主要性质与应用，化学在自然资源方面的综合利用等元素化学内容组成一个单元《海水中的卤素资源》。本单元以海洋中的卤素资源的开发与利用为主要线索，结合氧化还原反应、离子反应等化学反应原理，使学生能从代表物的类别与通性、氧化还原反应、电离与离子反应等角度，预测物质性质与设计物质转化，建立物质性质、结构及用途之间的联系，认识化学在促进社会发展、改善人类生活条件等方面所起到的重要作用。通过对氯、溴、碘及其化合物性质，尤其是含氯物质间的转化进行教学，帮助学生构建典型非金属元素及其化合物的探究思路和方法；通过对氯气、盐酸、漂白粉、溴、碘等物质的工业生产

---

[1] 中华人民共和国教育部. 普通高中化学课程标准（2017年版 2020年修订）[S]. 北京：人民教育出版社，2020.

过程进行教学,引导学生体会化学工业与化学原理之间的联系与差别,了解中国在海洋资源开发利用方面的成就,养成珍惜资源、合理开发和利用资源的意识。

三、学情分析

学生刚进入高中,学习积极性强,对新知识充满好奇,表现出较高的学习热情。在理论学习方面,学生们已经在初中学习过氧气、酸、碱、盐等元素化学知识,在高中学习了物质的量和基本实验方法,能够运用化学方程式进行简单的计算。在实验操作方面,学生们也能够按照步骤进行操作,对现象进行总结和分析。学生有一定的生活经验,但在不能迁移应用化学,解决复杂的问题时,需要教师引导。此外,部分学生在实验操作上也存在问题,如操作不熟练、数据记录错误等。

第二部分 单元规划

一、单元主题

海水中的卤素资源。

二、课程内容

本单元的课程内容如图1所示。

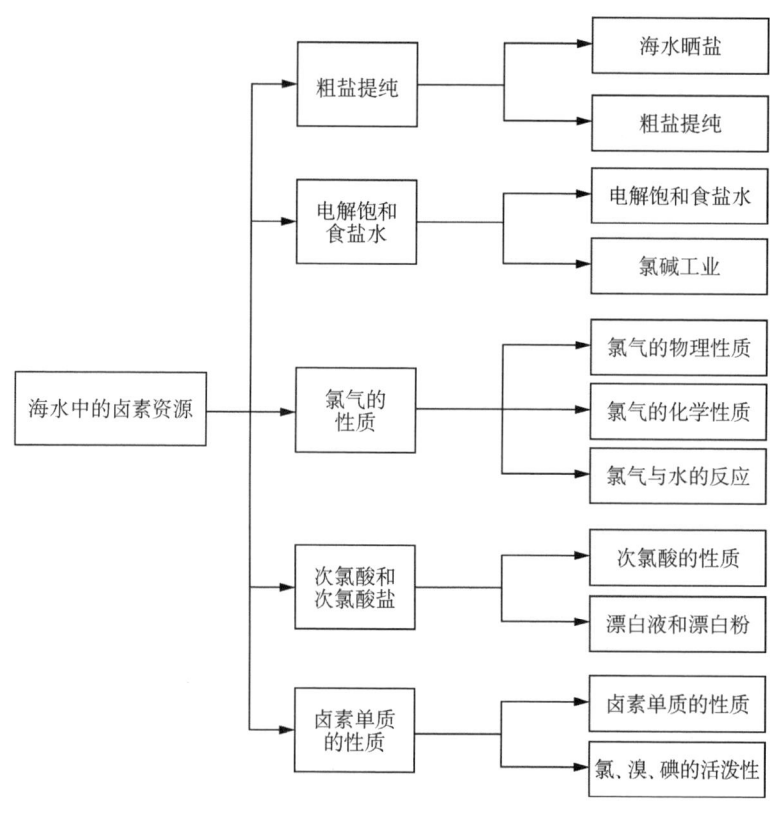

图1 课程内容

三、学习目标

本单元的学科核心素养要求与学习目标见表1。

表1　学科核心素养与单元学习目标

化学学科核心素养	单元学习目标
宏观辨识与微观探析	形成"结构决定性质,性质决定用途"的观念
	形成内因、外因的辩证观点
变化观念与平衡思想	认识到量变和质变的辩证关系
	形成"变化是有条件的"的观念
	归纳物质及其变化的共性与特征
证据推理与模型认知	学会搜集资料,对物质的性质及其变化提出可能的假设
	通过演示实验,提高观察能力,并如实记录实验现象
	能对观察记录的实验信息进行加工并获得结论,建构认知模型
科学探究与创新意识	能依据探究目的设计实验方案,完成实验操作并获得实验结论
	能和同学交流实验探究的成果,提出进一步探究或改进的设想
科学精神与社会责任	形成科学开发和利用自然资源的观念,具备安全使用化工产品的意识
	通过小组活动,养成合作学习的积极情感和交流能力
	通过化学史料学习,了解我国化工生产现状,培养爱国主义情怀和科学探究过程中的精神品质

四、教学实施

本单元各课时的学习任务和要求见表2。

表2　各课时的学习任务和要求

课时	学习任务	任务要求
课时1:来自大海的礼物——走进氯碱工业	回忆电解水的相关知识	能说出电解水的装置、条件和产物;能正确书写方程式,并说出验证产物的实验方法
	观察电解饱和食盐水实验,推断产物	能认出电解实验装置,知道阴极阳极;通过实验,推测阴极产物;根据元素守恒推测出阳极产物

(续表)

课时	学习任务	任务要求
课时1:来自大海的礼物——走进氯碱工业	分析家用消毒液制取装置的结构	能根据已学模型认识生活中的装置;理解发生的反应;说出各部分的功能,解释这样设计的好处
	辩论本地是否适合兴建氯碱化工厂	能同时综合正反两方的观点,系统分析利弊,作出决策
课时2:故纸堆里寻氯气——氯气的性质	查阅氯气的发现史,正确解读史料内容,分享自身感悟	能够准确检索出发现氯气的完整史料,并正确理解史料内容,体会到科学进步与发展离不开严谨、求真、坚持不懈的探究精神,并能当众交流分享自己的收获和感悟
	验证氯气与金属的反应	能通过氯气与铁的反应及工业上用钢瓶储存液氯的对照,初步领会物质自身的活泼性(内因)能够决定反应,而外界条件(外因)也会影响反应
	探究氯气与水的反应	能够通过查阅资料或者在教师、同伴的帮助引导下,设计正确的对照实验,探究出氯水中使pH试纸褪色的微粒,并能够根据氯水的颜色理解氯气与水的反应不能彻底完成的事实,书写出正确的化学方程式
	尝试从原子结构的角度解释氯气化学性质活泼的原因	能依据物质的微观结构,描述和预测物质的性质和在一定条件下可能发生的化学变化,能评估某种解释或预测的合理性
课时3:魔术背后的氯气——揭秘"漂白剂"	观察"美年达"褪色实验	能解释生活中漂白的现象
	认识次氯酸钠发生器	能解释次氯酸钠发生装置的原理,书写氯气和氢氧化钠反应的方程式并对该装置优缺点进行分析和评价
	实验探究白醋对漂白水的漂白效果的影响	能通过实验研究漂白水和洁厕灵的混用并检验生成的产物
	比较漂白水和漂粉精	类比漂白水,说出漂粉精的主要成分、漂粉精的制法、书写相关反应的化学方程式;解释漂粉精、新制氯水的漂白原理;解释漂粉精在空气中失效的原因

(续表)

课时	学习任务	任务要求
课时4：求同存异的卤素——卤素单质的化学性质	区别溴水和碘水	能熟练掌握卤素单质的物理性质；能进行小组讨论并设计实验方案，合作完成实验操作，收集证据，得出结论
	鉴别氯水	掌握氯碱工业中氯气的鉴别方法；知道反应原理；能根据氯水的组成成分和溶液中的微粒提出新的设计方案来鉴别氯水
	卤素递变性的比较	能科学设计对照实验，依据证据从多个角度分析实验现象，并根据结果调整实验方案；能在实验过程中对物质的性质作出预测并验证
	卤素原子结构与单质性质的关系	能从卤素单质的微观结构说明同类物质的共性和不同类物质性质的差异性及其原因；能从宏观和微观结合的视角对物质及其变化进行分类和表征，体会量变与质变的关系

五、教学评价

以"课时2：故纸堆里寻氯气——氯气的性质"的课堂活动评价为例，教学评价标准见表3。

表3 教学评价标准

学习任务	评价标准		
	水平一	水平二	水平三
查阅氯气发现史，正确解读史料内容，分享自身感悟	不能检索到所需的史料（或者收集的史料不完整），对所检索的史料内容不能准确地认知与分析	能够准确检索出氯气发现的完整史料，并能准确判断出史料中描述的氯气的物理、化学性质，正确理解文献观点	能够准确检索出氯气发现的完整史料，并正确理解史料内容，体会到科学进步与发展离不开严谨、求真、坚持不懈的探究精神，并能当众交流分享自己的收获和感悟
验证氯气与金属的反应	通过观察实验能够认识到氯气能与金属反应，但不能正确观察、描述实验现象，不能结合现象分析反应的实质	能根据实验现象辨识氯气与不同金属的反应，能准确判断氯气与不同金属反应的产物，正确书写化学方程式	能通过氯气与铁的反应及工业上用钢瓶储存液氯的对照，初步领会到物质自身的活泼性（内因）能够决定反应，而外界条件（外因）也会影响反应

(续表)

学习任务	评价标准		
	水平一	水平二	水平三
探究氯气与水的反应	能够通过观察氯水使pH试纸变色认识到氯气与水能够发生反应,但没有深入探究反应产物的意识,或者不知道该如何进行探究	能够结合石蕊试纸变红的现象推测出氯气与水反应生成盐酸,并能通过设计对照实验(干燥的氯气与pH试纸反应)验证上述假设,但无法对pH试纸褪色现象作出合理的解释并进行探究	能够通过查阅资料或者在教师、同伴的帮助引导下,设计正确的对照实验,探究出氯水中使pH试纸褪色的微粒,并能够根据氯水的颜色理解氯气与水的反应不能彻底完成的事实,书写出正确的化学方程式
尝试从原子结构的角度解释氯气化学性质活泼的原因	知道氯原子的结构示意图,但不能将其与氯气的性质建立起联系,无法从结构的角度解释氯气的性质	能从原子结构的角度正确解释氯气化学性质活泼的原因,能够意识到原子结构可以决定物质性质	能依据物质的微观结构,描述和预测物质的性质和在一定条件下可能发生的化学变化,能评估某种解释或预测的合理性

六、单元作业

"课时3:魔术背后的氯气——揭秘'漂白剂'"课后作业

室内地面可喷洒稀释过的含氯消毒剂来进行消毒杀菌,个人皮肤或物品可采用浓度为75%的医用酒精擦拭杀菌。请思考并回答以下问题。

(1) 为何室内地面消毒采用喷洒含氯消毒剂的方式,而个人皮肤或物品消毒杀菌采用浓度为75%的医用酒精擦拭,能否互换方法?请说明理由。

(2) 请同学们查阅资料,分析说明能否将含氯消毒剂与医用酒精混用来提高杀菌消毒的效果。

(3) 你还知道哪些家用消毒剂?请找一找家里的消毒剂,仔细阅读它们的标签,对比各种消毒剂的作用原理,明确其使用范围和使用方法。

七、教学资源

[1] 麻生明,陈寅.普通高中教科书 化学 必修第一册[M].上海:上海科学技术出版社,2023.

[2] 麻生明,陈寅.普通高中化学教学参考资料 必修第一册[M].上海:上海科学技术出版社,2021.

[3] 徐建飞.中学化学实验手册(高中)[M].上海:上海教育出版社,2015.

三、历史学科

《中华文明的发源和早期发展》单元教学规划

单元名称：中华文明的发源和早期发展

所在学科：历史

授课年级：高一

设计教师：刘丽、王康茜

第一部分　背景分析

一、课标分析

通过本单元的学习,了解中华文明的起源以及中国早期国家特征;理解战国时期变法运动的必然性,了解孔子、老子学说与百家争鸣的局面及其意义;认识秦汉时期统一多民族国家的建立、巩固在中国历史上的意义,以及秦朝崩溃和两汉衰亡的原因。

二、教材分析

本单元是沪教版高中历史教材《中外历史纲要(上)》的第一单元,属于中国古代史。本单元以历史发展时间顺序为脉络展开叙述,分为中华文明的起源与早期国家、春秋战国时期的大变革和大动荡、统一多民族封建国家的初步建立和大一统国家的巩固四个方面,阶段性地展示中国自原始社会、奴隶社会到大一统封建国家建立的过程,让学生把握中国早期历史的发展历程。

三、学情分析

学生对于中国境内的早期文化遗存的代表及其地理位置,对早期国家建立、统一多民族国家的建立和巩固等核心史实有初中教材知识大框架的积累,也有史料分类、史料价值判断的基本素养。但学生对于历史事件之间内在逻辑关系的理解,以及用唯物史观去理解和解释历史的发展,存在明显的不足,难以客观辩证地分析历史现象与历史事件,难以形成历史解释。故本单元将教学突破口预设为:培养学生辩证客观地评价历史事件的能力,使学生逐渐学会用唯物史观来理解历史的发展。在帮学生构建知识框架的同时,培养学生的历史思维。

第二部分 单元规划

一、单元主题

了解中华文明的发源和早期发展,即理解中国从原始社会、奴隶社会到封建社会的演变,科学认识三种社会形态演变的特点。

二、课程内容

本单元课程内容包括四个方面:中华文明的起源和早期国家、春秋战国时期的大变革和大动荡、统一多民族封建国家的初步建立和大一统国家的巩固,如图1所示。

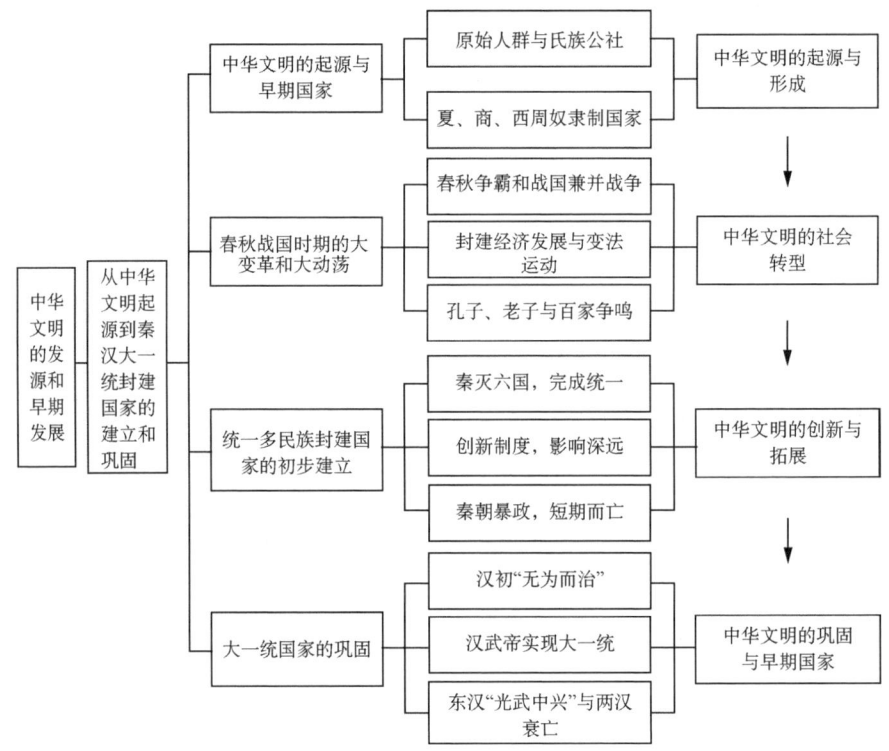

图1 本单元课程内容框架

三、学习目标

（1）通过了解石器时代中国境内有代表性的文化遗存，认识它们与中华文明起源以及私有制、阶级和国家产生的关系；通过甲骨文、青铜铭文及其他文献记载，了解私有制、阶级和早期国家的特征。

（2）通过了解春秋战国时期的经济发展和政治变动，理解战国时期变法运动的必然性；了解老子、孔子学说；通过孟子、荀子、庄子等了解百家争鸣的局面及其意义。

（3）通过了解秦朝的统一业绩和汉朝削藩、开疆拓土、尊崇儒术等举措，认识统一多民族封建国家的建立及巩固在中国历史上的意义；通过了解秦汉时期的社会矛盾和农民起义，认识秦朝崩溃和两汉衰亡的原因。

四、教学实施

本单元的课时设计见表1。

表1 课时设计表

第一课时 中华文明的起源与早期国家		
情境材料	问题设计/任务分解	学习目标
材料1：中国旧石器时代重要人类遗址分布图 材料2：中国新石器时代文化遗存分布图	石器时代的人类遗址和文化遗存的分布有何特点？	理解中华文明的"多元一体"
材料3：新石器时代晚期大汶口遗址墓葬图片	问题1：从图片中获取的浅层信息和深层信息分别有哪些？ 问题2：深层信息之间有怎样的关联？（生产力的发展、私有制的出现、贫富差距的出现、阶级的产生）	理解生产力的发展，是原始社会向文明社会演进的根本动力
教材第二目	问题3：为什么说夏朝是中国历史上的第一个国家？	理解国家的基本特征
材料4：王国维的二重证据法	问题4：何为二重证据法？	学会用二重证据法来证明商朝历史的确切可信
教材第三目	问题5：商周时期分别建立了哪些管理制度？	理解早期国家的发展历程

(续表)

第二课时　春秋战国时期的大变革和大动荡		
情境材料	问题设计/任务分解	学习目标
材料1:春秋时期郑国祭祀遗址 材料2:春秋列国形势图 材料3:战国形势图	问题1:根据材料,春秋战国时期与西周有何不同?	以文字和考古史料互证政治格局的变化——诸侯纷争
教材中的"历史纵横"部分	问题2:何谓华夏?	理解"华夏"具有族群、文化、国家政权的多层含义。体会华夏民族的渊源与发展,加深民族认同感
教材第二目	问题3:春秋战国时期的经济有何重大发展?经济的发展与战国时期的各国变法运动有何关联?	认识社会变革的经济因素,理解生产力是社会发展的动因与动力的基本原理
教材第三、第四目	任务1:整理春秋战国时期诸子学派代表人物及其主要思想 问题4:为何在春秋战国时期会形成百家争鸣的局面? 问题5:你如何看待百家争鸣?	启发学生认识百家争鸣是社会大变革在意识形态上的反映。理解社会变革形成的合力引发了思想之变(社会存在决定社会意识)
第三课时　统一多民族封建国家的初步建立		
情境材料	问题设计/任务分解	学习目标
教材第一目	问题1:秦朝能够统一的原因是什么?	培养学生多角度思考问题,可以从客观条件和主观原因等角度解析
教材第一目	任务1:分类整理秦始皇巩固中央集权的措施	通过分析归纳,使学生理解中央集权体制的要素、内涵,感悟秦制对于维护大一统帝国秩序的意义
材料1:关于秦灭亡的不同文字史料	任务2:分析史料,从治国理念、行政特点、思想文化、社会观念等多个视角解释秦速亡的原因	培养学生提取和运用史料信息分析解读史实的能力,运用历史的合力论解释秦速亡的原因;提升从多视角深入探究历史的能力

(续表)

第四课时　大一统国家的巩固		
情境材料	问题设计/任务分解	学习目标
材料1：西汉初期社会情况史料	任务1：根据史料及所学，概述西汉初期社会状况 问题1：西汉初期，政府采用何种方式来缓解困境？ 问题2：西汉初的制度是否完全沿袭秦朝？	通过汉初社会状况对其统治思想的影响，理解社会存在决定社会意识。通过对秦制度继承与否的解析，学习辩证地看待历史现象的方法
教材第二目	任务2：概括汉武帝时期为加强中央集权采取的措施 问题3：为什么汉武帝时期会一改汉初的"无为"，而转变为"有为"？	学会从政治、经济、思想文化、军事、民族关系等多角度来解读史事。初步理解中国古代大一统时期皇权和相权的变化总趋势，即皇权的不断强化。理解只有与时俱进实行改革，才有可能妥善应对和解决复杂的社会发展问题
教材第三目及教材中的"问题探究"部分	问题4：如何看待刘秀的"柔道"治天下？ 问题5：导致东汉衰败的原因有哪些？	学会辩证地看待历史事件；学会多角度分析历史现象产生的原因
教材第四目	任务3：分类整理两汉时期在史学、文学、医学、科技等领域的成就 问题5：为什么在两汉时期会出现如此辉煌的文化成就？	理解文化与政治之间的关系

五、教学评价

1. 表现性评价

本单元表现性评价标准见表2。

表2　表现性评价标准

评价项目	评价要素	优秀	良好	需努力
自主学习	知识圈划	能根据要求圈划所有关键信息，笔记标注清晰，字迹端正整洁	能根据要求圈划大部分关键信息，有简要的梳理标注	只能根据要求圈划少部分关键信息，字迹潦草

(续表)

评价项目	评价要素	优秀	良好	需努力
自主学习	图表阅读	能从图表中快速找到需要的历史信息,并能够对信息进行分析归纳,建构比较完整的历史时空脉络	能提炼大部分信息,能初步建立历史时空脉络	无法从图表中获取信息,难以建立时空脉络
合作学习	参与度	积极投入小组合作学习,具有很强的协作精神,热情高涨,能完成协作学习任务	能主动参与小组合作学习,承担部分协作任务	参与不够积极,游离在外
合作学习	达成度	高质量完成学习任务,达成度在85%以上	较好地完成合作学习任务,达成度在60%~85%之间	不能完成学习任务,达成度低于60%
合作学习	创新度	能提出有质量的问题或有创意的解决思路与方案	能够提出一些建设性意见,有一定创新精神	没有创新精神,没有个人观点
探究学习	信息收集加工能力	能针对问题多渠道搜集史料,史料价值高,能全面客观地分析史料	能针对问题从1~2个渠道收集史料,史料价值一般,能一定程度地提取史料信息	史料搜集渠道单一,史料价值低,无法提取有效信息
探究学习	质疑精神	具有较强的历史思维与批判精神,能自主发现问题并提出历史观点和解决问题的思路,形成历史解释	具有一定的批判精神,有一定的问题意识,对研究的问题能形成一般的解释	缺乏批判精神,无法自主发现问题,难以形成历史解释

2. 结果性评价

对照《普通高中历史课程标准(2017年版2020年修订)》①(简称《课标》)要求,命制检测试题一份。

六、单元作业

1. 长作业

示例:请以"中华文明的起源"为主题,自行检索文献、图片等不同类型的史

---

① 中华人民共和国教育部.普通高中历史课程标准(2017年版2020年修订)[S].北京:人民教育出版社,2020.

料,围绕主题开展深度探究,并在单元学习结束后以历史小报的形式展示探究成果(提示:可探究中华文明起源的背景,围绕文明起源的不同说法、中华文明的分布特点等,自选一个小角度探究)。

2. 情境作业

示例:

(1) 完成下列提纲(将字母填入图2)。(8分)

A. 精神觉醒,百家争鸣　　　B. 世卿世禄制没落,军功爵制盛行
C. 铁犁牛耕的使用与推广　　D. 分封制崩溃,中央集权确立

社会大变革

(一)背景:王室衰微,诸侯争霸
(二)表现:
1. 工具与技术变革:＿＿①＿＿
2. 制度变革:(1)经济上,井田制瓦解,地主土地私有制确立
　　　　　　(2)政治上,＿＿②＿＿
　　　　　　(3)人才选拔上,＿＿③＿＿
3. 军事变革:车阵式讨伐式微,骑步兵袭杀兴起
4. 思想变革:＿＿④＿＿
(三)影响:社会大转型

图2 "社会大变革"提纲

---

(2) 若就该提纲展开研究,以下哪些是直接史料?(4分)

A. 西汉司马迁《史记》
B. 中国邮政《古代思想家——老子》
C. 战国商鞅《商君书》
D. 河南辉县出土的战国铁犁
E. 清代焦秉贞《圣迹图·孔子退修诗书》

直接史料(填写字母,不定项选择):＿＿＿＿＿＿＿＿＿＿

【参考答案】

(1) ①C;②D;③B;④A。

(2) C、D。

3. 探究性作业

示例:出示史学家围绕"秦亡"的评论。

秦始皇"夙兴夜寐",堪称勤政,秦二世亦继承其风格。然而秦王朝的危机已不是一两个政治家凭个人努力能够挽回的了。

——王子今,《秦汉史》,北京:中信出版集团,2017年,第78页

问题:

(1)你是否赞同作者的观点?

(2)请以小组合作的方式开展探究,选出一名小组代表,将探究结果通过公开汇报的方式呈现(请配PPT)。如果赞同,请搜寻史料佐证你的观点;如果不赞同,同样请说明你的理由。

七、教学资源

(1)《课标》、教材、配套地图册、配套练习册。

(2)校本学案,包括学习目标、重难点解析、知识梳理和习题。

四、生物学科

《细胞的分子与结构》单元教学规划

单元名称：细胞的分子与结构

所在学科：生物

授课年级：高一

设计教师：张乐、高黎菊、王蔚颖

第一部分 背景分析

一、课标分析

本单元内容在《普通高中生物学课程标准(2017年版2020年修订)》(简称《课标》)的"内容要求"中属于概念1——细胞是生物体结构与生命活动的基本单位,包含其下的3个二级概念和12个三级概念。[①]

"教学提示"指出,为帮助学生达成对概念1的理解,本单元应开展检测生物组织中的还原糖、脂肪和蛋白质的教学活动,帮助学生增加感性认识。

"学业要求"指出,在完成本单元学习后,学生应该能够从结构与功能相适应这一视角,解释细胞由多种多样的分子组成,这些分子是细胞执行各项生命活动的物质基础(生命观念、科学思维)。

《课标》要求学生在学习完本单元后能够建构并使用细胞模型,阐明细胞各部分结构通过分工合作完成细胞的各项生命活动,是相互配合的整体。

二、教材分析

本单元的内容包含细胞的分子与结构两大板块,是沪科版生物学教材必修1《分子与细胞》第二、三章内容。其中第二章包括:C、H、O、N、P、S等元素组成复杂的生物分子,蛋白质和核酸是重要的生物大分子,糖类和脂肪是细胞的结构成分和能源物质,水和生机盐是生命活动的必需物质。本单元从元素到物质,逐步展开对构成细胞的有机物与无机物的学习,阐述了细胞的物质基础。第三章的内容是以前一章为基础,基于细胞的结构模型来阐述细胞各部分的结构特征、各部分结构之间完成生命活动的机理。该章节由细胞质膜结构的分子特征出发,让学生推理演绎出质膜功能的结构基础;通过具体案例阐述细胞各组成部分的分工协作;借助显微镜观察和模型的构建,让学生体会到细胞是生命活动的结构基础,进一步完善"细胞是生物体结构和生命活动的基本单位"的概念。

---

① 中华人民共和国教育部.普通高中生物学课程标准(2017年版2020年修订)[S].北京:人民教育出版社,2020.

纵观本单元的学习内容，都是围绕细胞的分子和结构开展，属于微观层面，对于学生来说太过于抽象，而其中涉及的内容，如氨基酸的结构，又属于有机化学的范畴，学生并没有相关知识的基础，因此在本单元中，我们添加了多个学生活动，希望通过探究、建模、查阅资料等方式，帮助学生理解本单元重要的知识点，建立基本的概念。

三、学情分析

本单元的教学对象是新高一学生，在知识储备上，他们在初中的化学课上已经掌握了基本的化学元素，在日常生活中也知道蛋白质、核酸等化学物质对于生物体的一些功能。但是他们还不太了解这些化合物的分子基础，以及这些物质的结构与功能的关系。在初中生物学中，也有与细胞结构相关的教学内容，学生基本知道细胞是生物体结构的基本单位，不同的细胞具有相同点，也有不同点，但是对于细胞的各部分结构的特征、各部分结构的功能以及各部分结构之间如何协调运作完成细胞生命活动仍不清楚。在学习能力上，进入高中的学生具备了基本的归纳概括与逻辑推理能力。

第二部分　单元规划

一、单元主题

细胞是生物体结构与生命活动的基本单位,由多种多样的分子组成,包括水、无机盐、糖类、脂类、蛋白质和核酸等。

二、课程内容

本单元聚焦"蛋白质和核酸是两类最重要的生物的大分子"这一重要概念。在"细胞结构"这一部分以学科概念的构建与学生的亲历体验作为学习活动的设计起点。在活动中帮助学生形成正确的价值观念、关键能力、必备品格。第1节"细胞由质膜包裹"对应《课标》要求1.2.1,第2节"细胞各部分结构既分工又合作"对应《课标》要求1.2.2~1.2.4。《课标》中的二级概念1.3"各种细胞具有相似的基本结构,但在形态与功能上有所差异"在教材第1章第3节中有所涉及,其学习目标中的"举例说明细胞形态与功能的多样性"已达成。但对于此节学习目标中的"描述原核细胞与真核细胞的区别",因为当时学生还未学习过细胞核、细胞器的亚显微结构,该目标有待达成,所以将原核细胞和真核细胞的区别也纳入本单元的内容。本单元的具体课程内容如图1所示。

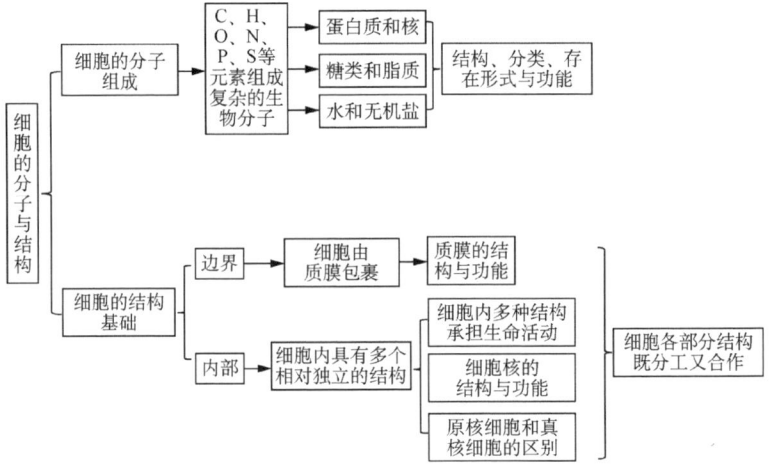

图1　《细胞的分子与结构》单元课程内容框架

三、学习目标

基于《课标》的内容要求、学业要求和学业质量标准,围绕培养学生核心素养的要求,制订了本单元的学习目标。

1. 生命观念

(1) 能说出生命活动的元素和物质有哪些。

(2) 能举例说明各种化合物的组成及其重要作用。

(3) 能运用结构与功能相适应的观点,阐明细胞各部分结构与功能的适应关系。

(4) 能从物质运输、物质的合成与分解、能量的转换利用、信息传递等生命活动中,举例说明细胞各部分的功能,及彼此之间如何相互联系、协调一致,共同完成生命活动,解释细胞是生命活动的基本单位。

2. 科学思维,科学探究

(1) 通过对各种化合物成分、功能的学习,特别是对蛋白质的分子组成、结构的复杂性和功能多样性的学习,结合实例分析,了解生物体内化合物的种类和作用。

(2) 学生经历物质鉴定的过程,学习物质鉴定的基本方法及其在鉴定食物营养成分中的用途,初步具备解释实验现象的能力。

(3) 通过分析生物大分子的共同特性,体会大分子的结构层次性。

(4) 构建并运用细胞模型,阐明细胞各部分在结构和功能上的相互联系,细胞是一个统一的整体。

(5) 能运用科学思维方法,基于给定的事实(如结构、功能异常的细胞等)分析判断相关结构和功能的可能变化。

(6) 能运用临时装片和光学显微镜观察身边的生物材料,探究其细胞特点和组织特点,能运用简单图示或文字记录描述观察结果,能分析解释材料的微观特点与宏观表现之间的联系。

3. 社会责任

(1) 通过学习各种化合物,使学生理解生命的物质性,生命物质变化发展的特殊性,珍惜身边的无机环境。

(2) 关注与细胞相关的研究进展,能够对其研究的科学性以及价值作出自己的理性解释和判断。

四、教学实施

1. 课时设计

本单元的课时设计见表1。

表1 课时设计

课时名称	《课标》的内容要求	课时安排
第1节 C,H,O,N,P,S等元素组成复杂的生物分子	1.1.1 说出细胞主要由C,H,O,N,P,S等元素构成,它们以碳链为骨架形成复杂的生物大分子	1
第2节 蛋白质和核酸是重要的生物大分子	1.1.6 阐明蛋白质通常由20种氨基酸分子组成,它的功能取决于氨基酸序列及其形成的空间结构,细胞的功能主要由蛋白质完成	1
	1.1.7 概述核酸由核苷酸聚合而成,是储存与传递遗传信息的生物大分子	1
第3节 糖类和脂肪是细胞的结构成分和能源物质	1.1.4 概述糖类有多种类型,它们既是细胞的重要结构成分,又是生命活动的主要能源物质	1
	1.1.5 举例说出不同种类的脂质对维持细胞结构和功能有重要作用	1
第4节 水和无机盐是生命活动的必需物质	1.1.2 指出水大约占细胞重量的2/3,以自由水和结合水的形式储存,赋予了细胞许多特性,在生命活动中具有重要作用	0.5
	1.1.3 举例说出无机盐在细胞内含量虽少,但与生命活动密切相关	0.5
探究实验2-1 检测生物组织中的还原糖、脂肪和蛋白质	掌握生物组织中主要有机物的鉴定方法	1
第5节 细胞由质膜包裹	1.2.1 概述细胞都由质膜包裹,质膜将细胞与其生活环境分开,能控制物质进出,并参与细胞间的信息交流	1
第6节 细胞各部分结构既分工又合作	1.2.2 阐明细胞内具有多个相对独立的结构,担负着物质运输、合成与分解、能量转换和信息传递等生命活动 1.2.3 阐明遗传信息主要储存在细胞核中 1.2.4 举例说明细胞各部分结构之间相互联系、协调一致、共同执行细胞的各项生命活动	2

（续表）

课时名称	《课标》的内容要求	课时安排
探究实验 3-1 观察叶绿体和细胞质流动	观察叶绿体和细胞质流动	1
探究建模 3-2 制作真核细胞的结构模型	尝试制作真核细胞的结构模型	1

2. 活动设计

本单元的活动与核心素养的对应关系见表2。

表2 单元活动与核心素养的对应关系

编号	活动内容	核心素养
1	探究·活动:通过查阅资料,找出组成生物体和自然界的元素,比较组成各生物体的元素	生命观念
2	探究·建模:构建氨基酸、多肽的物理模型	科学思维
3	活动·归纳:归纳糖的种类、分布、功能,填写表格	生命观念
4	探究·活动:通过营养成分表探索无机盐与生命活动的密切关系	生命观念
5	探究·活动:观察各种细胞活动现象,推测细胞膜的功能	科学思维
6	探究·建模:根据细胞膜的功能和性质,构建细胞膜结构模型	科学思维
7	探究·活动:根据细胞膜的结构和功能,设计运载药物的脂质体	科学探究
8	探究·活动:分析细胞核的功能	生命观念
9	探究·实验:细胞质流动的实验观察	科学探究
10	探究·活动:探究细胞功能主要承担者——蛋白质的合成和运输	科学探究
11	探究·活动:解密细胞的"物流系统"——"囊泡运输"	科学探究
12	探究·活动:线粒体疾病病因分析	社会责任
13	探究·建模:归纳细胞器的结构和功能,建构真核细胞结构模型	科学思维

五、教学评价

本单元的教学评价内容见表3。

表 3　教学评价

评价维度	评价内容
生命观念	学生能否说出生物体的生命活动有其共同的物质基础——构成原生质的各种化合物；说出组成化合物的基本元素；说出每类化合物的种类和最主要的生理功能。学生能否从结构与功能的角度说出质膜的结构组成、质膜的基本骨架及其功能；明确构成原生质的每一种化合物都有其重要的生理功能，但是任何一种化合物都不能单独地完成某一种生命活动。学生是否认同细胞核储存的遗传物质控制细胞的生命活动、真核细胞内各部分结构相对独立并执行特定的功能、细胞各部分结构分工合作完成细胞的各项生命活动
科学思维	学生能否基于相关生物学事实，通过推理、归纳、概括等方式分析解决相关问题
科学探究	学生能否掌握鉴定生物体中化合物的方法，能否熟练地使用高倍镜观察细胞，能否建构模型呈现细胞的结构，能否与他人合作完成实验探究
社会责任	学生能否通过查阅线粒体疾病病因，深化对健康生活的认识，并付诸行动以倡导健康生活的方式，提升社会责任素养

六、单元作业

（1）完成各节对应的练习册内容。

（2）通过各种渠道查阅资料，按发病原因将贫血分类，并且找出不同的预防或治疗的方法，从中探究蛋白质的结构和其功能的关系。

（3）归纳细胞质膜的功能，简述其与结构的关系。

（4）虽然植物细胞最外层有细胞壁，但是细胞质膜仍被认定为细胞的边界，你是否认同这一观点，为什么？

（5）请查阅资料，了解科学家对于细胞质膜成分、结构和功能的探索历程，谈一谈体会和认识。

（6）为制作的细胞模型写一份说明书。

七、教学资源

（1）网课资源：上海智慧教育平台·微校（https://www.sh.smartedu.cn）和国家中小学智慧教育平台（https://basic.smartedu.cn）。

（2）科普书籍：程林，《细胞简史》，上海：上海交通大学出版社，2023年。

（3）科普纪录片：*The Cell*。

《基因工程》单元教学规划

单元名称：基因工程

所在学科：生物学

授课年级：高三

设计教师：肖瑶、张雪芹

第一部分　背景分析

一、课标分析

本单元教学设计内容立足于《普通高中生物学课程标准(2017年版2020年修订)》[①](以下简称《课标》)。【内容要求】中的大概念5"基因工程赋予生物新的遗传特性",包含2个二级概念(重要概念)——"基因工程是一种重组DNA技术"和"蛋白质工程是基因工程的延伸",以及6个三级(次位)概念。

《课标》在【教学提示】中指出:为帮助学生达成对选择性必修课程大概念5的理解,促进学生生物学学科核心素养的提升,应开展下列教学活动:(1)DNA的提取和鉴定;(2)利用PCR(polymerase chain reaction,聚合酶链式反应)扩增DNA片段并完成电泳鉴定,或运用软件进行虚拟PCR实验。

《课标》在【学业要求】中指出,完成本模块学习后,学生应该能够:(1)结合生活或生产实例,举例说出基因工程相关技术的基本原理(生命观念);(2)针对人类生产或生活的某一需求,在基因工程中选取恰当的技术和方法,尝试提出初步的工程学构想,进行简单的设计和制作(生命观念、科学探究);(3)面对日常生活或社会热点话题中与生物技术和工程有关的话题,基于证据,运用生物学基本概念和原理,就生物技术与工程的安全与伦理问题表明自己的观点并展开讨论(科学思维、社会责任)。

教师在教学中要注意引导学生掌握我国的国情、政策、法规,正确、客观地认识生物技术所取得的成就,了解相关的原理和主要技术路线,加深对科学、技术、社会相互关系的认识。学生要能够结合生活或生产实例,举例说明发酵工程、细胞工程、基因工程及相关技术的基本原理;针对人类生产或生活的某一需求,在各类生物工程中选取恰当的技术或方法,尝试提出初步的工程学构想、进行简单的设计和制作;能认同生物工程与技术的社会价值,进而提高社会责任感。

---

① 中华人民共和国教育部.普通高中生物学课程标准(2017年版2020年修订)[S].北京:人民教育出版社,2020.

二、教材分析

本单元为沪科版《普通高中教科书 生物学 选择性必修 3 生物技术与工程》的第 3 章《基因工程》，对应《课标》概念 5"基因工程赋予生物新的遗传特性"。本单元内容主要包括两个方面。

（一）基因工程是一种重组 DNA 技术

（1）概述基因工程是在遗传学、微生物学、生物化学和分子生物学等学科基础上发展而来的。

（2）阐明 DNA 重组技术的实现需要利用限制性内切核酸酶、DNA 连接酶和载体三种基本工具。

（3）阐明基因工程的基本操作程序主要包括目的基因的获取、基因表达载体的构建、目的基因导入受体细胞和目的基因及其表达产物的检测鉴定等步骤。

（4）举例说明基因工程在农牧、食品及医药等行业的广泛应用，改善了人类的生活品质。

（5）"PCR 扩增 DNA 的原理和操作"以及"PCR 扩增产物的凝胶电泳鉴定"实验是学生初步接触的分子生物学实验。通过凝胶电泳这一技术，完成 DNA 分子的分离和鉴定，在此过程中提高学生科学探究能力，发展学生的科学思维。

（二）蛋白质工程是基因工程的延伸

（1）概述人们根据基因工程原理，进行蛋白质设计和改造，可以获得性状和功能更符合人类需求的蛋白质。

（2）举例说明依据人类需要对原有蛋白质结构进行基因改造、生产目标蛋白的过程。

本单元既是必修内容的拓展和应用，也是《生物技术与工程》教材的第 1、2 章《发酵工程》《细胞工程》的延续，为第 4 章《生物技术安全与伦理》的学习进行了铺垫。

三、学情分析

学生在必修分册学习了 DNA 和蛋白质分子的结构功能，从结构与功能角度认识了基因和性状的联系；也经历了 DNA 分子模型的构建等建模活动，已经具备了一定的建模能力、抽象思维能力以及归纳、总结和概括能力。在学习了选择性必修3第1、2章后,学生掌握了生物工程及相关技术的基本原理、操作过程和技术路线,能根据具体的问题形成工程学构想,具备一定的生物工程设计和制作能力。

在本单元的学习中,学生虽然对移液器的使用不陌生,但PCR、凝胶电泳鉴定等微观、抽象的分子生物学实验是学生首次接触的;DNA表达的方向性可能在限制性内切核酸酶的选择和引物设计的学习中给学生造成一定障碍。

第二部分　单元规划

一、单元主题

基因工程——重组 DNA 技术。

二、课程内容

《基因工程》单元教学内容大概念、次位概念框架如图 1 所示。

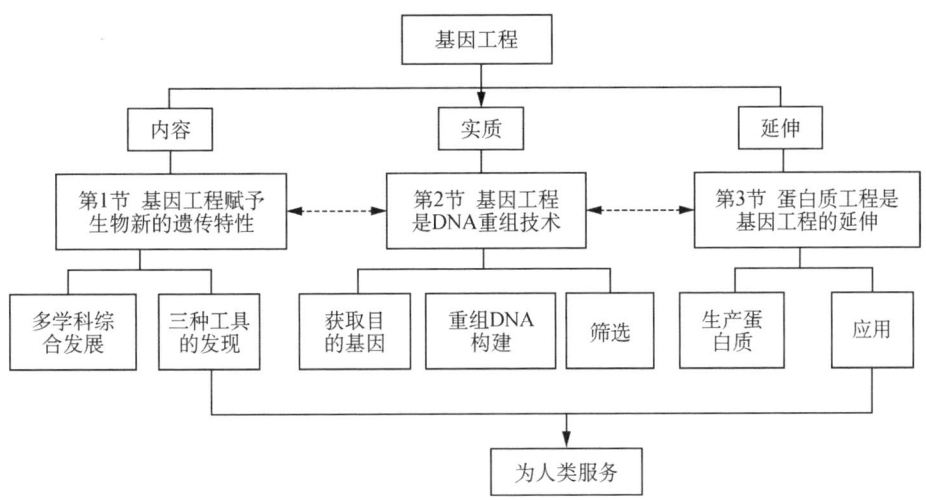

图 1　教学内容大概念、次位概念框架

三、学习目标

基于《课标》的内容要求、学业要求和学业质量标准,并围绕培养学生核心素养的要求,制订了如下学习目标。

(1) 通过学会阐明基因工程的实现需要利用三种基本工具,落实结构与功能观。

（2）通过探究重组DNA模型的搭建经历，体验并学会概述基因工程的四个基本操作程序，感悟科学探究的基本思路和方法，提升科学思维能力。

（3）通过尝试构想基因工程的具体应用，关注生物技术在生产生活中的应用价值及安全性，提高解决人类问题的意识和社会责任，树立辩证认识事物及人与自然和谐发展的价值观。

四、教学实施

1. 课时设计

本单元的课时设计见表1。

表1 《基因工程》单元课时设计

课时名称	课时内容	课时
第1节 基因工程赋予生物新的遗传特性	概述基因工程是在遗传学、微生物学、生物化学和分子生物学等学科基础上发展而来的	1
第2节 基因工程是一种DNA重组技术	阐明DNA重组技术的实现需要利用限制性内切核酸酶、DNA连接酶和载体三种基本工具 阐明基因工程的基本操作程序主要包括目的基因的获取、基因表达载体的构建、目的基因导入受体细胞和目的基因及其表达产物的检测鉴定等步骤	2
探究实验 PCR技术	目的基因获取扩增	1
探究建模 制作构建重组DNA结构模型	尝试制作重组质粒结构模型	1
第3节 蛋白质工程是基因工程的延伸	概述人们根据基因工程原理，进行蛋白质设计和改造，可以获得性状和功能更符合人类需求的蛋白质； 举例说明依据人类需要对原有蛋白质结构进行基因改造、生产目标蛋白的过程	1

2. 活动设计

单元活动与单元教学目标的对应关系见表2。

表2 单元活动与教学目标的对应关系

编号	活动内容	单元教学目标(图2至图4)
1	基因工程三种工具的发现	图2 目标1
2	PCR技术扩增目的基因	图3 目标2
3	根据质粒的结构功能特点,构建重组DNA	图4 目标3

3. 设计思路

本单元教学活动设计思路如图 5 所示。

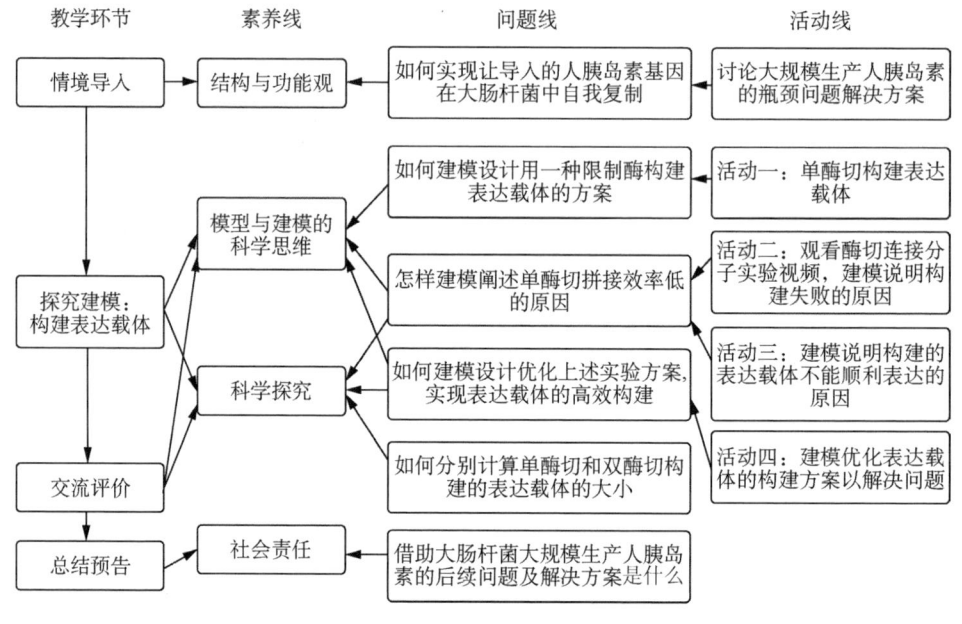

图 5　教学活动设计思路

五、教学评价

本单元的教学评价内容见表 3。

表 3　教学评价表

评价维度	评价内容
生命观念	对"结构与功能""选择与进化"等生命观的认识
科学思维	基于相关生物学事实，获取信息、比较、推理、归纳、概括及解决相关问题的能力
科学探究	熟练使用移液器、PCR扩增仪；进行DNA提取及凝胶电泳；建构模型，呈现基因表达载体——重组DNA；合作设计探究实验
社会责任	关注人类生活生产中有关的实际问题，用基因工程相关技术解决实际问题，提升社会责任感

六、单元作业

(一) 长作业

请思考并回答下列问题:在本单元你学到了什么?有哪些收获?产生了哪些新的疑问?

请学生查阅资料,详细了解基因工程应用的一个具体实例,梳理其实现过程,并思考其可能存在的安全性问题,撰写综述报告,上传至学习平台交流。

(二) 短时书面作业

完成课本配套练习册相应内容。

(三) 实践作业

学生自主查阅与基因工程在肿瘤治疗领域的应用相关的资料,进行延伸阅读,并借助信息化技术交流展示发现的成果,撰写科普论文《我设想的肿瘤治疗与基因工程和蛋白质工程》。

(四) 情境探索性作业

(1) 人体内的 t-PA(组织纤维溶酶原激活物)蛋白能高效降解由纤维蛋白凝聚而成的血栓,能作为心梗和脑血栓的急救药。研究表明,为心梗患者注射大量 t-PA 会诱发颅内出血,其原因在于 t-PA 与纤维蛋白结合的特异性不高,若将 t-PA 第 84 位的半胱氨酸换成丝氨酸,能显著降低出血副作用。通过基因工程技术可以大量制备改良药物 t-PA。

① 根据已测出的人体内 t-PA 基因序列,将其模板链中决定第 84 位半胱氨酸的碱基序列 ACA 换成决定丝氨酸的碱基序列 AGA,建构 t-PA 改良基因,该过程为基因工程步骤中的_____。

② 高纯度的 DNA 模板是成功扩增目的基因的前提条件之一,在制备 DNA 模板时,可以用高温处理的方法去除蛋白质,原因是_____。(多选)

    A. 蛋白质空间结构容易被破坏

    B. 氨基酸容易高温脱氨基

    C. DNA 氢键容易断裂和恢复

    D. DNA 和蛋白质可以碱基配对

图 6 表示相关的目的基因、载体及限制酶。pCLY11 为质粒,新霉素为抗生素。

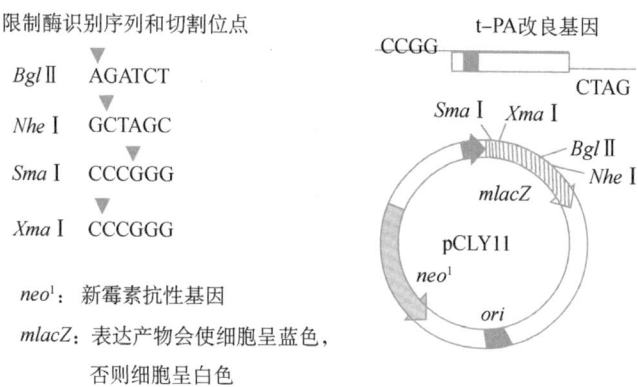

图 6　目的基因、载体及限制酶

③ 图 6 中,需选用限制酶_____切开质粒 pCLY11,才能与 t-PA 改良基因高效连接。在基因工程的基本操作过程中,最核心的步骤是基因表达载体(有效重组载体)的构建,其目的是_____
_____。

④ 在筛选过程中,应该选择不含新霉素基因的大肠杆菌作为受体细胞,以便在加入新霉素的选择培养基中筛选出导入质粒的大肠杆菌,但筛选出的大肠杆菌菌落并非都是目的菌株,原因是_____
_____。这时需选择呈_____色的菌落,进一步培养、检测和鉴定。

参考答案:

① 目的基因的筛选和获取。

② AC。

③ Xma Ⅰ;使目的基因在受体细胞中复制。

④ 构建基因表达载体时,有些质粒 pCLY11 没有与目的基因结合,形成空载质粒,被导入大肠杆菌后也具有新霉素抗性而繁殖出菌落;白。

(2) 某研究发现在二倍体野生草莓和八倍体栽培草莓中,花青素合成过程的关键转录因子之一 MYB10 基因自然变异导致草莓果实呈白色,严重影响营养价值。科学家利用单碱基编辑系统使二倍体野生草莓果实中的 MYB10 基因定点突变,为培育优良草莓品种提供了有价值的候选基因。

① 已知二倍体野生草莓中 MYB10 基因编码链第 468~488 位碱基序列为

5'- ACAGGACATGGGACGGATAA -3',为实现该区域编码多肽链中的组氨酸定点突变为酪氨酸,应设计的 sgRNA 序列是(　　　)。

(组氨酸:CAU、CAC;酪氨酸:UAU、UAC)

A. 5'- UGUCCUGUACCCUGCCUAUU -3'
B. 3'- UGUCCUGUACCCUGCCUAUU -5'
C. 5'- ACAGGACAUGGGACGGAUAA -3'
D. 3'- ACAGGACAUGGGACGGAUAA -5'

② 利用图 7 中质粒和目的基因构建 CBE 系统,为高效连接和筛选,结合 PHSE401 质粒上限制酶识别位点,推测目的基因上游和下游含有的限制酶识别位点组合可以为＿＿＿＿＿＿。(序号选填)

A. XbaⅠ和 SacⅠ　　　B. EcoRⅠ和 SacⅠ　　　C. XbaⅠ和 HindⅢ
D. SmaⅠ和 SacⅠ　　　E. HindⅢ和 EcoRⅠ　　　F. XbaⅠ和 EcoRⅠ

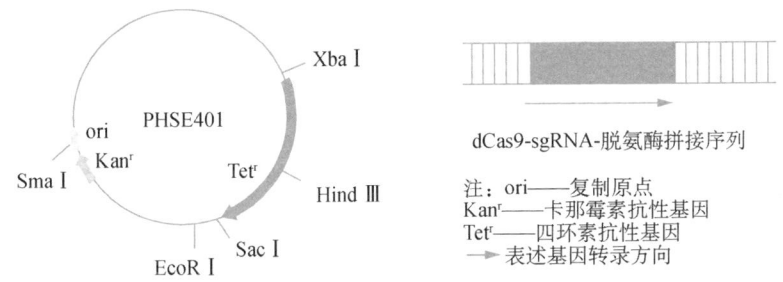

图 7　质粒和目的基因

③ 除上述通过单碱基编辑技术获得定点突变目的基因,还可以采用 PCR 技术获得单碱基突变基因。你倾向于选择哪种技术获得定点突变基因?阐述理由:＿＿＿＿＿＿＿＿＿＿＿＿＿＿＿＿＿＿＿＿＿。

参考答案:

① C。

② CEF。

③ 开放性问题,要结合两种技术的优缺点描述,逻辑正确,条理清晰。

选择单碱基编辑技术。使用 PCR 技术获得点突变基因时,需要设计 4 个引物,经过多个步骤,所获得目的基因仍需要导入细胞内验证突变效果,过程烦琐。而单碱基编辑技术不断裂 DNA 双链,可以通过编辑系统实现胞内编辑。

选择 PCR 技术。单碱基编辑技术可能出现脱靶现象,且每种单碱基编辑技术仅适用某种碱基对的替换。而 PCR 技术可以让目的基因任意位点的任意碱基点突变。

七、教学资源

（1）网络资源：分子生物学实验室视频：切割和连接操作。

（2）网课资源：上海智慧教育平台·空中课堂（https://basic.sh.smartedu.cn）。

五、数学学科

《幂、指数与对数》单元教学规划

单元名称：幂、指数与对数

所在学科：数学

授课年级：高一

设计教师：张燕

第一部分　背景分析

一、课标分析

1. 内容要求

幂、指数与对数是数学中的重要概念，在众多科学领域中一直发挥着重要的作用。16世纪末，天文、航海及工程实践迅速发展，在简化计算的迫切需求下，对数得以诞生，并在实际计算中得到广泛的应用。学生在初中已经学过了正整数指数幂、整数指数幂及其基本的运算性质。本单元在初中学习的基础上通过定义分数指数幂，将指数从整数拓展到有理数，再通过引入无理数指数幂，最终将指数从有理数拓展到实数。

在此基础上，由于指数运算与对数运算互为逆运算，从而定义了对数这个新的概念，为用幂函数、指数函数与对数函数描述变量之间的相应关系作准备。

2. 教学要求

通过本单元的学习，帮助学生了解指数幂的拓展过程，理解指数与对数的概念及它们的相互关系与基本性质；运用这些性质解决简单的实际问题，体会对数在计算中所起的作用。通过指数幂的拓展、对数的概念及其运算性质的学习过程，培养与提升学生数学抽象、逻辑推理和数学运算等方面的核心素养。

3. 数学核心素养要求

培养数学抽象、数学运算和逻辑推理素养。

二、教材分析

1. 知识结构

本单元的知识结构如图1所示。

2. 知识联系

本单元讲授的是沪教版高中《数学》必修第一册的第三单元。学生已经学习了正整数指数幂、整数指数幂及其基本的运算性质，而对数的运算对学生来说是从未出现过的新知识，是指数运算的逆运算，也是第四章引入对数函数的基础。

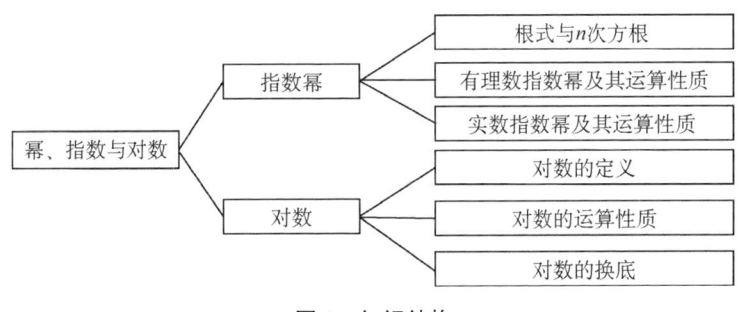

图 1　知识结构

三、学情分析

从学习内容来看,学生已经知道整数指数幂和有理数指数幂的定义和运算性质,但对定义的合理性并不明了,并没有对运算性质加以推理证明。而实数指数幂、对数运算对学生来说是全新内容。

从学习习惯来看,学生还处于初中数学学习向高中数学学习的过渡阶段,在学习习惯养成过程中部分学生可能会"轻结果、重过程",对高中数学的知识与技能怀有兴趣,但缺乏参与研究的热情和兴趣,对数学研究的严谨态度还未充分建立。

从学习困难程度来看,对数运算作为全新的知识,学生掌握它的速度可能会有差异,尤其是当底数和真数都是字母参数时,学生可能无法正确使用运算性质,无法熟练应用换底公式。

第二部分　单元规划

一、单元主题

本单元内容是幂、指数与对数，共分为 2 个小节，分别是幂与指数、对数。第 1 小节是在学生初中学习的正整数指数幂、零指数幂、负整数指数幂以及整数指数幂的运算性质的基础上，进行了"分析回顾，适当拓展"，让学生感受指数幂拓展的必要性和合理性。同时通过类比思想，将定义整数指数幂的方法推广到定义有理数指数幂及实数指数幂，使学生能系统地了解指数幂的拓展过程。本小节还给出了幂的基本不等式，为第 4 单元函数单调性的证明作了铺垫。第 2 小节由对数的定义、运算性质及应用组成，通过介绍对数的起源及其在各科学领域中的作用，让学生从不同层面上了解对数，感受对数的价值，从而增加学习的兴趣和主动性。

二、课程内容

本单元课程内容和要求见表 1。

表 1　课程内容和要求

主要内容	要求
3.1　幂与指数	在初中学习的正整数指数幂、整数指数幂的基础上，通过对有理数指数幂、实数指数幂含义的认识，了解指数幂的拓展过程，掌握指数幂的运算性质，并通过对指数幂的推广，感悟数学中的类比思想
3.2　对数	理解对数的概念，掌握对数的运算性质。理解对数的换底公式的推导过程，理解用换底公式能将不同底的对数互相转换，体会换底公式的作用

三、学习目标

本单元的学习目标见表 2。

表 2　学习目标

序号	细化目标	对应核心素养
1	了解正整数指数幂推广到整数指数幂的过程	逻辑推理
2	了解整数指数幂推广到正有理数指数幂的过程	逻辑推理
3	了解正有理数指数幂推广到正实数指数幂的过程	逻辑推理
4	掌握指数幂的运算性质及其证明	数学运算、逻辑推理
5	理解对数的概念，知道对数运算是指数运算的逆运算	数学抽象
6	掌握对数运算性质及其证明，能够运用运算性质求值、化简、解决实际问题	数学运算、逻辑推理
7	掌握用换底公式将一般对数转化为自然对数或常用对数	数学运算
8	通过对相关史料的学习，知道对数运算的历史意义和作用，感受对数运算对推动社会发展、改造世界的重要作用	数学建模
9	通过经历指数幂运算的推广过程，体会数学知识体系的发生发展过程	逻辑推理

四、教学实施

1. 课时设计

本单元课时安排建议为"5＋1"，共计 6 课时（表 3）。

表 3　课时设计

章节	课时	小节	课时细化
3.1　幂与指数	2	指数幂的拓展	2
3.2　对数	3	对数的定义	1
		对数的运算性质	1
		对数的换底	1
复习与小结	1	—	1

2. 教学设计

本单元的教学活动设计见表 4。

表 4　教学活动设计

课时	教学活动
3.1.1　指数幂的拓展(1)	先复习初中已学的正整数指数幂的定义和运算性质,为后面指数幂的拓展做好准备,帮助学生快速进入新知学习状态; 通过设问激发学生兴趣,引出新定义,并引导学生思考范围拓展后定义的合理性;指出定义零指数幂和负整数幂后,之前的性质仍然成立; 通过举例理解定义,通过典型例题的练习和讲解,巩固理解新知。通过特例提炼根式性质,培养学生从特殊到一般的数学思想
3.1.2　指数幂的拓展(2)	先回顾整数指数幂的定义,为后面推广到有理数指数幂做好准备,引导学生顺利进入新知学习状态; 通过设问,引出根式转化为分数指数幂的必要性,激发学生思考。给出正数有理数指数幂的定义; 证明幂的基本不等式; 通过典型例题的练习和讲解,巩固理解新知
3.2.1　对数的定义	从生活中的问题引入,使学生体会学习对数的必要性,激发学习兴趣; 将问题抽象化,生成对数的定义,使学生了解对数产生的必要性; 通过例题的练习和讲解,进一步使学生熟悉指数与对数的互化,加深对字母意义的理解; 由指数式与对数式的等价关系,获得对数式中字母的限制条件,进一步加深对定义的理解
3.2.2　对数的运算性质	承接上一节课内容进行复习回顾,利用定义,演绎推导出对数的三个性质; 通过典型例题的练习和讲解,加深学生对性质的理解,并让学生感受对数运算的重大意义:能够改变运算的类型,提高运算的效率; 通过史料的阅读,进一步让学生体会对数产生的意义
3.2.3　对数的换底	复习前两节课所学的对数的定义及运算性质,为推导换底公式作好铺垫; 从一个特例引导换底,进而让学生猜想换底公式的形式,并得到证明的思路; 证明猜想,得到换底公式,并介绍换底公式在对数发展史中的重要作用,渗透转化和化归的数学思想方法

五、教学评价

本单元的评价内容和标准见表 5。

表 5　评价内容和标准

评价内容	评价标准
任务 1：了解指数幂的拓展	水平 1：通过计算 n 次方根、化简带有根式的代数式的值，体会当 n 的奇偶性不同时带来的影响； 水平 2：通过将根式改写为有理数指数幂，巩固有理数指数幂的定义； 水平 3：通过对含有字母参数的根式或有理数指数幂代数式的化简，进一步提升对定义的理解和灵活使用性质的能力； 水平 4：通过经历指数幂运算的推广过程，体会数学知识体系拓展过程中的谨慎和严密
任务 2：从整体上了解幂、指数和对数的联系与区别	水平 1：理解对数的定义，准确使用符号； 水平 2：熟练进行指对数互化，并根据定义求对数的值； 水平 3：理解对数运算的本源在于指数运算，知道对数问题的根本解决方法
任务 3：提升数学运算素养	水平 1：通过计算有理数指数幂的值，提高应用运算性质的能力； 水平 2：掌握指对数的运算性质； 水平 3：运用换底公式选择合适的运算性质进行运算
任务 4：感受数学文化	水平 1：理解对数在简化运算中的作用； 水平 2：感受对数对数学及其他学科所起的重要作用； 水平 3：以数学小论文的方式准确论述对数发明的过程以及对数对简化运算的作用

学生在初中已经学过正整数指数幂和整数指数幂，在教学中要避免简单回顾，应突出指数幂的拓展过程，教学中可创设适当的情境，让学生体会拓展的必要性与合理性。指数幂的拓展是建立在保证幂的三条运算性质仍然成立的基础上的，一定要加以分析领会，建议提供一定量的基础练习，帮助学生理解概念。

在学生掌握了整数指数幂的定义之后，可引导学生自主尝试定义有理数指数幂。在引入无理数指数幂的定义时，可让学有余力的学生借助计算器体验运算中的逼近思想。

在换底公式的应用中，不同底数间的联系是明显的。教学中应用换底公式时，应当重点设计如何将底数换为常用对数或自然对数。

对数是一种数学运算，同时也是运算结果，在教学中应该从这两方面给予解释，不可只强调其中的一方面，要善于利用教材中已有的材料加强对这两方面的认识，如对数恒等式、对数的运算性质及对数换底公式等都可以从这两方面加以认识。对数的运算性质是本节的重点之一，对数运算性质的教学，不应停留在运算本身，练习要控制难度，不宜在一道题目中同时使用三条性质，或者反复使用同一性质，要让学生体会到对数对于简化运算的功能。

六、单元作业

高一第一学期《幂、指数与对数》单元测验卷

一、填空题（本大题满分 40 分，每题 5 分）

1. $x^{-\frac{4}{3}} = \dfrac{16}{625}$，则 $x =$ _____。

2. 将 $\left(\sqrt[4]{a^{\frac{2}{3}}}\right)^{\frac{2}{3}}\ (a<0)$ 化为有理数指数幂，形式为 _____。

3. 若 $10^\alpha = 2^{-\frac{1}{2}}$，$10^\beta = \sqrt[3]{32}$，则 $10^{2\alpha - \frac{3}{4}\beta} =$ _____。

4. $\left(\dfrac{1}{3}\right)^{\log_9 x^2}$ 的化简结果是 _____。

5. 已知 $\log_3 7 = a$，$\log_3 2 = b$，则 $\log_2 21 =$ _____。（结果用 a 和 b 表示）

6. 若集合 $A = \{x \mid (3^x)^2 = 81\}$，集合 $B = \{x \mid (\log_3 x)^2 = 1\}$，则 $A \cup B =$ _____。

7. 设 x、y 均为正实数，且 $2x + 5y = 20$，则 $\lg x + \lg y$ 的最大值为 _____。

8. 定义两个实数间的新运算"Δ"：$x \Delta y = \ln(e^x + e^y)\ (x, y \in \mathbb{R})$，对于任意的实数 a，b，c，给出下列结论：（1）$a \Delta b = b \Delta a$；（2）$(a \Delta b) \Delta c = a \Delta (b \Delta c)$；（3）$(a \Delta b) + c = (a + c) \Delta (b + c)$；（4）$(a + b) \Delta c = a \Delta c + b \Delta c$，正确结论的序号是 _____。

二、选择题（本大题满分 20 分，每题 5 分）

9. 已知 $a \in \mathbb{R}$，n 为正整数，以下说法正确的是（ ）。
   A. 正数的 n 次方根是一个正数
   B. 负数的 n 次方根是一个负数
   C. 0 的 n 次方根是 0
   D. a 的 n 次方根是一个正数

10. "等式 $\log_2 x^2 = 2$ 成立"是"等式 $\log_2 x = 1$ 成立"的（ ）。
    A. 充分非必要条件   B. 必要非充分条件
    C. 充要条件   D. 既非充分又非必要条件

11. 下列对数运算中，一定正确的是（ ）。
    A. $\lg(M + N) = \lg M \cdot \lg N$ B. $\lg(M \cdot N) = \lg M + \lg N$
    C. $\ln(M^n) = n \cdot \ln M$ D. $\log_a b = \dfrac{\lg b}{\lg a}$

12. 已知 $a>0, a\neq 1, b>0, b\neq 1, ab\neq 1, n\in \mathbf{N}^*$,在 $\dfrac{1}{\log_b a}$, $\dfrac{\lg a}{\lg b}$, $\log_{\sqrt[n]{b}}\sqrt[n]{a}$, $\log_{b^n} a^n$, $\dfrac{1-\log_{ab} a}{1-\log_{ab} b}$ 这 5 个式子中和 $\log_a b$ 相等的有( )。

A. 1 个   B. 2 个   C. 3 个   D. 4 个

三、解答题(本大题满分 40 分)

13. (10 分)设 $a^{2x}=2$,且 $a>0$,求 $\dfrac{a^{3x}+a^{-3x}}{a^x+a^{-x}}$ 的值。

14. (10 分)已知 $2\log_2(x-3y)=\log_2 x+\log_2 y+2$,求 $\log_{27}\dfrac{x}{y}$ 的值。

15. (10 分)若方程 $\lg^2 x-\lg x^2-2=0$ 有两个根 α、β,求 $\log_\alpha\beta+\log_\beta\alpha$ 的值。

16. (10 分)测定古植物的年代,可以用碳定年法,在植物内部含有微量的放射性元素 ^{14}C,在植物死亡后,新陈代谢停止,^{14}C 就不再产生且原有的 ^{14}C 会自动衰变,经过 5 730 年(^{14}C 的半衰期)^{14}C 的残余量就只有原始含量的 $\dfrac{1}{2}$。经过科学测定,若 ^{14}C 的原始含量为 a,则经过 t 年后的残余量 a' 与 a 之间满足关系式 $a'=a\cdot e^{-kt}$。 现有一出土古植物,其中 ^{14}C 的残余量占原始含量的 87.9%,试推算出这个古植物距今多少年。

测验卷答案：

1. $\dfrac{125}{8}$; 2. $a^{\frac{1}{9}}$; 3. $2^{-\frac{9}{4}}$; 4. $\dfrac{1}{|x|}$; 5. $\dfrac{1+a}{b}$; 6. $\left\{2,3,\dfrac{1}{3}\right\}$; 7. 1;
8. (1)(2)(3)。

9. C; 10. B; 11. D; 12. B。

13. $\dfrac{3}{2}$; 14. $\dfrac{2}{3}$; 15. -4。

16. 因为 $a'=a\cdot e^{-kt}$,所以 $\dfrac{a'}{a}=e^{-kt}$,则 $\dfrac{1}{2}=e^{-5730k}$,即 $2=e^{5730k}$,所以 $k=\dfrac{\ln 2}{5730}$。又因为 $87.9\%=e^{-\frac{\ln 2}{5730}t}$,所以 $t=-5730\cdot\dfrac{\ln 87.9\%}{\ln 2}\approx 1066$。答:距今 1 066 年。

七、教学资源

[1] 中华人民共和国教育部. 普通高中数学课程标准(2017 年版 2020 年修订)[S]. 北京:人民教育出版社,2020.

［2］上海市中小学(幼儿园)课程改革委员会.普通高中教科书 数学 必修 第一册[M].上海:上海教育出版社,2020.

［3］上海市中小学(幼儿园)课程改革委员会.普通高中 数学教学参考资料 必修 第一册[M].上海:上海教育出版社,2020.

［4］上海市教育委员会教学研究室.上海市高中数学学科教学基本要求[M].上海:华东师范大学出版社,2021.

［5］上海市教育委员会教学研究室.高中数学单元教学设计指南[M].北京:人民教育出版社,2018.

［6］王国江.高中数学新教材创新教学设计 必修 第一册[M].上海:华东师范大学出版社,2020.

《平面向量》单元教学规划

单元名称：平面向量

所在学科：数学

授课年级：高一

设计教师：何俊阳

第一部分　背景分析

一、课标分析

1. 内容要求

向量具有深刻的数学内涵、丰富的物理背景。向量既是代数研究的对象，也是几何研究的工具。向量是沟通几何与代数的桥梁，通过向量可以用代数的方法研究直线、曲线、平面、曲面以及高维空间中的数学问题，向量是进一步学习和研究数学其他领域问题的基础。在解决实际问题时，向量也有广泛的应用。

本单元的学习可以帮助学生理解平面向量的代数表示与几何意义；掌握平面向量的概念、运算，向量基本定理以及向量的应用；用向量的语言、方法描述和解决现实生活、数学和物理中的问题。

几何与代数是高中数学课程的主线之一，通过形与数的结合，突出几何与代数运算之间的融合，感悟数学知识之间的关联，加强对数学整体性的理解。

2. 教学要求

（1）向量是一个具有实际意义与物理背景的数学模型。开展教学时，需要充分利用学生已有的生活经验，以及物理学科的基础知识，创设丰富的教学情境。

（2）向量是联系相关知识的桥梁。向量是代数的研究对象，具有代数表达与运算特征，是一种基本的数学语言。在开展教学时，可以引导学生用代数的方法来刻画几何元素（点、线、面），通过向量运算描述几何元素之间的关系，以及研究长度、面积、体积等几何度量问题。

（3）向量是解决几何问题的有效途径。向量既有代数的抽象性，又有几何的直观性，是数形结合的典范。向量法是研究几何问题的有力工具，开展教学时应当引导学生深入体会向量及其运算与几何图形之间的联系，总结运用向量的代数运算研究几何问题的基本思想。

3. 数学核心素养要求

培养数学抽象、直观想象、数学运算和逻辑推理素养。

二、教材分析

1. 知识结构

本单元的知识结构如图 1 所示。

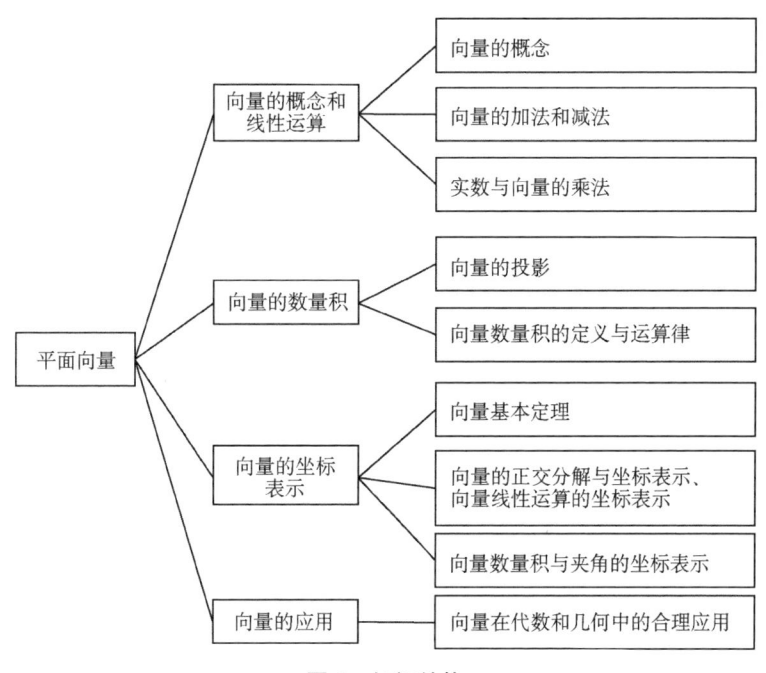

图 1　知识结构

2. 知识联系

向量既是代数研究的对象,也是几何研究的工具。在高中阶段的学习中,向量在三角、复数、平面解析几何以及立体几何等章节有广泛的应用;在高等数学的学习中,向量也是研究曲面以及高维空间中数学问题的基本工具。同时,向量具有丰富的物理背景,在力学、运动学等领域中大量使用。

学生在初中阶段已经对向量的几何形式进行了初步学习,但仅限于基本概念和线性运算。本单元在初中学习的基础上继续学习向量的数量积、向量的坐标表示,使向量的学习更加完整和深入。

三、学情分析

本单元是高一第二学期的学习内容,学生初步进入高中数学学习的状态,数学基础属于中等水平。

虽然向量的线性运算是最基本的代数运算,但是对于学生来说比较抽象。学生在现实世界的科学问题中,已经遇到位移、速度、力等概念,有相关的知识基础。学生对向量及其运算与几何图形之间的联系认识不够深入。

对于学生来说,在以下三个方面,还需要通过教学活动进行引导和提升。

(1)运用向量进行线性运算的能力;

(2)数与形相互转化解决问题的方法;

(3)运用知识间的联系进行逻辑推理、分析的能力。

第二部分 单元规划

一、单元主题

本单元主题内容为平面向量,内容共分为四节,分别是向量的概念和线性运算、向量的数量积、向量的坐标表示和向量的应用。前三节比较完整地阐述了平面向量的基本理论,将向量的概念、线性运算、数量积等知识分别以几何形式和代数形式两条完整的脉络呈现,通过形与数的结合,突出几何直观与代数运算之间的融合。最后一节举了一些向量在数学、力学以及生活中应用的例子。

二、课程内容

本单元的课程内容和要求见表1。

表1 课程内容和要求

主要内容	要求
8.1 向量的概念和线性运算	通过对力、速度、位移的分析,了解平面向量的实际背景,理解平面向量的意义和两个向量相等的含义; 理解平面向量的几何表示和基本要素,借助实例和平面向量的几何表示,掌握平面向量的加法、减法运算及运算规则,理解其几何意义; 通过实例分析,掌握平面向量数乘运算及其运算规则,理解其几何意义; 理解两个平面向量平行的含义; 了解平面向量的线性运算性质及其几何意义
8.2 向量的数量积	通过物理中"功"等实例,理解平面向量数量积的概念及其物理意义,会计算平面向量的数量积; 通过几何直观,了解平面向量投影的概念以及投影向量的意义; 会用数量积判断两个平面向量的垂直关系
8.3 向量的坐标表示	理解平面向量基本定理及其含义; 借助平面直角坐标系,掌握平面向量的正交分解及坐标表示; 会用坐标表示平面向量的加、减运算和数乘运算; 能用坐标表示平面向量的数量积,会表示两个平面向量的夹角; 能用坐标表示平面向量平行、垂直的条件

(续表)

主要内容	要求
8.4　向量的应用	会用向量方法解决简单的平面几何问题、力学问题以及其他实际问题，体会向量在解决数学和实际问题中的作用

三、学习目标

（1）把向量和力学的整体建立联系，进而更加深入地理解向量的概念。

（2）借助数的运算法则理解向量的加减法、实数与向量的乘法等基本代数运算。

（3）理解向量加减、数乘、数量积这三种运算各自的作用，体会向量的基本运算和几何图形之间的联系，体会运用向量处理几何、物理问题的方法。

（4）通过力、速度、加速度、力的合成与分解物体做功等情境材料了解向量的物理背景，认识向量作为描述现实问题的模型的作用，同时通过解决问题，学会运用向量这一数学模型处理问题的基本方法。

（5）通过向量运算描述几何元素之间的关系，以及研究长度、面积、体积等几何度量问题。

（6）通过向量运算，研究几何元素之间的关系，最后把运算结果"翻译"成几何结论，提高运算能力和解决实际问题的能力。

（7）通过学习平面向量，感受数学的统一之美，体验数学的学科基础地位。

（8）感受用向量描述客观事物，提升与发展数学抽象和数学建模的核心素养。

四、教学实施

1. 课时设计

向量概念和向量的有向线段表示、向量的线性运算、向量的数量积，以及向量基本定理与向量的坐标表示，是本单元所涉及的向量理论的核心内容。基于以上的课程内容，我们确定本单元的学习主题：从数到向量发展学生的运算能力。本单元课程预计有11课时，具体课时分配见表2。

《平面向量》单元教学规划

表 2　课时分配表

章节名	课时	具体课时分配
8.1　向量的概念和线性运算	3	向量的概念:1课时
		向量的加法和减法:1课时
		实数与向量的乘法:1课时
8.2　向量的数量积	2	向量的投影:1课时
		向量数量积的定义与运算律:1课时
8.3　向量的坐标表示	3	向量基本定理:1课时
		向量的正交分解与坐标表示、向量线性运算的坐标表示:1课时
		向量数量积与夹角的坐标表示:1课时
8.4　向量的应用	2	向量在代数和几何中的应用:2课时
复习与小结	1	—

2. 教学设计

教学是一种整体设计,是和学生对话的过程,要随着学生的思维状态不断推进。基于对单元主题、学生情况分析和《课标》的理解,根据教学内容在结构上的联系,在平面向量教学部分进行的教学设计见表3。

表 3　教学设计

课时	教学内容
第1课时	从物理量里抽象出向量这个概念,强调向量的两个属性:大小、方向。大小这一属性的研究方法和实数的研究方法一样,因此要更关注方向这一属性的研究。在这两个属性的基础上,提出特殊向量、单位向量和零向量 接下来研究向量的关系,面对两个向量时,也要分别从方向、大小两个属性展开研究。在大小这一维度上关注大于、小于或相等三种关系;在方向这一维度上有方向相同、方向相反两种关系。利用有向线段,理解共线与平行问题。把抽象的向量运用有向线段画出来,引导学生理解向量的位置在研究两个向量关系的过程中的作用
第2课时	从力的合成这一情境中引出向量加法的平行四边形法则,然后证明平行四边形法则等价于三角形法则,向学生强调这是同一法则的不同表现形式,是在两个向量不平行的前提下的法则;着重强调加法运算法则以及加法运算律;让学生自己作图,知道怎么作图,作图过程中始终关注向量两个属性的作用,当两个向量共线和不共线时要进行分类讨论

(续表)

课时	教学内容
第3课时	实数和向量的乘法是两个不同类的量之间的计算,对学生来说理解起来会有一定的难度。实际上实数乘在向量上,就是把实数作为比例系数缩放向量(负系数作为比例系数时,除了按绝对值缩放外,还要把向量改变为相反的方向)。有了这样的描述,学生自然理解了实数与向量相乘依旧得到一个向量。实数与向量相乘的三条重要运算定理,可以在定义的基础上直接验证
第4课时	从"力做功"这个物理模型分析,把力分解成运动方向上的分力和垂直于运动方向的分力。垂直于运动方向的分力对做功没有贡献,因此只有在运动方向上的分力才是真正做功的力,这个运动方向上的分力就是力在运动方向上的投影,引出一个向量在另一个非零向量方向上的投影的概念。投影是一个向量,它的起点和终点分别是原向量的起点和终点的投影
第5课时	向量的数量积的定义公式直接脱胎于力做功的计算公式,易于理解。以下两点要特别注意:明确两个非零向量的数量积的定义,理解零向量与任意向量的数量积为0的规定;数量积和数的运算的本质区别在于两个数相乘依然是数,但是两个向量的数量积是一个数,不再是一个向量了。从具体的例子启发学生认识到运算的概念也会随着数学研究范围的扩大而得到拓展
第6课时	向量基本定理是本节课的逻辑基础,从学生熟悉的直角坐标系引入,把平面向量与有序实数对一一对应,并把一一对应关系解释为坐标轴上单位向量的线性组合,为平面向量基本定理做一个铺垫 理解平面向量基本定理,对学生而言可能有一定的难度。学生习惯于平面直角坐标系,但定理中给出的是两个不平行的向量,不要求垂直,因此不能直接用直角坐标系。可启发学生在直角坐标系中作另一条坐标轴的平行线,然后通过作平行线作出平行四边形,找出线性组合的系数
第7课时	向量的正交分解可以和物理中力的正交分解联系在一起,这样可以和学生既有知识密切地联系起来。直接从平面直角坐标系的例子引入坐标分解的概念,在直角坐标轴上给出单位向量,关于这两个向量的分解就是正交分解,从而给出向量的坐标表示
第8课时	向量数量积与夹角的坐标表示是建立在标准正交分解的基础上,向量在直角坐标系中的坐标表示。向量坐标表示是用向量解决许多几何问题的基础
第9课时、第10课时	向量在数学、物理以及实际生活中都有着广泛的应用,通过简要的复习(形式可多样),可以发现向量蕴含着代数和几何两种属性。第9课时介绍向量在代数中的应用,我们可以把很多问题转化为向量问题,并最终通过向量的坐标表示将其转化为代数问题来处理 在学习的过程中体会数学学科各个分支间以及数学与外部世界的交叉融合、相得益彰的魅力。在用向量坐标法证明定比分点公式的学习过程中要注意引导学生在几何方面的思考。定比分点公式的特殊形式中点公式的应用非常广泛,建议学生直接使用。讲解几个例题,示范利用向量解决平面几何、函数、三角、力学等相关问题,可以发现解决过程比较简洁,但是我们要意识到向量也有局限性,不可能解决所有的科学问题

(续表)

课时	教学内容
第11课时	根据学生前面章节的学习情况,适当调节,总结用向量解决问题的一般思路及方法,体会向量在解决数学和实际问题中的作用,进而建立起向量与几何之间的联系,提高学生分析问题、解决问题的能力

五、教学评价

1. 评价内容及指标

本单元教学任务评价标准见表4。

表4 教学任务评价标准

任务内容	评价标准
任务1:以物理背景为情境,抽象得到向量概念	水平1:通过对力、速度、位移等的分析,了解平面向量的实际背景; 水平2:结合向量的实际背景,理解平面向量的意义; 水平3:理解平面向量的几何表示和基本要素; 水平4:能够从向量的基本要素出发理解向量之间的关系
任务2:建立向量运算体系,理解运算的几何意义	水平1:借助实例和平面向量的几何表示,进行向量的运算; 水平2:掌握平面向量加、减、数乘运算及运算规则; 水平3:理解平面向量的线性运算性质及其几何意义; 水平4:能够利用几何直观和代数运算相结合的方法分析和理解问题
任务3:用向量方法解决问题	水平1:会用向量方法解决简单的平面几何问题; 水平2:会用向量方法解决简单的实际问题; 水平3:遇到有关大小和方向的问题时,能够学会抽象出向量问题

2. 评价建议

与二期课改教材主要把向量作为解决几何问题的工具进行教学的设计不一样,新教材把向量作为独立的主题进行设计,因此,掌握向量这个"体系"是整个教学的抓手,也是进行教学评价的关键。

向量系统是有别于数的系统的一个全新的系统,有自己独特的结构和运算体系。向量系统的教学特别有助于学生数学抽象、逻辑推理、数学运算和直观想象等核心素养的培养,教学评价也应该聚焦于对这些素养的考查。例如,考查学生是否能够根据物理或生活中量的基本特征,准确辨别出向量和数量;能否理解用有向线段表示向量对建立向量理论的意义,并熟练掌握各种向量运算;能否理解向量基本定理以及建立在该定理基础上的向量的坐标表示,熟练地进行坐标表示下的各种向量运算。

有些思考题并不是传统意义上的数学题,但对学生的学习过程以及学生联系新知识和既有知识是很有意义的。例如,可以让学生思考,为何表示一个向量的有向线段不是唯一的,但它却可以用于定义向量的夹角(包括向量的平行与垂直)以及向量的线性运算与数量积;向量的有向线段表示不唯一但坐标表示唯一,从"不唯一"如何走向"唯一",其中的关键是什么。

向量在许多领域有着广泛的应用,各种应用给学生提供了提高数学建模能力的机会,因为来自数学和其他方面的问题未必是用向量表述的,学生就必须从中抽象出向量问题。把非向量问题抽象为向量问题,如从证明直线间的垂直关系变为证明直线上的向量之间的垂直关系,然后用向量方法解决所抽象出来的问题,最后回到原问题的语境解释所得到的结果。这个过程与一般的数学建模过程类似。因此,要从数学建模的高度注意培养和考查学生用向量解决问题的能力。

六、单元作业

高一第二学期《平面向量》单元测验卷

(完成时间:40 分钟,满分 100 分)

一、填空题(本大题满分 40 分,每题 5 分)

1. 河水的流速大小为 4 m/s,一艘小船垂直于河岸方向驶向对岸,速度大小为 $4\sqrt{3}$ m/s,则小船的静水速度大小为_____。

2. 已知 A、B、C 三点共线,且 $\overrightarrow{AC} = \dfrac{8}{5}\overrightarrow{BC}$,若 $\overrightarrow{AB} = \lambda\overrightarrow{CA}$,则 $\lambda =$_____。

3. 设 $\overrightarrow{a_0}$ 为单位向量,
① 若 $\vec{a}$ 为平面内某个向量,则 $\vec{a} = |\vec{a}|\overrightarrow{a_0}$;② 若 $\vec{a}$ 与 $\overrightarrow{a_0}$ 平行,则 $\vec{a} = |\vec{a}|\overrightarrow{a_0}$;
③ 若 $\vec{a}$ 与 $\overrightarrow{a_0}$ 平行,且 $|\vec{a}|=1$,则 $\vec{a}=\overrightarrow{a_0}$;④ $0\overrightarrow{a_0}=0$,上述四个命题中,假命题的编号是_____。

4. 已知 $\vec{a}=(\sin\alpha,\cos\alpha)(\alpha\in\mathbf{R})$,$\vec{b}=(\sqrt{3},3)$,当 $\alpha=$_____时,向量 $\vec{a}$、$\vec{b}$ 不能作为平面向量的一个基。

5. 若 $\vec{a}=(1,2)$,$\vec{b}=(1,1)$,且 $\vec{a}$ 与 $\vec{a}+\lambda\vec{b}$ 的夹角为锐角,则实数 λ 的取

值范围为_____。

6. 等腰直角三角形 ABC 中，$\angle A = 90°$，$AB = 2$，则 $\overrightarrow{AB} \cdot \overrightarrow{BC} + \overrightarrow{BC} \cdot \overrightarrow{CA} + \overrightarrow{CA} \cdot \overrightarrow{AB} =$ _____。

7. 已知 A、B、C、D 四点的坐标分别为 $A(-1, 0)$、$B(1, 0)$、$C(0, 1)$、$D(2, 0)$，P 是线段 CD 上的任意一点，则 $\overrightarrow{AP} \cdot \overrightarrow{BP}$ 的最小值是_____。

8. 对 n 个向量 $\vec{a_1}, \vec{a_2}, \cdots, \vec{a_n}$，如果存在不全为零的实数 $k_1, k_2, \cdots, k_n$，使得 $k_1\vec{a_1} + k_2\vec{a_2} + \cdots + k_n\vec{a_n} = \vec{0}$，则称 $\vec{a_1}, \vec{a_2}, \cdots, \vec{a_n}$ 线性相关。若已知 $\vec{a_1} = (1, 1)$，$\vec{a_2} = (3, -2)$，$\vec{a_3} = (3, -7)$ 是线性相关的，则 $k_1 : k_2 : k_3 =$ _____。

二、选择题(本大题满分 20 分，每题 5 分)

9. 设 $\vec{a}$ 表示向西走 10 km，$\vec{b}$ 表示向北走 $10\sqrt{3}$ km，则 $\vec{a} - \vec{b}$ 表示(　　)。

　　A. 南偏西 $30°$ 方向走 20 km　　　　B. 北偏西 $30°$ 方向走 20 km
　　C. 南偏东 $30°$ 方向走 20 km　　　　D. 北偏东 $30°$ 方向走 20 km

10. 若 $\vec{a}, \vec{b}$ 均为单位向量，则"$|2\vec{a} - \vec{b}| = |\vec{a} + 2\vec{b}|$"是"$\vec{a} \perp \vec{b}$"的(　　)条件。

　　A. 充分不必要　　　　　　　　B. 必要不充分
　　C. 充分必要　　　　　　　　　D. 既不充分又不必要

11. 在 $\triangle ABC$ 中，有命题：
① 若 $\overrightarrow{AB} \cdot \overrightarrow{AC} > 0$，则 $\triangle ABC$ 为锐角三角形；② $\overrightarrow{AB} + \overrightarrow{BC} + \overrightarrow{CA} = \vec{0}$；
③ 若 $(\overrightarrow{AB} + \overrightarrow{AC}) \cdot (\overrightarrow{AB} - \overrightarrow{AC}) = 0$，则 $\triangle ABC$ 为等腰三角形；④ $\overrightarrow{AB} - \overrightarrow{AC} = \overrightarrow{BC}$。

上述命题正确的是(　　)。
　　A. ①②　　　B. ①④　　　C. ②③　　　D. ②③④

12. 若对任意实数 k，$|\overrightarrow{BA} - k\overrightarrow{BC}| \geq |\overrightarrow{CA}|$ 恒成立，则 $\triangle ABC$ 的形状一定是(　　)。

　　A. 锐角三角形　　B. 直角三角形　　C. 钝角三角形　　D. 不能确定

三、解答题(本大题满分 40 分)

13. $(2+3+3$ 分$)$ 已知 $|\vec{a}| = 2$，$|\vec{b}| = 3$，且 $\vec{a}$ 与 $\vec{b}$ 的夹角为 $30°$。求：
(1) $\vec{a} \cdot \vec{b}$；　　(2) $(2\vec{a} - \vec{b}) \cdot (\vec{a} + 3\vec{b})$；　　(3) $|2\vec{a} - \vec{b}|$。

14. $(5+5$ 分$)$ 已知向量 $\vec{a}, \vec{b}$ 均为非零向量，且 $\vec{a}$ 与 $\vec{b}$ 不平行。
(1) 若 $\overrightarrow{AB} = \vec{a} - \vec{b}$，$\overrightarrow{BC} = 2\vec{a} - 8\vec{b}$，$\overrightarrow{CD} = 3\vec{a} + 3\vec{b}$，求证：$A$、$B$、$D$ 三点共线。
(2) 若向量 $m\vec{a} - \vec{b}$ 与 $\vec{a} - m\vec{b}$ 平行，求实数 m 的值。

15. (5+5分)已知向量 $\vec{a}=\left(\cos\dfrac{x}{2},\sin\dfrac{x}{2}\right)$, $\vec{b}=\left(\cos\dfrac{3x}{2},-\sin\dfrac{3x}{2}\right)$, 且 $x\in\left[\dfrac{\pi}{2},\pi\right]$。

(1) 求 $\vec{a}\cdot\vec{b}$ 以及 $|\vec{a}+\vec{b}|$ 的取值范围。

(2) 记函数 $f(x)=\vec{a}\cdot\vec{b}-2\lambda|\vec{a}+\vec{b}|$, 若函数 $f(x)$ 的最小值为 $-\dfrac{3}{2}$, 求实数 λ 的值。

16. (3+4+5分) 已知 O 为 $\triangle ABC$ 的外心, 以线段 OA、OB 为邻边作平行四边形, 第四个顶点为 D, 再以 OC、OD 为邻边作平行四边形, 它的第四个顶点为 H。

(1) 若 $\overrightarrow{OA}=\vec{a}$, $\overrightarrow{OB}=\vec{b}$, $\overrightarrow{OC}=\vec{c}$, $\overrightarrow{OH}=\vec{h}$, 试用 $\vec{a}$、$\vec{b}$、$\vec{c}$ 表示 $\vec{h}$;

(2) 证明: $\overrightarrow{AH}\perp\overrightarrow{BC}$;

(3) 若 $A=60°$, $B=45°$, 外接圆的半径为 R, 用 R 表示 $|\vec{h}|$。

测验卷答案:

1. 8 m/s; 2. $-\dfrac{3}{8}$; 3. ①②③④; 4. $\alpha=\dfrac{\pi}{6}+k\pi,k\in Z$; 5. $\left(-\dfrac{5}{3},0\right)\cup(0,+\infty)$; 6. -8; 7. $-\dfrac{1}{5}$; 8. $3:(-2):1$。

9. A; 10. C; 11. C; 12. B。

13. (1) $\vec{a}\cdot\vec{b}=|\vec{a}||\vec{b}|\cos 30°=2\times 3\times\dfrac{\sqrt{3}}{2}=3\sqrt{3}$。

(2) $(2\vec{a}-\vec{b})\cdot(\vec{a}+3\vec{b})=2\vec{a}^2+5\vec{a}\cdot\vec{b}-3\vec{b}^2=8+15\sqrt{3}-27=15\sqrt{3}-19$。

(3) $|2\vec{a}-\vec{b}|^2=4\vec{a}^2-4\vec{a}\cdot\vec{b}+\vec{b}^2=4\times 4-4\times 3\sqrt{3}+9=25-12\sqrt{3}$, 所以 $|2\vec{a}-\vec{b}|=\sqrt{25-12\sqrt{3}}$。

14. (1) $\overrightarrow{BD}=\overrightarrow{BC}+\overrightarrow{CD}=2\vec{a}-8\vec{b}+3\vec{a}+3\vec{b}=5(\vec{a}-\vec{b})=5\overrightarrow{AB}$,

$\therefore \overrightarrow{AB}//\overrightarrow{CD}$ 且有公共点 B, $\therefore A$、B、D 三点共线。

(2) 向量 $m\vec{a}-\vec{b}$ 与 $\vec{a}-m\vec{b}$ 平行, 存在实数 λ 使得 $m\vec{a}-\vec{b}=\lambda(\vec{a}-m\vec{b})$,

即 $(m-\lambda)\vec{a}+(\lambda m-1)\vec{b}=0$, 又 $\vec{a}$ 与 $\vec{b}$ 不平行, $\therefore\begin{cases}m-\lambda=0\\\lambda m-1=0\end{cases}$ 解得 $m=\pm 1$。

15. (1) $\vec{a}\cdot\vec{b}=\cos\dfrac{x}{2}\cos\dfrac{3x}{2}-\sin\dfrac{x}{2}\sin\dfrac{3x}{2}=\cos 2x$。

因为 $|\vec{a}+\vec{b}|^2 = \left(\cos\dfrac{x}{2}+\cos\dfrac{3x}{2}\right)^2 + \left(\sin\dfrac{x}{2}-\sin\dfrac{3x}{2}\right)^2 = 2+2\cos 2x = 4\cos^2 x$，又 $x \in \left[\dfrac{\pi}{2}, \pi\right]$，

所以 $-1 \leqslant \cos x \leqslant 0$，$|\vec{a}+\vec{b}| = -2\cos x \in [0, 2]$。

(2) $f(x) = \vec{a} \cdot \vec{b} - 2\lambda |\vec{a}+\vec{b}| = \cos 2x + 4\lambda \cos x = 2\cos^2 x + 4\lambda \cos x - 1$。

令 $t = \cos x$，$t \in [-1, 0]$，则有 $g(t) = 2t^2 + 4\lambda t - 1 = 2(t+\lambda)^2 - 2\lambda^2 - 1$。

① 当 $-\lambda \leqslant -1$，即 $\lambda \geqslant 1$，有 $g(t)_{\min} = g(-1) = 2 - 4\lambda - 1 = -\dfrac{3}{2}$，解得 $\lambda = \dfrac{5}{8}$，舍；

② 当 $-1 < -\lambda \leqslant 0$，即 $0 \leqslant \lambda < 1$，有 $g(t)_{\min} = g(-\lambda) = -2\lambda^2 - 1 = -\dfrac{3}{2}$，解得 $\lambda = \pm\dfrac{1}{2}$，其中 $\lambda = -\dfrac{1}{2}$，舍；

③ 当 $-\lambda > 0$，即 $\lambda < 0$，有 $g(t)_{\min} = g(0) = -1$，不符。

综上所述，$\lambda = \dfrac{1}{2}$。

16.（1）由平行四边形法则可得 $\overrightarrow{OH} = \overrightarrow{OC} + \overrightarrow{OD} = \overrightarrow{OC} + \overrightarrow{OA} + \overrightarrow{OB} = \vec{a} + \vec{b} + \vec{c}$。

(2) O 是 $\triangle ABC$ 的外心，所以 $|\overrightarrow{OA}| = |\overrightarrow{OB}| = |\overrightarrow{OC}|$，即 $|\vec{a}| = |\vec{b}| = |\vec{c}|$，而 $\overrightarrow{AH} = \overrightarrow{OH} - \overrightarrow{OA} = \vec{h} - \vec{a} = \vec{b} + \vec{c}$，$\overrightarrow{BC} = \overrightarrow{OC} - \overrightarrow{OB} = \vec{c} - \vec{b}$，
所以 $\overrightarrow{AH} \cdot \overrightarrow{BC} = (\vec{b}+\vec{c}) \cdot (\vec{c}-\vec{b}) = |\vec{c}|^2 - |\vec{b}|^2 = 0$，所以 $\overrightarrow{AH} \perp \overrightarrow{BC}$。

(3) 在 $\triangle ABC$ 中，O 是 $\triangle ABC$ 的外心，$A = 60°$，$B = 45°$，所以 $\angle BOC = 120°$，$\angle AOC = 90°$，于是 $\angle AOB = 150°$，
$|\vec{h}|^2 = |\vec{a}+\vec{b}+\vec{c}|^2 = \vec{a}^2 + \vec{b}^2 + \vec{c}^2 + 2\vec{a} \cdot \vec{b} + 2\vec{b} \cdot \vec{c} + 2\vec{c} \cdot \vec{a} = 3R^2 + 2|\vec{a}||\vec{b}|\cos 150° + 2|\vec{c}||\vec{b}|\cos 120° + 2|\vec{a}||\vec{c}|\cos 90° = (2-\sqrt{3})R^2$

所以 $|\vec{h}| = \sqrt{(2-\sqrt{3})R^2} = \dfrac{\sqrt{6}-\sqrt{2}}{2}R$。

七、教学资源

1. 文献资源

［1］中华人民共和国教育部. 普通高中数学课程标准（2017 年版 2020 年修订）[S]. 北京：人民教育出版社，2020.

［2］上海市中小学（幼儿园）课程改革委员会.普通高中教科书 数学 必修 第二册［M］.上海：上海教育出版社，2020.

［3］上海市中小学（幼儿园）课程改革委员会.普通高中 数学教学参考资料 必修 第二册［M］.上海：上海教育出版社，2020.

［4］上海市教育委员会教学研究室.上海市高中数学学科教学基本要求［M］.上海：华东师范大学出版社，2021.

［5］张景中，彭翕成.绕来绕去的向量法［M］.2版.北京：科学出版社，2021.

2. 网络资源

上海智慧教育平台·空中课堂（https：//basic.sh.smartedu.cn/airclassroom/）。

六、物理学科

《牛顿运动定律》单元教学规划

单元名称：牛顿运动定律

所在学科：物理

授课年级：高一

设计教师：郑轶洁

第一部分　背景分析

一、课标分析

根据《普通高中物理课程标准(2017年版2020年修订)》[1]，本单元有两点学习要求。

（1）通过实验，探究物体运动的加速度与物体受力、物体质量的关系。本单元探究两个关系：一是在物体质量一定的情况下，探究加速度大小与受力大小的关系；二是在物体受力一定的情况下，探究物体运动的加速度大小跟物体质量的关系。

（2）理解牛顿运动定律，能用牛顿运动定律解释生产生活中的有关现象、解决有关问题。"理解牛顿运动定律"是指理解牛顿第一定律、第二定律、第三定律，能用这三个定律分析和解决现实情境中的有关问题。在牛顿运动定律的教学中，要重视让学生体会用牛顿运动定律解决问题的思路，逐步形成运动与相互作用的观念，以牛顿运动定律为知识载体，提升物理学科核心素养水平。

二、教材分析

本单元对应沪科版《普通高中教科书 物理 必修 第一册》的第四章《牛顿运动定律》的内容。本章承接前三章内容，以运动学和力学知识为基础，在学习了三种常见的力和共点力平衡的基础上，进一步探究物体间相互作用的关系，把研究对象由单个物体扩展到多个物体组成的系统，定性、定量地研究力与运动之间的关系。本单元是接下来学习力学部分其他内容（曲线运动、机械能）、热运动和电磁运动等的基础。

牛顿运动定律在社会生产、科学技术等方面应用极其广泛，学习本定律有助于学生将物理规律与生活实际情境相互联系，加强对相互作用观念的理解，符合新教材、新课标背景下对学生核心素养培养的需求。

---

[1] 中华人民共和国教育部.普通高中物理课程标准(2017年版2020年修订)[S].北京:人民教育出版社,2020.

三、学情分析

学生在初中阶段已经具有一定的知识基础,有了"力是物体间的相互作用"的认识,在之前的学习过程中也已了解了运动和力的概念,但是,学生对于物体间相互作用的规律并未进行深入理解,对于力与运动间的定量关联也并不确定,对生活中的相关现象也仅停留在感性认识的层面,因此,他们对定律的认识既熟悉而又较片面。通过本单元的学习,学生需要深入理解规律来弥补已有知识在处理相关问题时的缺陷。

考虑到高一学生已经具备一定的分析归纳的思维能力,并能够对物理规律进行一定的自主探究和实验操作,本单元的教学方式采用教师教授和学生小组自主探究相结合的方式,学生运用所学规律分析真实问题,能够对规律更深入地学习和理解。

第二部分　单元规划

一、单元主题

在不同情境下研究运动和力的关系。

二、课程内容

本单元核心任务是研究不同情境下运动和力的情况,并最后完成加速度测量仪的设计。

（1）通过探究物体间相互作用的关系,把研究对象由单个物体扩展到多个物体组成的系统,理解一对作用力与反作用力的大小和方向间的具体关系,分析悬挂着的小球受到的力及其反作用力;

（2）通过学习牛顿第一定律,理解力与运动之间的关联及研究历程,运用牛顿第一定律,解释车内悬绳连接的小球在汽车启动、刹车过程中偏离竖直方向的现象,并能根据实际情境中小球的偏转方向推测车辆的运动情况;

（3）通过实验探究加速度与物体受力、质量间的定量关系,理解牛顿第二定律内容,定量计算车内悬挂小球在刹车、启动过程中,悬绳与竖直方向夹角与加速度的关系;

（4）综合牛顿运动定律相关知识,设计一个简易的加速度测量仪,能实现动态显示加速度大小的功能。

三、学习目标

1. 物理观念

理解牛顿运动定律,逐步形成运动与相互作用观念。

2. 科学思维

经历模型建构、实验探究、演绎推理等思维过程,探究物体运动的加速度与物体受力、物体质量的关系,能用牛顿运动定律解释生产生活中的现象或问题。

3. 科学探究

通过对微课题的研究，体会物理规律探究的基本方法，学习归纳推理、实验验证等研究方法，锻炼科学表述能力。

4. 科学态度与责任

（1）经历微课题的研究过程，养成善于合作、实事求是、乐于探究的科学态度；

（2）通过对与牛顿运动定律相关的生活实例的分析，感受物理规律与生活实际的紧密联系，形成主动观察并对生活中现象进行思考的意识。

四、教学实施

本单元的教学活动设计见表1。

表1　教学活动设计

课时1	牛顿第三定律（任务一：分析悬挂着的小球受到的力及其反作用力）
任务一的教学流程图如图1所示 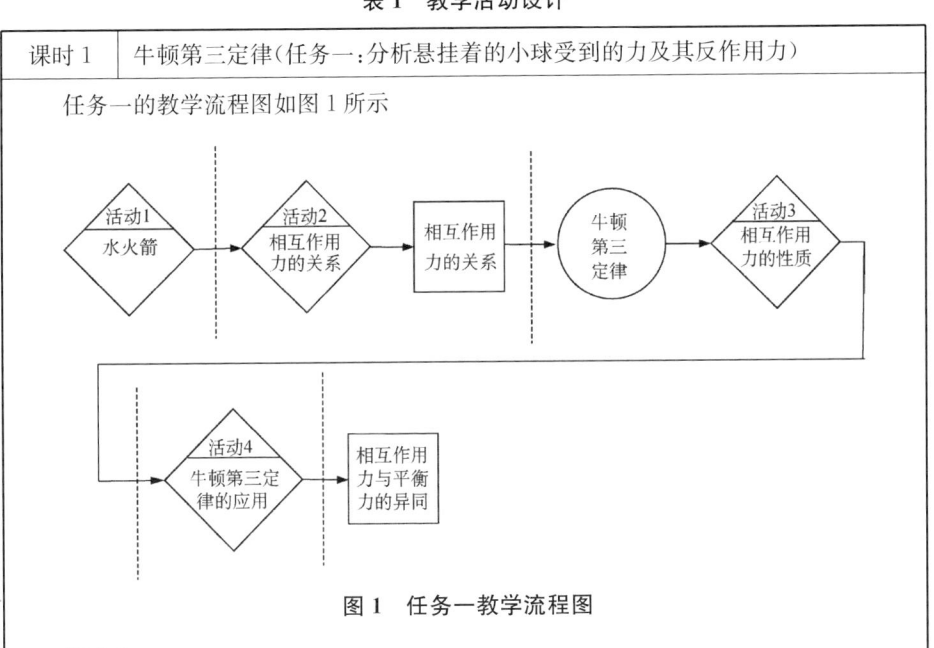 图1　任务一教学流程图 活动1： 播放水火箭视频，引导学生思考水火箭喷发的原理，引出相互作用力的概念 活动2： 学生进行微课题——相互作用力大小和方向的关系的汇报，在学生汇报时，教师引导学生思考运动情况下相互作用力的大小是否相等，并通过实验验证 活动3： 结合学生课题汇报中使用的实验，师生归纳总结相互作用力性质相同的特点	

活动4：

分析生活中的相互作用力。先通过对任务一的研究以及对飞机和水火箭的动力来源的分析，引导学生运用牛顿第三定律准确地分析真实情境中的问题。再通过制作和展示反作用力小车，让学生感受物理规律在实际生活中的应用。在反作用力小车的展示过程中，展示不能前进的风扇小车，通过分析其不能前进的原因，辨析作用力与反作用力及平衡力的异同

课时2	牛顿第一定律 （任务二：探究车内悬绳连接的小球在汽车启动、刹车过程中偏离竖直方向的原因，根据实际情境中小球的偏转方向推测车辆的运动情况）

任务二的教学流程图如图2所示

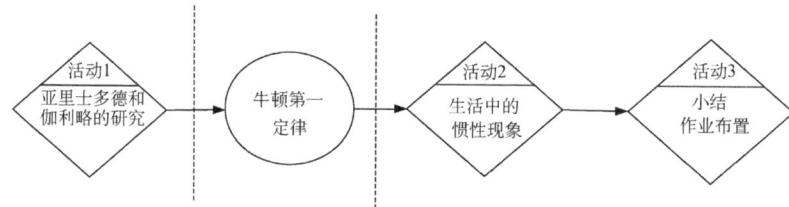

图2　任务二教学流程图

活动1：

介绍亚里士多德和伽利略关于力和运动关系的观点并展示斜面理想实验，请学生跟随伽利略的思维过程体验实验过程，逐步演示运用理想实验的方法进行"真实实验＋合理外推"的科学探究过程和方法

活动2：

引导学生结合牛顿第一定律的知识，分析生活现象背后的物理原理，例如：尺击硬币、吹乒乓球和撕纸游戏等

活动3：

总结归纳本节课所学的知识，回归本节任务，要求学生课后利用本节所学知识，分析车内悬绳连接的小球在汽车启动、刹车过程中偏离竖直方向的原因，并完成校本作业相应内容

课时3	牛顿第二定律 （任务三：定量计算车内悬挂小球在刹车及启动过程中，悬绳与竖直方向的夹角与加速度的关系）

任务三的教学流程图如图3所示

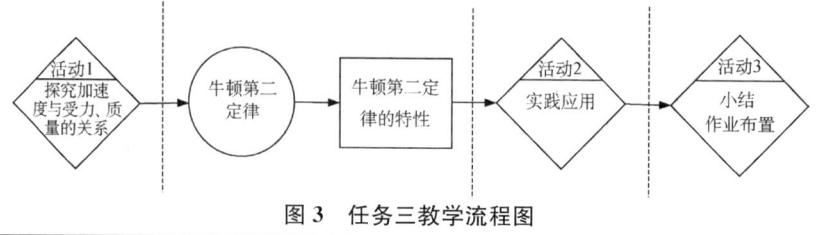

图3　任务三教学流程图

活动1：
引导学生进行实验设计，探究物体运动的加速度与物体受力、质量的关系，并进行实验操作，最后得出结果并进行小组交流

活动2：
结合课本上的火箭升空过程的加速度分析，引导学生运用牛顿第二定律对情境进行分析；回归本节任务，利用所学知识，定量计算车内悬挂小球在刹车及启动过程中，悬绳与竖直方向的夹角与加速度的关系

活动3：
总结归纳本节课所学的知识，要求学生完成校本作业相应内容；要求学生尝试对任务四进行实验设计，确定并准备所需要的材料，在下节课时带来

课时4	牛顿运动定律的应用 （任务四：设计一个简易的加速度测量仪）

任务四的教学流程图如图4所示

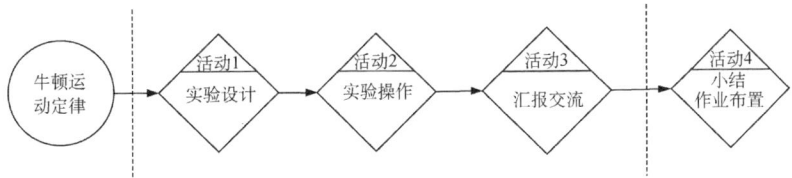

图4　任务四教学流程图

活动1：
学生以小组为单位，讨论并完善加速度测量仪的实验设计，包括实验装置、实验原理以及实验操作等，教师在旁指导

活动2：
学生以小组为单位进行实验操作，记录数据，根据测量结果制作能够实现动态显示加速度大小的装置，并进行调试

活动3：
小组汇报展示自己的研究成果，汇报后进行学生互评及教师点评，帮助各小组提出进一步改进的建议

活动4：
总结归纳本节课所学的知识，要求学生完成校本作业相应内容，撰写单元任务研究报告，包括试论分析、实验研究、测量仪装置设计以及后续改进方案等部分

五、教学评价

评价方法：结合学生课堂表现、课后作业、单元大任务完成情况等方面进行过程性评价和结果性评价；对于单元大任务，通过学生自评、互评、教师点评等多角度进行评价。

赋分方法:根据学生的课堂表现、任务实施和呈现情况,单元任务和作业完成情况进行赋分,评分标准见表2。

表2 评分标准

分类	项目	分值	评分标准
过程性评价	课堂表现	10	积极、认真投入课堂,对于课堂思考及讨论的问题能够给出科学、规范的分析
	任务实施	30	对任务主动思考、积极分析和尝试;能建立合理的物理模型;探究过程全面、严谨、科学,能够给出准确的研究结果;善于与组员及教师沟通,乐于分享,具有良好的沟通合作能力
	任务呈现	20	根据牛顿运动定律对任务进行正确的理论分析;实验探究过程结构严谨,研究方法合理,数据处理正确可靠,数据呈现方式清晰、合理;正确使用文字、公式、图表等呈现研究结论
结果性评价	单元任务	20	理论分析准确,实验探究过程结构严谨,研究方法合理;表述清晰、简洁,能使用正确的物理规律和规范的物理语言等呈现研究结果
	课后作业	20	能根据课堂教学内容完成同步配套练习,正确率高;有良好的订正习惯,及时订正作业

六、单元作业

教材、练习册中的配套练习。

七、教学资源

(1) 普通高中教科书 物理 必修 第一册[M]. 上海:上海科学技术出版社,2021。

(2) 教材的配套练习册及教学参考资料。

(3) 上海智慧教育平台·空中课堂(https://basic.sh.smartedu.cn)中的视频资源。

七、艺术学科

《丝竹八音》单元教学规划

单元名称：丝竹八音

所在学科：音乐

授课年级：高一

设计教师：易雪莲

第一部分　背景分析

一、课标分析

"丝竹",是中国汉民族音乐的代表。"丝"指弦乐,"竹"指管乐。"八音"指器乐的分类法则,依据乐器制作材料的不同进行分类。《普通高中音乐课程标准(2017年版2020年修订)》①要求,在丝竹音乐的赏析过程中,提升学生对音乐的审美认知,渗透音乐学科核心素养;同时在赏析与实践中完成对音乐基本要素的学习;通过对音乐创作背景与中国传统音乐文化内涵的理解,感悟中国民族音乐的博大精深,培养爱国主义情怀。

二、教材分析

教材依据多首中外作品《百鸟朝凤》《空山鸟语》《小河淌水》《阳关三叠》《查拉图斯特拉如是说》《雷鸣电闪波尔卡》等的赏析,介绍了音色、调式、力度、速度等多个音乐要素。为了突出本单元"丝竹八音"这一主题,宣传中华优秀传统文化,笔者针对教材作了必要的整合。

(1) 在"音色"学习板块中,将铜管乐交响诗《查拉图斯特拉如是说》的学习,改为《丝绸之路》的学习。《丝绸之路》不仅有鼓乐管乐的多重音色交响,还涉及都塔尔等西域民族乐器。

(2) 尽量在中国民族乐曲里挖掘音乐基本要素,一曲多学。如在《阳关三叠》中,既感受了古琴的音色,又学习了乐曲的民族音乐调式色彩,同时根据歌词(古诗词)分析乐曲的意境与速度力度的变化对情绪的影响。将音乐要素融入同一首作品,完成知识的综合性讲解。

三、学情分析

(一) 知识储备

本课程涉及的音乐基本要素内容是初中音乐教材理论知识的提升,包括节

---

① 中华人民共和国教育部.普通高中音乐课程标准(2017年版2020年修订)[S].北京:人民教育出版社,2020.

奏、旋律、调式等概念的更深入的内涵。学生的初中音乐学习基础直接关联高中音乐课程的学习效果。导入课程的情境时,需要做好必要的知识衔接设计,如不仅要赏析乐器的音色表达,还需完成对音色形成原因的追溯。

(二) 音乐兴趣

听赏活动是大多数学生喜闻乐见的学习方式。调式、音乐术语等理论的学习略显枯燥,可由浅入深,充分利用活动内容与现代科学技术,如:小组比拼、云阅读、课堂现场展演、音乐软件制作等手段,提升音乐课教学效果。

(三) 实践能力

受家庭与个性的影响,学生的音乐审美水准并不均衡,音乐基础呈现个性化差异。教学中采用分层教育法,教师需要以核心素养为导向,设定差异化学习目标,提高学生实践能力。教师可利用各种教学资源,如音乐软件、线上微课和慕课等来满足学生的学习需求。同时,教师可组织水平相近的学生进行小组合作学习,并提供课堂表演的实践机会,向学生提供针对性辅导与评价,确保学生音乐表现的能力不断提高。

第二部分 单元规划

一、单元主题

"丝竹八音"涉及的知识在音乐领域里归属中国民族音乐的板块,其内容包括对民乐的赏析、民乐分类的标准规范、民族音乐的调式理论、关于民乐表演的表现性认识(速度、力度的运用)。在本单元里,学生重点学习蕴含在民族音乐里的中国传统音乐文化的基本要素,如音色、调式、速度、力度的构成特征,以及各类要素具有的操作性功能,赏析各要素在有机融合后描绘出的音乐中丰富的情感世界。

二、课程内容

本单元课程内容结构如图1所示。《丝竹八音》单元里要解决的一大问题,

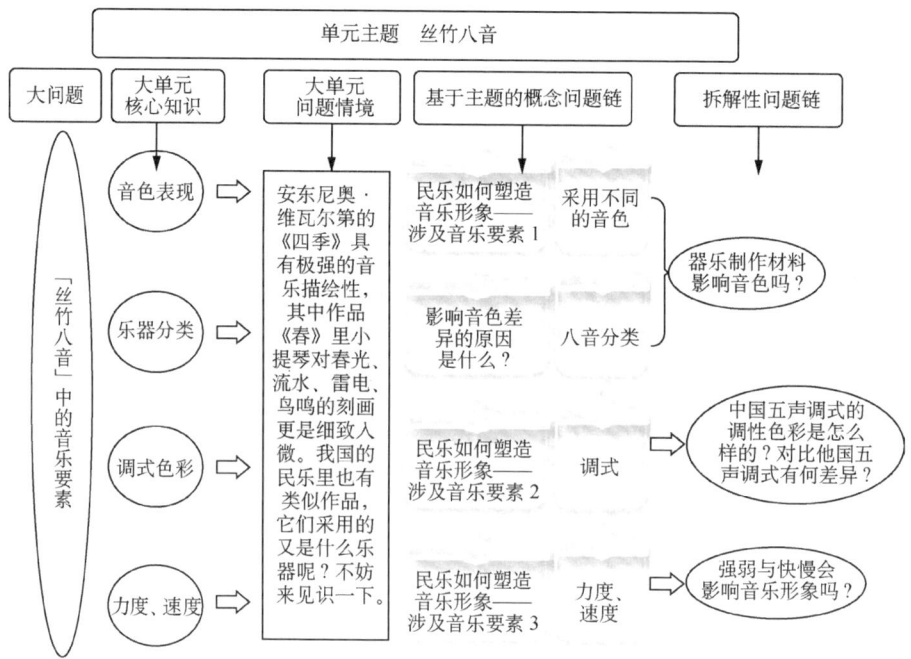

图1 本单元课程内容结构图

就是如何在对丝竹音乐的赏析中,获得对中国器乐的审美认知,同时渗透学科核心素养。本单元设计出核心知识点,以情境问题"西方音乐作品《春》的小提琴演绎效果"导入,呈现多个基于主题的问题链,如丝竹音乐的赏析要素(音乐、调式色彩、力度、速度)以及丝竹乐器呈现以上要素的方式是什么,同时探索乐器之间差异性的形成原因(构造、材质、地理环境)。

三、学习目标

(一) 审美感知

(1) 聆听经典中国民族音乐作品,了解音乐要素的丰富性与多样性,感受、体验、了解音色、调式、速度、力度在音乐情感、音乐形象、思想内涵表达中起到的作用。

(2) 掌握音乐鉴赏的基本方法,结合音乐情境,运用恰当的音乐语言,对音乐作品、音乐现象及音乐活动进行描述与分析,感悟音乐思想情感,认知音乐对社会精神文明发展的价值,形成健康的审美情趣。

(二) 艺术表现

结合赏析开展音乐实践活动,合理利用现代信息技术和手段,获得开展音乐活动的资源,拓宽音乐学习空间,丰富音乐实践经验,提高音乐表达能力。

(三) 文化理解

感受对比不同时代、不同地域、不同民族的音乐表现风格、审美特点和文化特征,了解社会和文化发展对音乐的影响,理解中国音乐与中华优秀传统文化的密切关系,弘扬民族精神和时代精神,尊重世界音乐文化的多样性。

(四) 知识达成

赏析领域:依据教材,本单元通过对《百鸟朝凤》《空山鸟语》《阳关三叠》《樱花》等具有画面描绘性的音乐赏析,突出音色与调式对音乐形象与情绪的影响,让学生理解传统音乐文化的独特性。通过对乐器音色特征的分析,为学生讲授乐器形制、演奏方法等知识。

乐理领域:通过赏析民乐《小河淌水》《茉莉花》等,导入中国五声调式的理论知识,使学生深入理解。通过针对乐曲情绪与形象的分析,完成对速度、力度的表情术语学习。

实践领域:听辨民族乐器的音色,指出乐曲的分类;学会识别五声调式;认识常用的力度、速度术语。

创作领域：整合音乐基本要素，学会运用，完成对民歌《天黑黑》等乐曲的适当改编，深度理解音乐基本要素对音乐形象与情绪的影响力。

四、教学实施

本单元通过讲解民乐"丝竹八音"，将音乐理论知识融入其中，完成对音乐要素——音色、调式、力度、速度的讲解，并组织学生完成针对中国民族音乐的实践活动。本单元教学过程设计见表1。

表1 《丝竹八音》单元教学过程设计

教学环节		问题情境	学习活动	设计意图
环节线		问题线	活动——知识线	能力——素养线
环节一问题导入	第一课时	复习安东尼奥·维瓦尔第的《四季》——春	1. 《四季》是具有描绘性的音乐作品，比如描绘山水自然、雨雪鸟鸣等 2. 分析西洋乐器对音乐形象的塑造，学生回答音乐描绘的具体内容	通过对西方音乐与乐器的分析，引发学生对乐器表达形象的思考：乐器表达、塑造形象的依据是什么？以此导入对民乐的分析与讲解
环节二问题分析	第二课时	寻求民族乐器演绎、塑造音乐形象的方法	1. 学生聆听多首与"鸟"有关的音乐作品，感受音乐塑造出的准音乐形象，并对音乐作品进行描绘与分析 2. 展示不同材质的乐器。学生感受类型不同的乐器通过音色，塑造相同的事物形象 3. 学生了解乐器可以通过不同的演奏方式塑造音乐形象。例如波音、颤音、分解和弦、滑音等，教师现场示范演奏	通过多重乐器的演奏比对，充分了解乐器世界的共性与特性表达
环节三总结归纳	第三课时	民族乐器众多，引导辅助学生找出乐器分类的关键依据	出示图片进行赏析 1. 了解中国的八音分类法。传统分类法，按照制作材料的不同进行分类，如金、石、丝、竹、革……在课堂上观摩乐器 2. 逻辑分类法。以声学物理	世界各族的乐器有上万种，它们能产生千变万化的音色，了解乐器的构造与功能，通过学习，学生知晓乐器的分类原则

(续表)

教学环节		问题情境	学习活动	设计意图
环节三 总结归纳	第三课时	民族乐器众多，引导辅助学生找出乐器分类的关键依据	手段作为分类依据。如将乐器分为体鸣乐器、气鸣乐器、弦鸣乐器等。学生现场依据此方法对乐器重新分类	世界各族的乐器有上万种，它们能产生千变万化的音色，了解乐器的构造与功能，通过学习，学生知晓乐器的分类原则
环节四 关联问题	第四课时	聆听多个民族的音乐。世界各地的民族音乐都具有独特的风格，探索风格形成的原因	调式是决定音乐风格最重要的因素之一。学生通过赏析民族音乐作品（中国古琴曲《阳关三叠》与日本三味线名曲《樱花》）了解不同调式调性所蕴含的音乐色彩、人文背景	比较中国的五声调式与日本五声调式的差异，运用已有的音乐知识分析两种相接近的东亚调式的异同，以及它们产生的音乐风格与音乐文化之间的差异
	第五课时	探索音乐作品的个性与情绪和音乐要素的关联	力度与速度是音乐的润色剂，它可以辅助音乐呈现不同的"容颜"。学生对同一首作品做力度变化与速度变化的处理，尝试获得不同的音乐形象	让学生充分认识音乐风格的形成受多种音乐要素的影响，对音乐要素的改变将会改变音乐的风格
环节五 深化认知	单元总结	总结与拓展	1. 全面认知音乐作品的形成与音乐基本要素密不可分。学生使用这些要素对陌生作品进行分析，深化对音乐理论知识的认识 2. 熟识中国五声调式，小组合作创作一首简易民歌（4～6小节），要求旋律连贯，避免出现大跳 3. 选定一个音乐形象（或者一种音乐情绪），学生在创作时，运用不同的音乐元素进行呈现	将所学知识进行运用。让学生深刻理解调式、速度、力度、音色等在音乐作品中所起的作用；提升学生的审美能力与创作能力

五、教学评价

在《丝竹八音》单元的教学中，教师应从核心素养指标出发，关注学生对音乐元素的掌握,对音乐基础理论的理解,并引导学生将所学知识应用到创作的领域中,培养学生的音乐素养和创新思维,鼓励学生积极主动学习。对学生的评价指标可依照表2。

表2 教学评价

评价主题	评价内容	评价指标				细则说明
		好	较好	中	合格	
审美感知	口头表述					能清晰表达个人感受与对作品的理解
思辨能力	思维能力、知识面					能多角度分析问题; 能调动现有知识对问题提出个人观点; 具有一定的音乐知识
基础理论	理解运用					能将音乐理论与实践结合,深入分析作品
迁移运用	创作实践					能熟练掌握音乐理论,尝试音乐创作; 能积极参加艺术活动

六、单元作业

(一) 课堂学习单1(表3)

表3 课堂学习单1

课题:音色			
学习单:关于乐器音色的模拟与塑造 班级_____ 姓名_____			
	1	2	3
影响乐器音色模拟的因素有哪些?			
请举出具有模拟功能的乐器名称			
模拟的乐器			
乐器依据演奏方式的不同,可以分为哪几类,音色特点是怎样的?			

(二) 课堂学习单2(表4)

表4　课堂学习单2

课题：调式			
学习单：关于中国五声调式的认知 班级＿＿＿＿　姓名＿＿＿＿			
	1	2	3
中国五声调式的名称			
五声调式的调性色彩是怎样的？请一一列举			
聆听三首民乐，完成五声调式的识别			
日本与中国的五声调式区别在哪里？			
请创作一首小型民歌（依据中国五声调式原则）			

(三) 课堂学习单3(表5)

表5　课堂学习单3

课题：力度、速度			
学习单：力度、速度——音乐的化妆师 班级＿＿＿＿　姓名＿＿＿＿			
	1	2	3
听赏音乐，回答乐曲风格的典型性特点			
翻译力度、速度术语			
模拟的主题内容			
尝试对《天黑黑》歌曲改编，要求不脱离原音乐形象			

七、教学资源

(一) 教师资源

具备民乐专业背景和丰富教学经验的教师，可以为学生提供专业的指导和有效的学习支持。

(二)网络资源

(1) 视频资源。如哔哩哔哩、搜狐视频、爱奇艺、央视网等网站上关于民乐的视频。

(2) 音频资源。如网易云音乐平台上的民乐(https://music.163.com/#/playlist?id=435066993)

(3) 文本资源。如豆丁网、360doc个人图书馆上的资料。

(三)辅助教材资源

[1] 汪毓和.中国近现代音乐史[M].北京:人民音乐出版社,2009.

[2] 韩万斋.中国音乐名作快读[M].2版.成都:四川文艺出版社,2006.

[3] 余秋雨.笛声何处[M].苏州:古吴轩出版社,2004.

[4] 高厚永.民族器乐概论[M].南京:江苏人民出版社,1981.

[5] 袁静芳.民族器乐[M].北京:高等教育出版社,2004.

(四)实物资源

储备乐器实物,展示各种中国传统乐器,如二胡、扬琴、琵琶、古筝、笙、中阮、柳琴等。

八、语文学科

《良知与悲悯》单元教学规划

单元名称：良知与悲悯

所在学科：语文

授课年级：高一

设计教师：沈旭栋、张燕姿、薛晓琳

第一部分　背景分析

一、课标分析

本单元属于"文学阅读与写作"任务群的内容。该任务群旨在引导学生阅读古今中外诗歌、散文、小说、剧本等不同体裁的优秀文学作品,使学生在感受形象、品味语言、体验情感的过程中提升文学欣赏能力,并尝试文学写作,撰写文学评论,借以提高审美鉴赏能力和表达交流能力。

二、教材分析

本单元选用人民教育出版社的《普通高中教科书 语文 必修 下册》,在以"良知与悲悯"为人文主题的戏剧单元中节选了《窦娥冤》《雷雨》《哈姆莱特》三部悲剧,淋漓尽致地展现了悲剧人物身上"有价值的东西"的毁灭过程,探究这些"有价值的东西"的具体内涵,毁灭这些"有价值的东西"带来的"恐惧与悲悯",以"恐惧与悲悯"激发内心的良知,在震撼中净化心灵。

本单元是必修阶段唯一的戏剧单元,分别呈现出不同时代、地域戏剧的风格特点。通过本单元的学习,学生能够认识戏剧这一体裁独特的艺术表现方式和一般规律,"从语言、构思、形象、意蕴、情感等多个角度欣赏作品,获得审美体验,认识作品的美学价值,发现作者独特的艺术创造"。

三、学情分析

由于戏剧呈现方式较之一般文本更为立体、多元,形式新颖,学生对本单元的学习有较强兴趣。同时,由于高一学生处于青春期,一方面,他们对激情昂扬的作品更容易产生共鸣;另一方面,又极容易产生"为赋新词强说愁"的莫名悲伤感受。他们对于悲剧的认识既陌生又熟悉,能够感受到"难过""同情",但较难真正理解悲剧的"净化"作用,难以产生"良知与悲悯"。

虽然本单元的选文是高中语文必修课中第一次出现的戏剧文本,但学生在初中已经学过《威尼斯商人》《屈原》《枣儿》《音乐之声》四篇剧本的节选,对戏剧知识有基本的了解,例如戏剧的一般体例、矛盾冲突等。不过学生在戏剧知识结构化认识方面还有非常大的提升空间。

经过同属于"文学阅读与写作"任务群的第一、三、七单元的学习,学生在文学作品的阅读方面已经有了一定的基础,在学习戏剧作品的过程中,学生在作品情节的梳理、人物形象的认识、主题主旨的研究等方面的已有能力都将起到重要的作用。但学生对于戏剧这一独特体裁作品中的矛盾冲突、台词、舞台等设计与情节、人物、主旨之间的独特联系,相对比较陌生。

第二部分　单元规划

一、单元主题

体验良知与悲悯,演绎多样人生。

二、课程内容

本单元主题为"良知与悲悯",课程通过阅读鉴赏、编排演出等活动让学生深入理解戏剧作品,理解人物性格的丰富性,体会戏剧语言的动作性和个性化,初步认识传统戏剧和现代戏剧,理解悲剧作品的特征等多个小概念。

课程以参与学校戏剧节活动(知识竞赛、剧本创作、舞台表演)为情境任务,引导学生分别着眼三部戏剧,完成"编""导""演""评"等多阶段;组织戏剧知识问答竞赛,引导学生在台词解读、人物分析、冲突梳理、主题理解等基础上,绘图概括传统戏剧与现代戏剧(或者中外戏剧)的特点与差异,完成戏剧知识结构的梳理;其后组织艺术节戏剧展演,帮助学生巩固本单元所学并进行实践。

三、学习目标

(1) 学生理解作品中蕴含的对社会现实的认识和对人生的深切关怀,把握作品的悲剧意蕴,激发同情他人、追求正义、坚守良知的情怀。(对应学科素养:语言建构与运用、文化传承与理解)

(2) 学生通过阅读鉴赏、编排演出等活动深入了解戏剧作品,欣赏设计冲突、构思情节、塑造人物的艺术手法,体会戏剧语言的动作性和个性化,深化对戏剧体裁的认识。(对应学科素养:语言建构与运用、审美鉴赏与创造)

(3) 学生把握本单元作品的个性与共性,初步认识传统戏剧和现代戏剧,理解悲剧作品的特征,感受不同作者独特的创作风格。(对应学科素养:语言建构与运用、审美鉴赏与创造)

(4) 学生通过撰写排演手记、观后感(剧评),总结对作品的感悟和对戏剧表演艺术的认识;以小组评价等方式交流学习心得与感受。(对应学科素养:语言

建构与运用、审美鉴赏与创造）

四、教学实施

本单元的教学任务设计见表1。

表1 教学任务

情境任务	经历"编""导""演""评"多阶段，参与学校戏剧节活动（知识竞赛、剧本创作、舞台表演）		
教学课时	教学目标	教学任务	任务分解
课时1~2	1. 了解《雷雨》的情节、人物关系等基本信息 2. 以文本细读为抓手，掌握台词（潜台词）分析方法 3. 以周朴园为分析对象，理解人物形象的丰富性 4. 形成戏剧展演评价（草表）	在班级范围内进行《雷雨》片段竞演，理解人物形象的丰富性	活动1　组建剧组，分配任务 要求：学生自由组合6~7人剧组，分配导演、编剧、道具、演员、评委等主要身份 活动2　阅读剧本，选择演出内容 1. 学习活动1：阅读《雷雨》，梳理人物关系 2. 学习活动2：提取时间和人物要素，梳理全剧情节 3. 学习活动3：提供情境，拟写剧本 活动3　改编剧本，舞台首秀 要求：在不改变人物关系与主要情节发展的情况下将《雷雨》改编为适宜学生表演的剧本，简单排演后进行班级初演 活动4　比较不同，理解人物 要求：比较学生版、20世纪50年代人艺（北京人民艺术剧院）版、教材中剧本节选对周朴园的不同刻画，完成体现周朴园形象多样性的思维导图 1. 学习活动1："身临其境" 2. 学习活动2："无中生有"剧本讨论会（22分钟） 3. 学习活动3："你说我说"剧本修改补充活动，真切再现人物形象（5分钟） 活动5　修改剧本，正式演出 活动6　设计量表，评价打分
课时3~4	1. 了解《哈姆莱特》情节、人物关系，西方戏剧的基本信息等	阅读《哈姆莱特》，抓住独白，分析人物心理	活动1　阅读剧本，选择片段 要求：绘制人物关系及故事情节图，选定配音段落 活动2　抓住独白，分析人物 要求：小组讨论后绘制哈姆莱特性格思维导图

(续表)

教学课时	教学目标	教学任务	任务分解
课时3~4	2. 结合人物语言（哈姆莱特独白），分析人物心理 3. 通过制作诵读脚本，品味人物诗化语言	阅读《哈姆莱特》，抓住独白，分析人物心理	活动3 制作脚本，体会语言 要求：制作朗诵脚本，注意莎士比亚诗化的语言 活动4 配音朗诵，评价打分 要求：将配音朗诵作品上传至学习平台，学生之间打分评价，修订评价量表 活动5 学以致用，修改剧本 要求：为《雷雨》（节选）添加一段周朴园/鲁侍萍的独白
课时5~6	1. 了解《窦娥冤》情节、人物关系，中国戏剧的基本信息等 2. 理解"悲剧性" 3. 理解悲剧命运的深层原因 4. 全面看待悲剧作品的情感价值和思想认识价值	"悲剧的价值"阅读体验分享会	活动1 阅读剧本，梳理冲突 要求：绘制人物关系及故事情节图、矛盾冲突卡 活动2 填写表格，探究"被毁灭的" 要求：在研读课文的基础上，理解戏剧冲突，体会悲剧内涵，完成表格 活动3 再读剧本，扩充表格 要求：复习《雷雨》（节选）、《哈姆莱特》（节选），完成表格 活动4 查阅资料，理解"悲剧" 要求：查找网络资料，整理古今中外对"悲剧性"的认识，制作思维导图 活动5 扩展阅读，分析体验 要求：阅读或观看一部完整悲剧（教材内容也可），以"将人生的有价值的东西毁灭给人看"为主题进行阅读体验分享，并上传至学习平台 活动6 根据体验，修订量表 要求：对评价量表（主题）的一部分进行修改完善
课时7	戏剧知识结构化	戏剧知识问答竞赛	活动1 回顾单元，梳理知识 要求：回顾随堂知识，制作戏剧知识结构图（初稿） 活动2 查找资料，完善结构 要求：通过网络搜集信息，对戏剧知识结构再修正 活动3 对比归纳，绘图表示 要求：在台词解读、人物分析、冲突梳理、主题理解等基础上，绘图概括传统戏剧与现代戏剧（或者中外戏剧）的特点与差异 活动4 戏剧知识校级竞赛

(续表)

教学课时	教学目标	教学任务	任务分解
课时 8~9	巩固单元所学，并进行实践	艺术节戏剧展演	活动 1　总结单元，修订量表 要求：回顾单元所学，修订戏剧展演评价量表 活动 2　班级评选，选出剧本 要求：修改/创作剧本，根据量表，评选班级最佳编剧奖 活动 3　排演准备，校级展示 要求：组建班级/年级剧组，准备排演，进行学校艺术节戏剧专场展演；根据评价量表，评选最佳男女主角、最佳编剧、最佳导演等奖项

五、教学评价

本单元的教学评价内容见表 2。

表 2　教学评价

评价要素	具体内容
评价维度	兴趣态度、表达表现、经验归纳、创新意识
评价指标	1. 能积极参与各项任务 2. 能在课堂内外主动思考、积极交流 3. 能根据戏剧特点，运用剧本细读、比较阅读、观看演出等方法自主欣赏中外戏剧，并形成良好的阅读、观演习惯 4. 能针对剧本或探究的问题分享经验
评价方法	自评、互评；观察、展示、运用、参与、检测
赋值方法	1. 按照班级竞演、配音、分享等活动结果进行赋分，参与学校戏剧节活动为加分项，获奖者再加分 2. 根据以下四方面进行自评、互评：小组活动中担任的角色、活动中提供的资料质量、小组获得的评分、课堂交流的频次 3. 每学期举办一次戏剧体验或评论分享会 从感知、理解、体悟三个层面划分及格、良好、优秀三个等级。 及格：能说出大意或主题； 良好：能结合具体字词分析并领会文本构思、语言和手法方面的特色与技巧； 优秀：能立足文本信息，融入自己的情感喜好，生成个性化的观剧感悟

六、单元作业

(1) 改编或创作一份剧本(以小组为单位),随单元推进,不断修改,最后定稿上交。

(2) 完成一份戏剧评价量表(以小组为单位),随单元推进,不断修订,供戏剧评价使用。

(3) 完成一份戏剧观看体验总结或戏剧阅读评价。

七、教学资源

(一) 视频材料

昆剧《窦娥冤》(徐云秀版)、话剧《雷雨》(濮存昕版、北京人艺 1999 年版、北京人艺 1954 年版)、话剧《哈姆莱特》(焦晃版)。

(二) 拓展阅读

关汉卿《窦娥冤》、曹禺《雷雨》、莎士比亚《哈姆莱特》的全本。

《确认真正的我》单元教学规划

单元名称：确认真正的我

所在学科：语文

授课年级：高二

设计教师：陈洪典、王振宁

第一部分 背景分析

一、课标分析

本单元选取的是外国戏剧和诗歌经典作品,与语文选择性必修教材(上册)的外国小说单元共同构成"外国作家作品研习"任务群,也是一般意义上"文学阅读与写作"任务群的组成部分。本单元皆选择外国作品,与"跨文化专题探讨"任务群有所关联,其中《玩偶之家》(节选)的学习与"整本书阅读与探讨"任务群有交集。"外国作家作品研习"任务群旨在引导学生研习外国文学名著名篇,了解其他国家和民族在不同时期的社会文化面貌,感受人类精神世界的丰富,培养阅读外国经典作品的兴趣和开放的文化心态。

二、教材分析

《玩偶之家》是挪威剧作家易卜生最负盛名的作品之一。1879年《玩偶之家》的首演,曾经给欧洲社会带来如同暴风雨一般猛烈的震撼,因为这部剧作尖锐地提出了家庭中妇女地位的问题,给当时欧洲保守而伪善的社会道德一记响亮的耳光,由此它也成为欧洲批判现实主义戏剧的经典。课文节选的第三幕是全剧的高潮,同时也是结局部分。阅读时,注意抓住人物言行前后的变化,分析娜拉和海尔茂这两个人物的性格,理解他们之间矛盾冲突的本质,从而把握作品的思想意蕴。可以结合当时的时代背景,与同学讨论娜拉出走的社会意义。

四首外国诗歌,分别是歌德的《迷娘曲》、普希金的《致大海》、惠特曼的《自己之歌》和特朗斯特罗姆的《树和天空》,各自有其独特的魅力。《迷娘曲》一诗运用众多意象,构建了一个迷离而又优美、令人神往的境界。应反复朗读,感受诗歌回环往复的声韵之美,体会其浓郁的抒情氛围。《致大海》是普希金的代表作,它表达了诗人渴望自由、追求进步、反抗沙皇专制的情绪和愿望。阅读时应把握大海这一具有浓郁浪漫气质、象征叛逆者的意象,体会普希金的反抗意志。选自《草叶集》的《自己之歌》描绘了这样一幅景象:人和大自然的万事万物一样生长在伊甸园中,而这座伊甸园的主人便是亚当——成千上万开辟新大陆的美国人。《自己之歌》充分展现了惠特曼诗歌意境开阔、气魄宏大的特点,有一种质朴而明朗的力量。阅读时应把握诗歌中诸多被作者赋予诗意的自然事物。特朗斯特罗姆的《树和天空》用颠覆性的语言给我们带来了一种陌生化的阅读感受。这首诗歌写得非常朦胧含蓄，有中国古典诗歌的意蕴，语言简洁凝练，意象奇特，诗歌意义指向多元。阅读时应运用想象，尝试进入诗歌所创造的奇异的境界。

三、学情分析

通过必修阶段(诗歌、小说单元，中外戏剧单元)"文学阅读与写作"等任务群的实施，学生对于各种体裁、风格的文学作品，已经积累了一定的经验和认识。本单元对外国作品的研习应该在这一既有基础上进一步提升。

通过必修教材上册"整本书阅读与探讨"任务群的实施，学生已建构了一定的整本书的阅读经验与方法，能够运用这些经验与方法，利用课内外时间自主阅读与思考。对于本单元中的戏剧作品应该在阅读整本书的基础上，展开对节选部分的深度探讨。

在戏剧部分，学生对易卜生《玩偶之家》问世时的社会背景与当时的社会观念缺乏了解、对作品上演及进入中国后的影响比较陌生，在深度研习上有一定的困难；部分学生文本细读习惯与能力相对薄弱，这对挖掘、解读人物出走的原因有影响。

在诗歌部分，学生对歌德、普希金、惠特曼、特朗斯特罗姆四位诗人的生平经历、创作追求、诗歌风格缺乏了解，缺乏阅读其诗歌作品的经验；对与作品有关的信息也知之甚少，必然影响到对诗歌情感、思想与艺术内涵的把握。

第二部分 单元规划

一、单元主题

不同民族文学的共同话题和文化差异。

二、课程内容

本单元课程内容主要围绕外国戏剧和诗歌经典作品,选择《玩偶之家》《迷娘曲》《致大海》《自己之歌》《树和天空》这几部经典作品作为学习材料。

三、学习目标

(1) 学生理解作品的内涵,领会多样的文化观念,尝试探讨作品所反映的社会文化差异,感受人类精神世界的丰富,培养核心素养"文化的理解与传承"。

(2) 学生把握戏剧矛盾冲突,体会对话在推动情节、塑造形象、揭示主题等方面的作用;通过诵读感受诗歌的氛围,体会意象和隐喻,探究作品的思想和审美意蕴,培养核心素养"审美鉴赏与创造"。

(3) 学生综合运用文本细读、比较阅读等多种阅读方法,自主欣赏外国诗歌作品;通过对"社会问题剧"这一戏剧样式的探究,初步认识文学的社会意义,培养核心素养"思维的发展与提升""语言的建构与运用"。

四、教学实施

本单元的课时为9课时,具体课时活动设计见表1。

表1 课时活动设计

课时	目标	问题	活动设计	活动要求
1~2 分析《玩偶之家》的人物与矛盾	1. 了解全剧的主要情节及每幕的情节推进;	《玩偶之家》中最核心的矛盾冲突是什么	学生活动1:比较、评价人物关系,探讨对情	绘制人物关系图及故事情节图

(续表)

课时	目标	问题	活动设计	活动要求
1~2 分析《玩偶之家》的人物与矛盾	2. 了解剧中的人物关系及人物间的矛盾冲突	《玩偶之家》中最核心的矛盾冲突是什么	节推进影响最大的人物	
			学生活动2：比较、评价每幕小标题，把握全剧的情节推进	给每幕拟定标题并说明理由
			学生活动3：梳理、分析第三幕中爆发和解决的矛盾冲突	根据情节梳理各种矛盾的走势
3 探究《玩偶之家》的主题与背景	深入理解该剧探讨的社会问题	娜拉和海尔茂之间有哪些矛盾冲突	学生活动1：探讨娜拉不想让海尔茂看信的原因	1. 摘录第一、二幕中娜拉的相关台词 2. 概括海尔茂眼中的娜拉形象
			学生活动2：朗读并分析第三幕中二人冲突部分的台词	1. 概括娜拉眼中的海尔茂形象 2. 摘录冲突后体现娜拉对海尔茂态度变化的台词
			学生活动3：梳理娜拉与海尔茂间存在的矛盾类型，并依重要程度排序	摘录原文台词中明确抛出的矛盾、问题
4 鉴赏《玩偶之家》的次要人物	通过文本细读，探讨次要人物的形象和作用	柯洛克斯泰、林丹夫人和阮克大夫在剧中有何作用	学生活动：探讨柯洛克斯泰、林丹夫人和阮克大夫在剧中有何作用	学生分组认领角色，讨论后交流

(续表)

课时	目标	问题	活动设计	活动要求
5 鉴赏娜拉人物形象	通过比较阅读分析娜拉人物形象，探究女性觉醒后将面临的困难和娜拉出走的意义	鲁迅认为娜拉出走后不是堕落就是回家，你同意吗	学生活动1：推想娜拉出走后的人生	1. 将娜拉与其他女性角色作比较，设想娜拉出走后的生活，尝试回答问题 2. 思考玛丝洛娃为何能在离开聂赫留朵夫后"复活"获得新生，娜拉具备这样的条件吗
			学生活动2：鉴赏娜拉的人物形象	1. 你认为第三幕中最能反映娜拉品质的台词是哪些？请为大家读一读并说说它们好在哪里 2. 总结娜拉的人物形象，用一个词描述心目中的娜拉
			学生活动3：思考"出走"的意义，如果出走是从专制家庭走向更不公平的社会，那么请思考娜拉的出走意义是什么？	1. 联系当时的社会环境，探究娜拉出走的象征意义 2. 在"移动校园平台"发表观点，并给其他回答进行评价
6 鉴赏海尔茂人物形象	1. 文本细读，深入理解海尔茂 2. 探讨海尔茂觉醒所需要的条件	海尔茂能否觉醒，让"奇迹中的奇迹"发生	学生活动1：归纳"爱"的真相	1. 朗读"奇迹中的奇迹"片段，分析人物的心理与态度 2. 分享预习作业"海尔茂日记"，阐述自己如此构思日记，认为奇迹可能/不可能发生的理由

(续表)

课时	目标	问题	活动设计	活动要求
6 鉴赏海尔茂人物形象	1. 文本细读,深入理解海尔茂 2. 探讨海尔茂觉醒所需要的条件	海尔茂能否觉醒,让"奇迹中的奇迹"发生	学生活动2: 探究"爱"的阻碍	课堂辩论"海尔茂是否可能觉醒,让奇迹发生"
			学生活动3: 推究"爱"的可能	依据课文细节推究让海尔茂觉醒的方法
7~8 品味四首外国诗歌的独特魅力	1. 自主了解作品背景,理解诗歌意蕴 2. 品味诗歌的独特风格,把握诗歌的意象与情感	诗人在诗歌里呈现了怎样的"我"	学生活动1: 学生分组介绍诗人,回答他组关于此诗背景或诗句的典型疑问	1. 小组讨论,为他组提供关于诗歌背景或诗句的疑问 2. 每组围绕一个问题,课后完成资料收集与整理
			学生活动2: 小组展示意象情感图,朗读片段,探讨意象组合与情感起伏的关系	小组两两合并,绘制表现两首诗的意象疏密与情感强弱的坐标图
			学生活动3: 小组改写并朗读诗作,体会两首诗不同体式带来的审美差异	小组两两合并,用一首诗的形式改写另一首诗的片段
9 发现、探究五篇作品的共同价值	1. 把握单元人文主题"确认真正的我" 2. 尝试运用诗歌形式进行主题写作	戏剧《玩偶之家》和四首诗歌为什么置于同一单元	学生活动1: 探讨五篇作品所涉及的共同主题,发现作品跨越国界的共同价值	到图书馆或网上检索五篇作品的翻译、引进的背景资料与国内影响,在此基础上展开思考
			学生活动2: 基于本单元所学,以"确认真正的我"为主题,为娜拉或自己创作一首小诗	须模仿四首诗歌其中之一的风格

五、教学评价

本单元教学评价内容见表 2。

表 2 教学评价

评价要素	具体内容
评价维度	兴趣态度、质疑意识、表达表现、经验归纳
评价指标	1. 能用文本细读、比较阅读等阅读方法自主欣赏外国文学作品,并有良好的阅读习惯 2. 能在课堂内外积极思考、交流 3. 能针对文本或探究问题撰写阅读感悟
评价方法	自评、互评;观察、问卷、展示、运用、检测
评价标准	1. 按照完成阅读的比例赋分,圈划、批注、摘录等为加分项 2. 根据以下四方面进行自评互评:交流的频次、交流时担任的角色、交流时提供的资料质量、听众的反馈 3. 从感知、理解、体悟三个层面划分及格、良好、优秀三个等级 及格:能说出大意或主题; 良好:能结合具体字词分析并领会文本构思、语言和手法方面的特色与技巧; 优秀:能立足文本信息,融入自己的情感喜好,生成个性化的阅读感悟

六、单元作业

通过任务驱动,综合检测学生对各文本内容、主题的了解程度,对不同民族文学的共同话题和文化差异的个性化思考,以及书面语言表达能力。具体的单元作业可分为四类。

(一) 长作业

课堂辩论:"海尔茂是否可能觉醒,让奇迹发生"。

(二) 情境作业

任务驱动型写作:如今很多女性幻想自己的伴侣英俊、富有、强势……在"宠爱"的"庇护"下,女性无须工作,可以在家清闲地享乐玩耍。这种依附于强势男性的恋爱观是否真的能给予女性真正的幸福?

(三) 合作作业

小组合作汇报四首诗歌的作者背景及作品特色。

(四) 探索性作业

(1) 读写结合：想象海尔茂在娜拉走后的生活，以其口吻向娜拉写一封请她回来的信。

(2) 现代诗写作：以心灵的自由为主题，以娜拉为对象，模仿四首诗歌其中之一的风格进行创作。

七、教学资源

(1) 同济大学第一附属中学移动校园平台。

(2) 拓展阅读：易卜生的《玩偶之家》(全本)、鲁迅的《娜拉走后怎样》《伤逝》、张爱玲的《沉香屑·第一炉香》、丁玲的《梦珂》、歌德的《威廉·迈斯特的漫游时代》、魏荒弩的《读普希金的〈致大海〉》和惠特曼的《草叶集·序》。

《在"异化"中体验世情、读懂人性》单元教学规划

单元名称：在"异化"中体验世情、读懂人性

所在学科：语文

授课年级：高二

设计教师：陈怡

第一部分　背景分析

一、课标分析

本单元属于《普通高中语文课程标准(2017 年版 2020 年修订)》中的"文学阅读与写作"学习任务群。这一任务群要求学生阅读优秀文学作品,使学生在感受形象、品味语言的过程中提升文学欣赏能力。①

二、教材分析

本单元对应统编版高中语文教材选择性必修下册第六单元,是小说单元,选入了《祝福》《林教头风雪山神庙》《装在套子里的人》《促织》《变形记》五篇小说。所选篇目涉及古今中外经典小说,类型多样,风格各异。如何进行单元统整,展开专题研究是值得深入探索的问题。

三、学情分析

在对本单元进行统一调整时,有些教师通过对小说的常用手法、人物塑造、语言运用等方面的研究,探寻不同风格小说的魅力,这样的做法值得借鉴。教师以此为抓手,进行本单元的专题研究,使学生学会了"小说阅读和写作"的基本技能,但是,学生仍然缺少文学素养的累积。《普通高中语文课程标准(2017 年版 2020 年修订)解读》指出:"文学的主要功能是帮助人们更好地认识社会、理解人生,丰富情感和审美体验。"②如果教师没有办法让学生主动地走进作者的世界,无法让学生真实地感受人物的喜怒哀乐,无法引导学生将文学阅读和现实生活与自我反思联系起来,就算学生熟练地掌握了知识技能,也不能真正落实核心素养的培养。

---

① 中华人民共和国教育部.普通高中语文课程标准(2017 年版 2020 年修订)[S].北京:人民教育出版社,2020.
② 王宁,巢宗祺.普通高中语文课程标准(2017 年版 2020 年修订)解读[M].北京:高等教育出版社,2020.

第二部分　单元规划

一、单元主题

在"异化"中体验世情、读懂人性。

二、课程内容

课程中所引篇目包括《促织》《林教头风雪山神庙》《装在套子里的人》《祝福》《变形记》。

三、学习目标

"文学阅读与写作"学习任务群的主要目标之一就是丰富学生的人生阅历和情感体验。本单元的单元提示中也明确提出："阅读这些小说，可以丰富人生体验，提升对社会现实观察、分析、判断的能力。"所以，本单元非常重要的一个统整任务是让学生在小说群文阅读中体验世情、读懂人性。

四、教学实施

虽然，五篇小说社会背景各不相同，要揭示的人性各异，若放在一个专题中，彼此之间缺少关联性。但是，在"异化"的背景下，五篇小说便有可能成为一个有机整体。人的"异化"不仅发生在《变形记》和《促织》从"人"到"虫"的转化中，在《装在套子里的人》《祝福》《林教头风雪山神庙》中，人的"异化"更耐人寻味。即便在现实生活中，"异化"的阴影也挥之不去。

在传统的教育教学中，学生更多触碰到的是那些身处逆境、绝境，却宁折不弯的伟大灵魂，受到那种明知不可为而为之的刚性精神的熏陶；然而，在现实生活中，当小人物们走投无路或者抗争无果时，他们往往是妥协、退让、无奈、压抑、扭曲的。是什么力量把"人"推向"非人"？他们又怎么会逐步失去自由、个性、尊严，甚至生存的权利？这是对"他们"的剖析，也是对"我们"的审视。

本专题在学生掌握基本知识技能的基础上,以"人的异化"为研究线索,结合本单元的五篇小说,顺藤摸瓜,促使学生步步深入,体验世情、探究人性。主要通过表1所示的环节落实。

表1 "异化"专题学习框架

学习环节	学习内容	学习文本
环节一 查阅、梳理	社会环境和身心状态	《促织》《林教头风雪山神庙》《装在套子里的人》《祝福》《变形记》
环节二 辨析、区分	异化的分层	
环节三 比较、分析	人性的回归与失落	
环节四 研读、探究	群体心理异化	
环节五 拓展、反思	人类普遍的生存状态	

1. 学习活动一:社会环境与身心状态初探

群文阅读《林教头风雪山神庙》《装在套子里的人》《祝福》《变形记》《促织》。组织讨论以下要求,并完成任务单(表2)。

(1) 查阅课外资料,梳理小说社会背景。
(2) 结合文本信息,归纳人物生存困境。
(3) 结合文本信息,归纳人物身心状态。
(4) 初探人格特质和社会环境之间的关联。

表2 "社会环境与身心状态初探"分析

人物	社会背景	生存困境	身心状态
格里高尔	示例: 卡夫卡所生活的捷克属于奥匈帝国; 奥匈帝国的生产方式日益资本主义化; 对外侵略扩张,对内奉行家长式的"大棒统治"	示例: 母亲——一直疼爱格里高尔的母亲对他万分恐惧; 父亲——曾经那么信任格里高尔的父亲,对他异常粗暴; 妹妹——曾经那么依赖格里高尔的妹妹,对他不理解; 协理——毫无怜悯,一味苛责	示例: 身体变身为甲虫,无法控制庞大笨重的身躯; 心理焦虑、绝望,想重新回到"人类圈子",竭力表达自己的善意和顺从;没有个体意识和自我意识;变形过程中,部分生命意识觉醒
别里科夫			
祥林嫂			

(续表)

人物	社会背景	生存困境	身心状态
林冲			
成名一家			

随着任务单的完成,学生对人物的身心状态和其所处的社会环境之间的关联有了初步的认识,但是这种认识比较模糊,缺少逻辑上的必然性、理解上的深刻性。

2. 学习活动二:对"异化"的分层解析

学生根据教师提供的关于人的"异化"的相关文献和理论知识,进行自学。结合五个主人公的不同困境和变化,对人的"异化"进行分层解析。组织讨论以下问题,并完成任务单(表3)。

(1) 什么是人的"异化"?

(2) "异化"在故事主角的身上如何体现?(注:《促织》一文中"异化"的对象是成名的儿子。)

(3) 对小说中人物的"异化"进行分层解析。

表3 "异化的分层"解析

人物	人的"异化"	分层解析
成名儿子	示例: 生死关头,成名的儿子魂化促织,解救了全家	层次一:在生死存亡之际,为了渡过难关,通过人的动物化觅得一线生机,通过压抑本性换得来日安稳
林冲	示例: 为了熬过生死危机,林冲化"狠"为"忍"	
格里高尔	示例: 在生活的重压下,格里高尔作为人的自由意志、自我意识渐渐丧失,人性沦为动物性	层次二:相对上面两位,格里高尔和祥林嫂面对的并非生死危机,而是精神危机、心理危机;基于心理困境而产生的"异化"更复杂、更深刻、更震撼人心
祥林嫂	示例: 在困顿的处境中,祥林嫂不断地失去作为人的基本尊严,而变成行尸走肉	
别里科夫	示例: 专制高压制度下,别里科夫产生奴性、变态人格	层次三:精神世界完全畸变、扭曲

"异化"作为一个哲学概念,是指主体在自身的发展过程中,由于自己的活动而生出自己的对立面,这个对立面作为一种异己的力量反过来反对主体自身。

人类一直都在追寻着自由,渴望成为一个自由幸福的人。然而,不合理制度的压抑、历史发展阶段的限制、对人的尊严的漠视等,都在阻碍着人类获得自由。简而言之,"异化"的人,不像人,被控制而不得自由。

在本单元的第一环节中,通过任务单对五篇小说的社会环境与身心状态方面进行了梳理。本环节在"异化"的背景下,把五篇小说作为一个有机整体作了进一步的研读。

3. 学习活动三:"人性"回归与失落

在研读的基础上,对《祝福》《变形记》《装在套子里的人》三篇小说中的主人公进行比较分析。组织讨论以下问题,并完成任务单(表4)。

(1) 面对绝境,小说中的人物都沉沦了吗?

(2) 面对绝境,"异化"是必然的吗?

表4 "人性的回归与失落"解析

人物	回归		结果
	抗争程度	表现形式	
祥林嫂	强	抗争命运	在众人鄙薄中,彻底麻木,走向死亡
格里高尔	中	自我觉醒	逐渐被家人厌弃,走向死亡
别里科夫	弱	追求爱情	在众人嘲笑中,完全封闭,走向死亡

虽然小说中的人物经历着不同程度的"异化",但是这并不代表他们没有抗争过。格里高尔变成甲虫后,自我意识反而渐渐复苏了,但是随着自我的觉醒,家人们逐渐远离了他,他无法让自己觉醒的意识消失,所以只能让自己的身体消亡;祥林嫂命运坎坷,她不断地与命运抗争,换得作为一个人的些许尊严,但是,无论她怎样抗争也无法获得任何人的真诚相待,最终彻底麻木,走向死亡;哪怕连别里科夫这种"病入膏肓"的"异化"者,当"生命之光"闪过时,他也是想抓住的。这就是"人性"。无奈"异己的力量"过于强大,抗衡不了,又承受不住,只能任由自身陷入更深的精神困境。这也是"人性"。

他们令人悲悯之处在于,他们在绝境中挣扎过、抗争过,但是无能为力,最终走向"非人"。我们都想当英雄,但是现实中的大多数人面对巨大的困境,虽有心抗争,但无力抗衡。"人的困境—人的挣扎—人的无力",不仅是他们的困境,更是我们的困境,是"人"的一种普遍困境。

4. 学习活动四:群体心理的"异化"

结合活动三表4中归纳的信息——"众人鄙薄""家人厌弃""众人嘲笑"等,

针对《祝福》《变形记》《装在套子里的人》，深入研读，思考以下问题，完成任务单（表5），找出真正"病入膏肓"的"异化"者。

(1) 格里高尔、别里科夫是否已经把"人的异化"演绎到了极致？

(2) 完全"异化"状态的人自知吗？会挣扎吗？会反抗吗？

(3) 真正可怕的"异化者"是谁？

表5 "群体心理异化"解析

篇目	其他"异化者"	"非人"行径
《祝福》	示例： 1. 鲁四老爷、四婶 2. 婆婆 3. 镇上的人们 4. 柳妈 5. "我"	示例： 只讲礼法、迷信，没有怜悯之心，剥夺他人生存机会； 不讲人权，把人当作货物买卖； 不讲人情，"消费"他人的痛苦； 用根深蒂固的封建迷信观念祸害他人； 貌似知书达理，但见死不救
《变形记》		
《装在套子里的人》		

三篇小说的主人公深受生活的折磨，从"人"走向"非人"，但是他们在"异化"的状态中，渴望着人性的"回归"。而围绕在主人公周围的那些人物才是"病入膏肓"的"异化"者。在祥林嫂周围都是一些被禁锢而不自知的灵魂——鲁四老爷、四婶只讲礼法、迷信，没有基本的怜悯之心；婆婆把祥林嫂当作货物一般买卖，觉得理所当然；镇上的人们"消费"着祥林嫂的痛苦，腻了之后，对祥林嫂仍然不能平等地对待；而被封建迷信思想深度浸润的柳妈更不遗余力地对祥林嫂逐渐僵死的灵魂雪上加霜；看似知书明理的"我"虽然不能算是深度"异化"者，却也不敢旗帜鲜明地站在众人的对立面，反而把祥林嫂引入歧途。总之，这些人在祥林嫂面前，有着莫名的优越感，灵魂扭曲而不自知，正是社会中麻木的"大多数"将于人生边缘挣扎着的灵魂推上了绝路。同样，由于周遭"异化"者的"共谋"，"塑造"了别里科夫这样的人物，所有的人都起了"推波助澜"的作用。这些人是否更应该批判？批判的最高境界应是走向更为广阔的悲悯，因为扭曲而麻木、不自觉，更可悲、更可怜。

5. 学习活动五：人类普遍的生存状态

"异化"是人类普遍的生存状态。在现代社会中，无论是群体或个体都会碰到不可战胜的自然或社会的压力。请结合前期的研究成果，进一步探究并交流现代社会中"环境对人的异化""个体自我的异化"等主题。

人类的困境是普遍的,而人性的弱点也是相似的。每个人都是人生迷途中的一员,无一例外。从这个意义上来说,格里高尔即"我","我"即格里高尔。

五、教学评价

1. 关于情境创设

在本专题设计中,教师较为关注任务情境、问题情境的创设。教师精心设计了一些核心任务,优化任务的"梯度",避免简单、烦琐的提问;尽量把语文学习的主动权交给学生,培养学生自己发现问题的能力。本课程预设有效的师生对话、生生对话;重视学生的自我探究,给予了学生更多的实践探索的机会。学生能够在知识、技能、体验的发生、发展过程中,自主探究,深度思考。

2. 关于专题统一调整

本专题以"人的异化"为研究线索,结合本单元的五篇小说,顺藤摸瓜,促使学生步步深入,体验世情、探究人性。但是,"体验世情""读懂人性"的前提是学生已经较好地掌握本单元基本知识技能,所以,本专题适用于对主题的深入探讨、拓展阶段。学生能够在本专题的五项学习活动的引领下,主动探索、相互探讨,较好地完成本单元的学习目标。

六、单元作业

研读本单元作品,注意主要情节的起伏和人物情感的变化,体会人物的生存境况,进而理解"异化"中寄寓的社会批判意味,比较人物异同,把握其各自的风格和特色。根据研读感悟,写一篇不少于800字的文章,题目自拟。

七、教学资源

[1] 孙绍振. 礼教的三重矛盾和悲剧的四层深度——《祝福》解读[J]. 语文学习,2008(10):51-55.

[2] 詹丹. 神秘情节中的因果逻辑——重读《促织》[J]. 语文学习,2016(7):55-59.

九、英语学科

《Places》单元教学规划

单元名称：Places（地点）

所在学科：英语

授课年级：高一

设计教师：陈雪

第一部分　背景分析

一、课标分析

《普通高中英语课程标准(2017年版2020年修订)》(简称《课标》)指出,"学科核心素养是学科育人价值的集中体现,是学生通过学科学习而逐步形成的正确价值观、必备品格和关键能力。英语学科核心素养主要包括语言能力、文化意识、思维品质和学习能力"。① 通过本单元的学习,高一学生应能达到本学段英语课程标准所设定的四项学科核心素养的发展目标(一级)。以核心素养为导向的大单元整体教学设计应该注重围绕整个单元的核心主题、合理整合教学内容,旨在提高学生的学习力、拓展学生的综合素养。

本单元主要介绍了中国和其他国家的一些具有代表性的城市以及其相关的文化。通过单元学习,旨在让学生达成的《课标》要求见表1。

表1　《课标》要求

板块	任务描述
Reading and interaction (阅读与互动)	1~9 能抓住语篇大意,获取主要信息 1~10 能基于所读内容进行推断、分析和概括
Grammar activity (语法活动)	1~11 能识别语篇为传递意义选用的语法结构
Listening and speaking (听和说)	1~1 能抓住所听语篇大意,获取主要事实 1~4 能简要描述经历,表达观点
Writing (写作)	1~11 能分析语篇的文体特征和衔接手段 1~13 能以书面形式简要描述自己的经历;能使用恰当的词汇和语法结构进行书面表达
Cultural focus (文化聚焦)	1~9 能通过阅读,抓住语篇的大意,获取其中的主要信息 1~12 能识别语篇直接陈述的社会文化现象 1~3 在听和观看视频的过程中,能结合画面,注意到图片、动画等传递的信息

---

① 中华人民共和国教育部. 普通高中英语课程标准(2017年版2020年修订)[S]. 北京:人民教育出版社,2020.

二、教材分析

沪教版的高中英语教材所呈现的高中知识结构呈上升的螺旋形,整个学习过程是循序渐进的:高一的内容注重学生的表层理解、高二的内容注重学生的深层理解、高三的内容则注重学生的创造性理解。教材必修第一册共有四个单元,单元名称分别为:Our World(我们的世界)、Places(地点)、Choices(选择)和 My Space(我的空间),其主题呈现由大到小、由世界到个人、由物质到精神逐渐演进的过程。

"Places"属于"人与社会"主题语境。单元内各语篇的详细分析见表2。

表 2　第二单元《Places》各语篇的内容与主题意义

语篇	主要内容	主题意义
Where history comes alive (Reading and interaction)	从不同角度介绍两座历史名城:中国的西安和意大利的佛罗伦萨	引导学生了解两座历史名城的"过去"与"现在"以及各自所承载的文化
The kindness of strangers (Grammar activity)	以过去将来时讲述"旅途中陌生人的善举"	鼓励学生通过描述他人的善举来建立正确的价值观
The kindness of strangers (Listening and speaking)	呈现"旅途中陌生人的善举"的第二部分,学会讲述自己曾经做过的善举	鼓励学生通过描述自己的善举来建立正确的价值观
Sarah's travel blog (Writing)	以博客的形式介绍一段新西兰之旅	鼓励学生去感受不同国家的历史和人文
What's in a name? (Cultural focus—Reading)	从三个维度介绍地名的特征或起源	鼓励学生去感受不同国家的文化特征
Nanning: a city in southern China (Cultural focus—Viewing)	从不同角度介绍中国南部城市南宁	引导学生感受祖国大好河山的壮美,增强民族自信

三、学情分析

本单元是沪教版高中英语教材必修第一册第二单元,经过一个月左右的学习,大部分学生已基本适应了高中英语的学习生活。对于一个优秀人才的培养,绝不能仅仅局限在学习成绩上,教师应该引导学生"走出教室"去了解不同国家的历史和人文,去感受祖国大好河山之美;在丰富知识、开阔眼界的同时,培养学生的民族自信、文化自信。

　　由于学生进入高中学习的时间尚短,学生的词汇量有限。在介绍两座世界名城时,应指导学生学会用于描述城市景观、历史和人文的词汇。同时,在读、听之后的说、写任务中,指导学生用所学的词汇合理、准确地表达自己的观点。另外,高一的新生还在建立"三观"的过程中,教师通过带领学生对主题语境感知领悟、鼓励学生合作交流,提升学生的思维品质、提高学生的学科素养,帮助学生逐渐树立正确的积极的人生观和价值观。

第二部分 单元规划

一、单元主题

Places(地点)。

二、课程内容

在对单元 2《Places》各语篇详细分析及深入研读,并对这一单元中各语篇的主题意义进行了整合后(表1),根据各语篇意义之间的关联,提炼出学生需要逐层建构的核心学习维度(图1):(1)认识、了解历史名城;(2)感受每个城市所承载的历史和人文;(3)热爱祖国大好河山、增强民族自信。在帮助学生构建核心学习维度的同时,操练学生的听、说、读、看、写等语言技能。

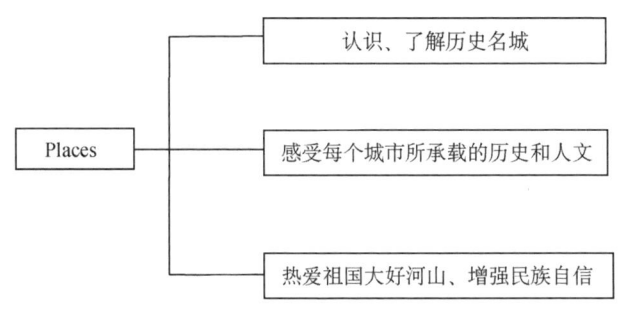

图1 单元内容整合关联图

三、学习目标

单元学习目标是育人价值的具体体现,因此在进行单元目标设计时,需要把长远的育人目标细化到整个单元的学习过程中,同时,在单元学习完成之后,教师需要聚焦学生基于本单元学习后所形成和表现出的学科核心素养。基于"饱览旅游名胜、了解中外文化异同、增强民族自信"的大单元主题,本单元学习目标设计见表3。

表3 单元教学目标

	单元整体学习目标	语篇及课时
认识、了解历史名城	从不同的角度了解两座历史名城：中国的西安、意大利的佛罗伦萨；初步掌握用于描写城市景观、历史、人文等的正确表达方式，并加以运用，如介绍一座中国的城市	*Where history comes alive*（Reading and interaction）3课时
感受每个城市所承载的历史和人文	在学习活动中能正确使用过去将来时	*The kindness of strangers*（Grammar activity）1课时
	分享、交流自己在旅途中帮助他人的经历和体验	*The kindness of strangers*（Listening and speaking）1课时
	学会写一篇旅游博客	*Sarah's travel blog*（Writing）1课时
	阐述不同国家给地方取名的方式和用途	*What's in a name?*（Cultural focus—Reading）1课时
热爱祖国大好河山、增强民族自信	从不同角度了解中国南方城市南宁，在饱览祖国大好河山的同时，增强民族自信心	*Nanning: a city in southern China*（Cultural focus—Viewing）1课时
核心素养培养目标		
语言能力	语言知识：学生在本单元的学习中掌握并运用描述城市景观、历史和人文的词汇和表达；掌握过去将来时的用法 语言技能：学生通过整个单元的学习，在创设的真实语境中，提升听、说、读、写的综合语言技能	
文化知识	文化知识：学习不同国家的历史、人文，通过分析比较，了解中外文化的异同 文化理解：通过学习中外文化的异同，深入了解、促进文化融合及交流 文化自信：通过感受祖国大好河山的壮美，增强文化自信和民族自信	
思维品质	在写作部分，能从不同角度描写他国的景观，分析、评价他国的人文、历史；通过比较中外的城市，抒发爱国情怀	
学习能力	学生通过评价量表进行总结和反思，通过个人学习及小组合作学习掌握学习策略，提升学习能力	

四、教学实施

本单元的教学活动设计见表 4 至表 11。

表 4 第一课时教学活动设计

第一课时	
教学目标	
单元教学目标	课时教学目标
通过带领学生学习中西方城市的建筑、历史、人文、习俗等,了解中西文化的异同;引导学生在领略祖国大好河山之壮美的同时,增强文化自信和民族自信	By the end of this class, students are expected to: • get a general idea of the main idea of the text; • identify the main features and importance of Xi'an and Florence; • grasp the basic strategies of introducing a city
教学重难点	
重点:学习了解西安和佛罗伦萨的建筑、历史、人文等,发现中西方文化的不同 难点:帮助学生熟悉一座城市的不同维度,引导学生掌握介绍一座城市的基本策略	

Stages(环节)	Learning Activities(学习活动)	Intentions(目标)
Pre-reading	Work in pairs. Answer the questions (1) Can you name the following famous cities? (2) List a must-see city you want to experience most and think of some elements you want to focus on when you travel to it. (food, scenery, museums, customs, history, nostalgic feeling, etc.) (3) Are the tourist attractions important in history? Why?	To arouse students' interest in the topic and activate students' prior knowledge about travel
While-reading	1. Scan the whole text and fill in the table | Tourist destination | Famous tourist attraction | Importance || |---|---|---|---| | | | Historical role | Current role | | | | | | | | | | | 2. Read the paragraphs about Xi'an and try to fill in the blanks with detailed information	1. To help students have a general idea of the importance of the two famous cities 2. To guide students to figure out the structure of the passage and get to know a city from different aspects

（续表）

Stages(环节)	Learning Activities(学习活动)	Intentions(目标)
While-reading	<table><tr><td></td><td>Xi'an</td><td>Chang'an</td></tr><tr><td>Figures</td><td></td><td></td></tr><tr><td>Status</td><td></td><td></td></tr><tr><td>Sites</td><td></td><td></td></tr><tr><td>Value</td><td></td><td></td></tr></table>(1) What contributions did the figures make to the city? (2) Why could Chang'an act as the connection? (3) How much do you know about The Belt and the Road? (4) What's the function of the walls? 3. Read the paragraphs about Florence and try to fill in the blanks with detailed information <table><tr><td></td><td>Florence</td></tr><tr><td>Figures</td><td></td></tr><tr><td>Status</td><td></td></tr><tr><td>Sites</td><td></td></tr><tr><td>Value</td><td></td></tr></table>(1) Why could Florence become the birthplace of Renaissance? (2) How do you understand "Historic sites are neighbours with fancy restaurants and high-end shops"? Can you give an example in Shanghai?	3. To lead students to make sense of the history and culture of two cities
Post-reading	1. Answer the question: In what aspects can we describe a city 2. If you are a tourist guide, introduce Xi'an or Florence with the help of the strategies you have learned in class	To consolidate students' knowledge about the way of introducing a city
Assignment	1. Listen to the recording of the text and read the text aloud at least twice 2. Collect some key information about a city you want to introduce based on the perspectives learned in class	1. To help students get familiar with vocabulary and text 2. To consolidate the key content students have learned in this class

表5　第二课时教学活动设计

第二课时	
教学目标	
单元教学目标	课时教学目标
通过带领学生学习中西方城市的建筑、历史、人文、习俗等,了解中西文化的异同;引导学生在领略祖国大好河山之壮美的同时,增强文化自信和民族自信	By the end of this class, students are expected to: • make a summary of the text based on the learning scaffold; • have a deep understanding of the text; • learn to analyze the function of figurative skills
教学重难点	
重点:学会运用比喻、拟人等手法介绍一座城市 难点:引导学生学会分析一座城市的历史影响力及现代影响力	

Stages(环节)	Learning Activities(学习活动)	Intentions(目标)
Pre-learning	Read the summary and fill in the blank with a suitable word based on the language of the passage	To help students review the text
While-learning	1. Ask students to think about the meaning of "a golden age of art and poetry" 2. Work in pairs. Talk about one's understanding of the quotes from the reading passage. Complete the table { Sentences in the passage / My understanding } • Today, Xi'an is a modern city, <u>at the heart of</u> China's Belt and Road Initiative. • Florence, one of the famous historic cities in Italy, is <u>the birthplace of</u> many amazing ideas and discoveries! • Florence's history <u>is alive with</u> the memory of a time when art, culture and science were being reborn. • In Florence today, you can experience <u>the old and the new</u>.	To guide students to focus on and learn the commonly used figurative language in English when introducing a city

(续表)

Stages(环节)	Learning Activities(学习活动)	Intentions(目标)
Post-learning	(1) Try to make a conclusion: Figurative skills can help us express ourselves vividly and help readers to paint a picture in their mind. (For reference) (2) Food for thought: ① In Florence, you can experience the old and the new, but is there any historic site in Xi'an which can enable you to experience the old and the new? (City walls) ② Play the video and ask students to reflect on whether there is any point protecting the ancient city walls in a modern city	1. To arouse students' reflection on why we learn to use figurative language 2. To encourage students to pay more attention to the importance of the cities in modern world
Assignment	Utilize figurative skills to polish the key information collected after the first period about a city you want to introduce	Learn to use figurative skills in real situations

表6 第三课时教学活动设计

第三课时	
教学目标	
单元教学目标	课时教学目标
通过带领学生学习中西方城市的建筑、历史、人文、习俗等,了解中西文化的异同;引导学生在领略祖国大好河山之壮美的同时,增强文化自信和民族自信	By the end of this class, students are expected to: • learn the collocations and usages of core words in the passage; • complete the accumulation of the vocabulary about "places"; • introduce a city in China to foreign friends appropriately.
教学重难点	
重点:掌握核心词汇的用法 难点:帮助学生运用核心词汇进行正确表达	

Stages(环节)	Learning Activities(学习活动)	Intentions(目标)
Pre-learning	Learning the following aspects of introducing a city City → Location, History, People, Food, Entertainment, Cityscape	To help the students' to review the strategies of introducing a city

（续表）

Stages(环节)	Learning Activities(学习活动)	Intentions(目标)
While-learning	1. Learn the following expressions in translation: ① There's no doubt that …; ② It is (was) … that …; ③ …, including …; ④ contribute to; ⑤ the basis of; ⑥ be amazed at; ⑦ originally; ⑧ remains 2. Share the collected information and decide several aspects (history, location, people, etc.) you want to cover in the introduction 3. Write the introduction of a city in China with the core words and expressions	1. To help students learn the collocations and usages of the core words in the passage with the help of some translation tasks 2. To encourage students to apply the expression learned in class into introducing a new city approximately
Post-learning	1. Improve the student's version with the language points which have been learnt 2. Share the introduction of a city in China with classmates	To apply what have been learned about the core words into practice
Assignment	1. Finish exercise 1 & 2 on page 29 2. Workbook: Translation part	To consolidate the usages of the core words

表7　第四课时教学活动设计

第四课时	
教学目标	
单元教学目标	课时教学目标
通过带领学生学习中西方城市的建筑、历史、人文、习俗等，了解中西文化的异同；引导学生在领略祖国大好河山之壮美的同时，增强文化自信和民族自信	By the end of this class, students are expected to: • increase grammatical awareness of the future in the past; • identify accurately the use of the future in the past in the two passages; • use the future in the past correctly in the semi-communicative context

(续表)

教学重难点		
重点:理解过去将来时的语法规则,并能准确识别文本内的过去将来时		
难点:能够在交际语境中正确使用过去将来时		
Stages(环节)	Learning Activities(学习活动)	Intentions(目标)
Pre-learning	Recall some kind actions of strangers during your trips	To arouse students' interest in the topic and activate students' prior knowledge about kindness
While-learning	1. Read the story "the kindness of strangers" on page 30 and then answer the questions: ① What would Gina do this weekend? ② How would she reach the destination? ③ How long would the trip last? ④ Was this her first but trip on her own? ⑤ Why did Gina feel a bit nervous? ⑥ Who was the stranger? ⑦ Where did Gina meet the stranger? ⑧ How did the stranger respond to Gina's greeting? 2. Finish exercise 2 on page 31 and tell what happened to Gina 3. Make a conclusion on the tense of future in the past	1. To help students have a general idea of the passage 2. To guide students to figure out the features of the tense of future in the past
Post-learning	Work in groups: When you were a child, what did you think you would do in the future?	To consolidate students' knowledge about the tense of future in the past
Assignment	1. Workbook: Grammar part 2. Review what have been learnt in class and try to predict what would happen next in the story to show "Gina would remember this moment for the rest of her life" with your imagination	1. To consolidate the key content students have learned in this class 2. To pave the way for the next period

逆向设计：
普通高中新课程新教材实施国家级示范校落地规划行动的实践

表8　第五课时教学活动设计

第五课时	
教学目标	
单元教学目标	课时教学目标
通过带领学生学习中西方城市的建筑、历史、人文、习俗等，了解中西文化的异同；引导学生在领略祖国大好河山之壮美的同时，增强文化自信和民族自信	By the end of this class, students are expected to: • understand the story *An Act of Kindness from a Stranger* by listening carefully; • get specific information about the story by taking notes; • Describe their own experiences about "lending somebody a hand"
教学重难点	
重点：通过听，理解故事基本大意 难点：能够模仿听到的篇章的结构和运用恰当的语言，来讲述自己帮助他人的经历	
Stages(环节)	Learning Activities(学习活动)	Intentions(目标)
Pre-listening	1. Review part of Gina's story ① Where would Gina go? ② Why would she go there? ③ Where did she get off? ④ What happened to her? ⑤ How did she feel at that time? 2. Pair work： Study the picture and identify the city names (Hamilton，Ottawa and Toronto) for the locations A，B and C. And share reasons with deskmates	1. To help students recall key plots of Gina's story 2. To guide students to have some key information for the following listening task
While-listening	1. Place the events below in the order that they occurred a. Peter and Gina introduced themselves b. Peter returned something that Gina had left on the bus c. Peter and Gina got married d. Peter and Gina went to a cafe e. Gina's aunt came to pick her up at the bus station f. Peter lent his phone to Gina to make a call g. To thank Peter, Gina invited him to watch a basketball match with her 2. Listen again for details and complete the table	1. To help students have a general idea of the listening

（续表）

Stages(环节)	Learning Activities(学习活动)		Intentions(目标)
While-listening	The starting point: Peter and Gina started a conversation	(1) The bag: _____ (2) The mobile phone: _____ (3) The destination: _____	2. To guide students to figure out some specific information of the listening
	The development: Peter and Gina got to know each other better and became friends	(4) About Toronto: _____ (5) About sports: _____ (6) About a match: _____	
	The happy ending: They were happy together ever after	(7) Location: _____ (8) Situation: _____	
Post-listening	1. What necessary elements does a story have? A story should include beginning part, body (development) part and the ending (what, who, where, why, how, when) 2. Work in groups: (1) Tell a story with the topic of "Lending somebody a hand"; (2) Assess peers' works with the help of the checklist 		Excellent	Good	Average	Needs improvement
---	---	---	---	---
Necessary elements				
Adequate information				
Vivid description				
No grammatical mistakes							To encourage students' own experiences of helping others

(续表)

Stages(环节)	Learning Activities(学习活动)	Intentions(目标)
Assignment	1. Workbook：Listening part 2. Polish student's own stories with the help of the checklist	To consolidate how to tell an attractive story

表9　第六课时教学活动设计

第六课时		
教学目标		
单元教学目标		课时教学目标
通过带领学生学习中西方城市的建筑、历史、人文、习俗等,了解中西文化的异同;引导学生在领略祖国大好河山之壮美的同时,增强文化自信和民族自信		By the end of this class, students are expected to: • analyze the sample writing in terms of content, language and editing; • Write a short blog about a trip in the appropriate language and format
教学重难点		
重点:通过范文的学习,基本掌握博客的写作特点 难点:能够将学到的关于博客的语言、内容和格式正确地运用到自己的写作中去		
Stages(环节)	Learning Activities(学习活动)	Intentions(目标)
Pre-writing	1. Answer the question：What is a blog? 2. Read Sarah's travel blog and try to draw a mind map Sarah's travel blog → Experience → Location / History Sarah's travel blog → Destination → Local life / Scenery Sarah's travel blog → ? → ? / ? Sarah's travel blog → ? → ? / ? 3. Analyze the features of the blog and fill in the table	1. To help students get a general idea of Sarah's travel blog

(续表)

Stages(环节)	Learning Activities(学习活动)			Intentions(目标)
Pre-writing	Aspects of writing	Guiding questions	My exploration	2. To help students identify the key language features of a travel blog
	Content	• When and where did the writer take this trip? • What did the writer see there? • What did the writer do there?		
	Language	• What language does the writer use to describe what she saw there and how she felt? • What tense does the writer use to describe her experience?		
	Editing	Where does the writer put the date?		
While-writing	Write your own travel blog			To encourage students apply what they have learned in the sample writing into practice and write their own travel blog
Post-writing	Group discussion: Read one student's article in the group and make comments according to the checklist			To help students to polish their draft and also to encourage students' evaluation

Post-writing checklist:

	Excellent	Good	Average	Needs improvement
Sufficient information				
No spelling and grammatical mistakes				
Vivid description				
Correct tense				
Correct format				

(续表)

Stages(环节)	Learning Activities(学习活动)	Intentions(目标)
Assignment	Polish student's own travel blog with the help of the table on page 35	To consolidate how to write a travel blog and improve their writing in terms of content, language and format

表10 第七课时教学活动设计

第七课时	
教学目标	
单元教学目标	课时教学目标
通过带领学生学习中西方城市的建筑、历史、人文、习俗等，了解中西文化的异同；引导学生在领略祖国大好河山之壮美的同时，增强文化自信和民族自信	By the end of this class, students are expected to: • understand the meanings of place names introduced in the passage; • explain the meanings of place names they are familiar with
教学重难点	
重点：通过阅读，知晓"命名"的目的和方法 难点：能够运用学到的知识，学会在真实场景中给建筑"命名"	

Stages(环节)	Learning Activities(学习活动)	Intentions(目标)
Pre-reading	1. Share the meaning of your name in a group 2. Read the paragraph in page 36 and discuss about the quotation of Plato	To arouse students' interest in the topic and activate students' prior knowledge about naming
While-reading	**1. Jigsaw reading** Group A: Read paragraph 2 (lines 10~22) and finish worksheet about the first four places Group B: Read paragraph 3 (lines 23~32) and finish worksheet about the last four places Work in groups and share the information in dialogue and fill in the table in page 36 **Dialogue Pattern** A: Do you know the meaning of .../What's the meaing of .../Can you tell me the origins of ... B: Yes! It means .../It describes .../It is related to .../It shows that ...	To guide students to understand the ways and functions of naming

(续表)

Stages(环节)	Learning Activities(学习活动)	Intentions(目标)
While-reading	2. Name classification: Classify the names based on the similarities 	Murwillumbah	Bougainville	 	Nambucca	Arnhem Land	 	Bondi Beach	Melbourne	 	Uluru	Waterloo	 3. Further exploration Besides the two ways of naming in the passage, is there any other ways of naming according to your own experience?	To guide students to understand the ways and functions of naming
Post-reading	Work in groups and give a name of the main path in our school Instructions: The path should be named after its physical features, history, warnings, etc. Present your convincing reasons for the name Language assistance: • It's named after … • The name comes from a legend • So people renamed the place … to remember … • The name tells us many things about this place	To encourage students apply what they have learned in class into practice
Assignment	Search for meanings and origins of two of the following names: your school, the road/street where your school is located, a building near your school/home, any other names you're interested in	To consolidate the key ways of naming a place

表 11　第八课时教学活动设计

第八课时	
教学目标	
单元教学目标	课时教学目标
通过带领学生学习中西方城市的建筑、历史、人文、习俗等,了解中西文化的异同;引导学生在领略祖国大好河山之壮美的同时,增强文化自信和民族自信	By the end of this class, students are expected to: • describe geographical characteristics of Nanning; • understand some of the vocabulary relating to natural resources and geographical features

逆向设计：
普通高中新课程新教材实施国家级示范校落地规划行动的实践

(续表)

教学重难点		
重点：学会描述南宁的地貌特征，在感受祖国之美的同时，增强民族自信		
难点：能基本掌握描写地貌特征的词汇，并能在真实场景中运用		
Stages(环节)	Learning Activities(学习活动)	Intentions(目标)
Pre-viewing	1. Guess where it is based on the picture shown on screen 2. Ask the questions： • Which cities have been centres of trade in southern China? Name some • Which city would you like to travel to? Why?	To arouse students' interest in the topic and activate students' prior knowledge about city
While-viewing	1. Silent viewing Watch the video in the silent mode and make predictions on the topic of the video 2. Extensive viewing Watch the video for the second time but in the normal mode and finish the mind map according to the notes taken during the viewing. Nanning 3. Intensive viewing (1) Watch the video in the normal mode again (2) Improve the mind map about Nanning (3) Correct the factual errors in the sentences • Nanning played host to the China-ASEAN Expo before 2004 • Nanning is regarded as the greenest city in China • The villages are reinventing themselves as hotbeds of urban tourism • Efforts are being made to explore the virgin forest which is filled with wildlife • Despite their enormous scale and the difficulty of access, many of the vast underground networks have been mapped	1. To guide students to focus on what is presented in the video 2. To guide students to focus on the specific information about Nanning 3. To inspire students to introduce the features of Nanning based on the improved mind map
Post-viewing	Work in groups Imagine you are choosing a city to host the next World Expo. Decide on the city and give your reasons	1. To deepen students' understanding of how to introducing a city

(续表)

Stages(环节)	Learning Activities(学习活动)	Intentions(目标)
Post-viewing	1. Make a list of three to five cities that you think could host the next World Expo 2. Discuss the advantages and disadvantages of each city and make a decision 3. Draw a picture of the city. Write some captions to introduce it 4. Present your choice to the class	2. To raise students' sense of patriotic duty
Assignment	Introduce the features of the natural resources in Nanning	To consolidate the key content students have learned in this class

五、教学评价

本单元教学评价表见表12。

表 12　教学评价表

Checklist （评价内容）	Excellent （优秀）	Good （良好）	Average （一般）	Needs improvement （需要努力）
Reading and interaction • I can identify the main features of Xi'an and Florence • I can identify the meaning of common expressions used in the passage • I can introduce a city in China to foreign friends using appropriate language				
Grammar activity • I can recognize different structures for talking about the future in the past in the passage • I can use the structures correctly if the context is clear				
Listening and speaking • I can understand the story between Peter and Gina • I can tell a story about acts of kindness in life with suitable words and expressions				

（续表）

Checklist （评价内容）	Excellent （优秀）	Good （良好）	Average （一般）	Needs improvement （需要努力）
Writing • I can analyse the content and the features of language in the sample blog • I can write about a place using appropriate language and format				
Cultural focus • I can explain the cultural meanings of at least three place names in the reading passage • I can introduce the features of the natural resources in Naning				

六、单元作业

第一课时的作业见表13。

表 13　第一课时作业

	项目	目标	水平要求
阅读与互动	作业一： 听录音，读课文	通过朗读课文熟悉基础词汇与课文内容	A
	作业二： 根据在课堂上学到的观点，收集你想要介绍的城市的一些关键信息	通过信息的收集，基本掌握城市介绍的角度和方法	C

注：A:知道；B:理解；C:应用；D:综合。

第二课时的作业见表14。

表 14　第二课时作业

	项目	目标	水平要求
阅读与互动	利用比喻的手法来润色收集到的关键信息	能在真实语境中灵活运用比喻的手法介绍一座城市	C

注：A:知道；B:理解；C:应用；D:综合。

第三课时的作业见表15。

表 15　第三课时作业

	项目	目标	水平要求
阅读与互动	作业一： 完成第 29 页的练习 1 和 2	基本掌握核心词汇	C
	作业二： 完成练习册的翻译部分	巩固并熟练运用文本中的核心词汇	C

注：A:知道；B:理解；C:应用；D:综合。

第四课时的作业见表 16。

表 16　第四课时作业

	项目	目标	水平要求
语法活动	作业一： 完成练习册的语法板块	巩固课堂所学过去将来时的语法规则，并且能在真实语境中运用	C
	作业二： 运用想象力预测故事的结局	能够在交际语境中正确使用过去将来时	D

注：A:知道；B:理解；C:应用；D:综合。

第五课时的作业见表 17。

表 17　第五课时作业

	项目	目标	水平要求
听说	作业一： 完成练习册的听力板块	能够在真实语境中基本把握听力文本的大意及细节	B
	作业二： 在学习单的帮助下，讲述自己关于"助人为乐"的故事	在口语交际中，借助所学脚手架准确运用常用表达，能较完整地讲述自己的故事	D

注：A:知道；B:理解；C:应用；D:综合。

第六课时的作业见表 18。

表 18　第六课时作业

	项目	目标	水平要求
写作	润色作文	在写作评价量表的帮助下，能够运用核心词汇、采用合适的文体格式，准确地表达观点，完成旅行博客	C

注：A:知道；B:理解；C:应用；D:综合。

第七课时的作业见表 19。

表 19 第七课时作业

	项目	目标	水平要求
文化聚焦	搜索以下任意两个名字的含义和起源:你的学校,你学校所在的道路/街道,你学校/家附近的建筑物,任何你感兴趣的其他名字	基本掌握给建筑物命名的方式,并能够运用核心词汇进行正确表达,学会在真实场景中给建筑"命名"	D

注:A:知道;B:理解;C:应用;D:综合。

第八课时的作业见表 20。

表 20 第八课时作业

	项目	目标	水平要求
文化聚焦	介绍南宁市自然资源的特点	能基本掌握描写地貌特征的词汇,学会描述南宁的地貌特征,在感受祖国之美的同时,增强民族自信	C

注:A:知道;B:理解;C:应用;D:综合。

七、教学资源

(一)文献资源

[1] 中华人民共和国教育部. 普通高中英语课程标准(2017 年版 2020 年修订)[S]. 北京:人民教育出版社,2020.

[2] 普通高中教科书 英语 必修 第一册[M]. 上海:上海教育出版社,2022.

[3] 普通高中 英语 教学参考资料 必修 第一册[M]. 上海:上海教育出版社,2022.

[4] 普通高中教科书 英语 练习部分 必修 第一册[M]. 上海:上海教育出版社,2022.

(二)网络平台资源

相关教学平台和网站。

《Achievements》单元教学规划

单元名称： Achievements（成就）

所在学科： 英语

授课年级： 高一

设计教师： 张露

第一部分　背景分析

一、课标分析

本单元为沪教版英语教材必修第二册的第四单元,单元主题为 achievements(成就)。主题语境涵盖"人与自我"与"人与社会";主题内容包括探索生命的意义与价值、对社会有突出贡献的人物、社会进步与人类文明等。

二、教材分析

本单元探索了各个领域的不同成就。Reading and interaction 板块呈现了著名文学作品——海明威的《老人与海》选段,描绘了老人与鲨鱼之间的殊死搏斗;Grammar activity 板块介绍了中国著名科学家袁隆平与"敦煌女儿"樊锦诗的故事,强调的语法为不定式作状语的用法;在 Listening and speaking 板块,呈现了一段采访,四位受访者分享了他们眼中的伟大成就,学生就此发表自己对于不同领域杰出人士的看法;在 Writing 板块学生就 PE class(体育课)这一话题发表自己的想法,探索比赛的意义;Cultural focus 板块的阅读部分,首先呈现了三名大器晚成的成功人士的故事,随后在视频部分,介绍了三名青少年在乒乓球领域追寻他们梦想的故事。

三、学情分析

本单元授课对象为同济大学第一附属中学高一学生。学生在听、说、读、看、写各方面都已有了一定程度的锻炼。大多数学生针对一个具体问题均能给出一些观点和想法,但可能语言的组织能力和词汇量仍有限。学生对于成功、成就类的话题总体有话可说,基本可以做到言之有物。

第二部分　单元规划

一、单元主题

Achievements(成就)。

二、课程内容

本单元教学内容与学习任务如图1所示。

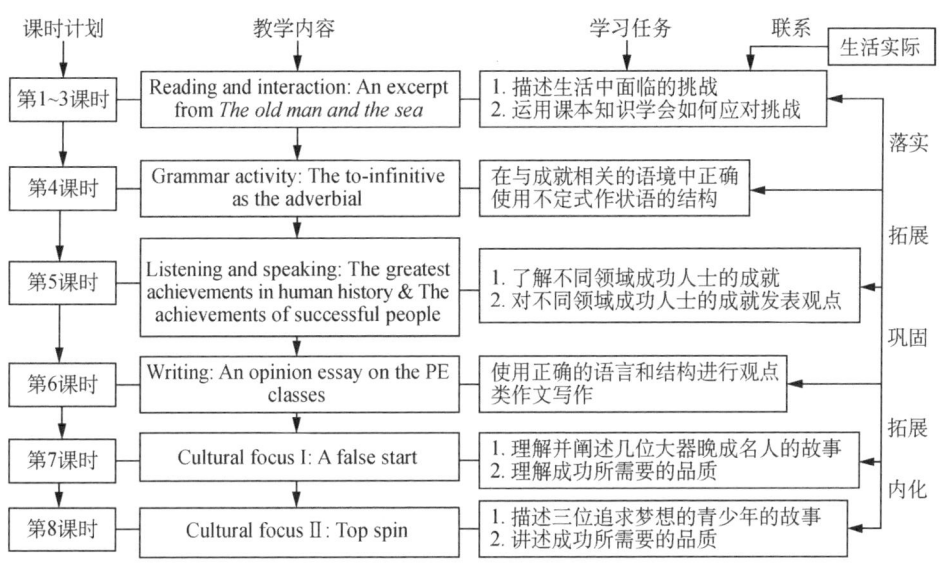

图1　教学内容与学习任务

三、学习目标

本单元的学习目标见表1。

表 1　学习目标

Sections(板块)	Objectives(目标)	Performance descriptors (表现评价)	Relevant core competence (相关核心素养)
Reading and interaction	Describe how to deal with challenges in life as reflected in the passage	能抓住语篇大意,获取主要信息； 能基于所读内容进行理解、分析和概括	语言能力 思维品质 学习能力
Grammar activity	Use the to-infinitive as the adverbial correctly in the communicative activity	能识别语篇为传递意义而选用的语法结构	语言能力 文化意识 学习能力
Listening and speaking	Talk about successful people in different fields	能抓住所听语篇大意,获取主要事实和观点； 能简要表达观点并举例说明	语言能力 文化意识 思维品质 学习能力
Writing	Write an opinion essay on the PE classes	能分析语篇的文体特征和语言特点； 能以书面形式简要表达个人观点并举例说明；能使用恰当的词汇和语法结构进行书面表达	语言能力 思维品质 学习能力
Cultural focus	Explain the meaning of success; Retell the stories of three table tennis players pursuing their dreams	能识别语篇中的社会现象和人们的价值观； 在听和观看视频的过程中,能结合画面注意到图片、动画等传递的信息	语言能力 文化意识 思维品质 学习能力

四、教学实施

第一课时教学设计

Reading and interaction Ⅰ: An excerpt from *The Old Man and the Sea*
Teaching Objectives(教学目标):
At the end of the lesson, students are expected to:
(1) gain the main idea of the story;
(2) make sense of the scenes in the story;
(3) explore the theme of the story.

Teaching Focus and difficulty(教学重难点)：

Help to make sense of the ups and downs in the story.

Teaching Procedures(教学过程)见表 2。

表 2　Teaching Procedures 1

Stages(环节)	Activities(活动)	Purposes(目的)
Pre-reading	Recall prior knowledge about Ernest Miller Hemingway Guiding questions： (1) What is an excerpt? (2) Have you ever heard of Hemingway and his works?	To stimulate students' prior knowledge and help them get ready for the class
	Interpret five quotes related to the definitions of success Guiding questions： (1) Which quote appeals to you the most? (2) Do you have your own definition of success?	To tune in the topic and arouse the students' interest
While-reading	Figure out the main character and the main plot by reading the introduction Guiding questions： (1) Who is the main character in the story? (2) What happens to the main character?	To help students grasp the key elements of the story
	Skim the text to find out the ending of the story and divide it into three parts Guiding questions： (1) Can the old man survive a shark attack? (2) Will he be able to fight off the bloodthirsty Shark? (3) What is the structure of the excerpt?	To help students have a clearer image of the structure of the story
	Locate the verbs used in describing the fight between the old man and the shark Guiding questions： (1) How did the shark attack the fish? (2) How did the old man fight the shark?	To help students appreciate the fight between the old man and the shark as well as gain a better perspective on the shark's violent and fierce image and the old man's image of being brave, decisive and determined

(续表)

Stages(环节)	Activities(活动)	Purposes(目的)
While-reading	Express understanding of dying process of the shark Guiding Question: How did the shark struggle after he died?	To help students appreciate the contrast between the violent image before the shark died and his quiet image after he died
	Scan the last part to interpret the theme of the story by focusing on the old man's thoughts after he killed the shark Guiding Questions: (1) How did the man feel after he killed the shark? (2) What did he mean by "I wish it had been a dream now and that I had never caught the fish"? (3) What do you think the old man meant by "A man can be destroyed but not defeated"?	To guide students to understand the theme of the story
Post-reading	Brainstorm the possible difficulties the old man might meet after the fight	To consolidate what students have learned today and to offer students chances to use their own languages to express ideas
Assignment	1. Listen to the audio recording of the text and read the text at least twice 2. Finish the comprehension work 1 & 2 on page 62 in the textbook 3. Retell the story	

第二课时教学设计

Reading and interaction Ⅱ: An excerpt from *The Old Man and the Sea* (Deep reading)

Teaching Objectives(教学目标):

At the end of the lesson, students are expected to:

(1) review the story by completing a summary of the story;

(2) further understand the story by reading between the lines;

(3) master the following words and phrases: likely, survive, wrap, keep... from..., as if/ though....

Teaching Focus and difficulty(教学重难点):
Help students to further understand the story by reading between the lines.
Teaching Procedures(教学过程)见表 3。

表 3 Teaching Procedures 2

Stages(环节)	Activities(活动)	Purposes(目的)
Mastering Language points	Translate three sentences using "likely" as the key word in two different patterns	To help students be able to use "likely" in two different patterns
	Correct a sentence and translate a sentence using "survive" as the key word	To help students use "survive" correctly
	Practice using "keep … from …" by completing a sentence	To help students know how to use "keep … from …" in a sentence
	Practice translating two sentences using "as if/though …"	To help students know how to use "as if/though …"
Deep Reading	Check the answers of the summary of the excerpt and appreciate the ups and downs of its plot	To help students review the main content of the story and appreciate the feature of the plot
	Express interpretations of the hidden meanings of the given sentences (1) The old man knew that he was dead but the shark would not accept it. Guiding question: What does "it" refer to? Why does Hemingway use "would" when he talks about the shark? (2) … my fish bleeds again and there will be others. Guiding question: What is the relationship between "my fish bleeds again" and "there will be others"? (3) But man is not made for defeat. Guiding questions: What does it say about the old man's attitude towards life? What does it say about humanity in general? (4) But I was more intelligent than he was. Perhaps not, he thought. Perhaps I was only better armed.	To help students appreciate the sentences simple in language but rich in meaning and deepen their understanding of the theme of the story

(续表)

Stages(环节)	Activities(活动)	Purposes(目的)
Deep Reading	Guiding questions: What did the old man mean by "perhaps not"? Do you agree that he won only because he was better armed?	To help students appreciate the sentences simple in language but rich in meaning and deepen their understanding of the theme of the story
Interaction	Find more sentences with rich meanings in the passage and share interpretations of them with others	To consolidate what students have learned and to offer students chances to use their own languages to express ideas
Assignment	1. Finish translation exercise 2. Add an ending to the story and explain your reasons	

第三课时教学设计

Reading and interaction Ⅲ: An excerpt from *The Old Man and the Sea* (Focus on language)

Teaching Objectives(教学目标):

At the end of the lesson, students are expected to:

(1) describe challenges in daily life and how to deal with them.

(2) be able to enlarge vocabulary with the help of word roots and word transformation.

Teaching Focus and difficulty(教学重难点):

Help students to describe challenges in daily life and how to deal with them.

Teaching Procedures(教学过程)见表4。

表4 Teaching Procedures 3

Stages(环节)	Activities(活动)	Purposes(目的)
Mini-project	Have a discussion about challenges in life and how to deal with them by answering three questions Guiding questions: (1) Have you ever found yourself in a difficult situation? (2) How did you deal with it? (3) How did you feel about it?	To help students reflect on their previous challenges

(续表)

Stages(环节)	Activities(活动)	Purposes(目的)
Focus on language	Find other forms of the given words in the passage	To help students have a taste of the role word roots play in giving the words core meanings
	Guess different meanings of the given words as a noun and as a verb with the help of sample sentences	To help students have a clearer understanding of word transformation
	Use the correct form of the words to complete the sentences	To help students apply the correct form of the words in a given context and deepen their understanding of word transformation
	Look up the given words in a dictionary and use the correct form of the words to complete the sentences	To consolidate their knowledge of word transformation and raise their awareness of making use of word transformation to enlarge their vocabulary.
Interaction	Go on discussing the mini-project and share experiences in class	To consolidate what students have learned and to offer students chances to use their own languages to express ideas
Assignment	1. Finish extended reading in the workbook 2. Complete a group research report	

第四课时教学设计

Grammar activity: The *to*-infinitive as the adverbial

Teaching Objectives(教学目标):

At the end of this class, students are expected to:

(1) describe challenges in daily life and how to deal with them.

(2) be able to enlarge vocabulary with the help of word roots and word transformation.

Teaching Focus and difficulty(教学重难点):

Help students describe challenges in daily life and how to deal with them.

Teaching Procedures(教学过程)见表 5。

表 5 Teaching Procedures 4

Stages(环节)	Activities(活动)	Purposes(目的)
Identifying	Look at two sample sentences where *to*-infinitives are used as adverbials to talk about purpose and result	To help students have a clear idea of how *to*-infinitives can be used to talk about purpose and result
	Read the passage and match *to*-infinitives 1~7 to grammar rules a, b. Then complete rule c	To consolidate students' understanding of the three rules of *to*-infinitive
Analyzing	Read the given passage and rewrite the numbered parts using *to*-infinitives of purpose or result	To further help students to acquire how to use *to*-infinitive to talk about purpose and result
Applying	Work in groups of four and guess what the group members did today and why they did that. Write down three descriptions. Use the *to*-infinitive form to express a result or purpose in each of the descriptions	To help students to use *to*-infinitive to talk about purpose or result in a communicative context
Interaction	Share findings of *to*-infinitive with classmates	To provide interaction opportunity for students
Assignment	1. Finish exercise B on page 43 & page 44 in the workbook 2. Finish the extended exercises provided by the teacher	

第五课时教学设计

Listening: The greatest achievements in human history

Speaking: The achievements of successful people

Teaching Objectives(教学目标):

At the end of this class, students are expected to:

(1) understand the four greatest achievements discussed in a radio programme;

(2) describe the achievements of successful people in different fields.

Teaching Focus and difficulty(教学重难点):

Help students describe successful people's achievements with the help of language guide.

Teaching Procedures(教学过程)见表 6。

表 6　Teaching Procedures 5

Stages(环节)	Activities(活动)	Purposes(目的)
Lead-in	Think of something related to achievements. Guess which of the items listed on the textbook may be mentioned by the speakers	1. To stimulate prior knowledge 2. To arouse students' curiosity and interest of "achievements"
Listening	Listen for the first time. Check the prediction before	To help students get the main idea of the listening activity
	Listen for the second time. Find out whether the statements on the textbook are true of false	To help students develop a strategy for accurately identifying specific details in a listening activity
	Listen for the third time. Complete the table on the textbook which is full of specific information	To help students successfully identify detailed information with the help of some note-taking skills
Speaking	Play the "guess who" game after watching the teacher's demo	To scaffold students' expressions before they take part in the later description activity
	Describe the achievements of the successful people in different fields	To help students improve fluency in speaking through a description activity
Assignment	1. Finish Exercise C on page 45~46 in the workbook 2. Recall a video, sharing the description of the successful person and his/her achievements 3. Make a poster about the successful people you'd like to share	

第六课时教学设计

Writing: An opinion essay on PE classes.

Teaching Objectives(教学目标):

At the end of this class, students are expected to:

(1) analyze the sample writing in terms of content, language and editing;

(2) write an opinion essay on the topic of "having one more PE class every day" for the school newspaper using appropriate language.

Teaching Focus and difficulty(教学重难点):

Help students write their own opinion essays using reasonable arguments and appropriate languages.

Teaching Procedures(教学过程)见表 7。

表 7　Teaching Procedures 6

Stages(环节)	Activities(活动)	Purposes(目的)
Lead-in	Get to know the task today	To arouse students' interest of writing an opinion essay
Sample writing analysis	Read the sample writing. Find out the author's opinion and choose the right conclusion	To help students get the gist and the author's opinion of the sample writing
	Complete a table after analyzing the content, language and editing parts of the sample writing	To help students further understand how to write an opinion essay in terms of content, language and editing
	Have a brief review of all the elements of writing an opinion essay	To help students summarize the elements of writing an opinion essay
Essay writing	Brainstorm ideas of the topic "Should students have one more PE class every day?" as many as possible	To help students prepare for today's writing task
	Delete some ideas that are: (1) not closely related to the topic today; (2) not the most interesting ones; (3) not supported by sufficient examples	To help students clarify and arrange the most suitable arguments
	Write an opinion essay, using the arguments students think of before with the help of the structure that the teacher offers	To help students structure their opinion essays
Interaction	Check the opinion essay and the peers' work with the help of a checklist that the teacher offers	To provide students with opportunities of polishing and peer review
Assignments	Polish your writing with the help of the checklist	

第七课时教学设计

Cultural focus Ⅰ: A false start

Teaching Objectives(教学目标):

At the end of this class, students are expected to:

(1) retell at least two stories about people who have achieved success but started out as failures;

(2) find out the factors for achieving success;

(3) share success stories in real life.

Teaching Focus and difficulty(教学重难点):

Help students share a success story with appropriate examples.

Teaching Procedures(教学过程)见表8。

表8 Teaching Procedures 7

Stages(环节)	Activities(活动)	Purposes(目的)
Warm-up	Think about two questions: (1) Who has had a big impact on our country? (2) Was it surprising that they were able to achieve what they did? Why or why not? Think about the factors that contribute to a person's success	To stimulate students' prior knowledge and the things that they are familiar with
Text reading	Scan the text and find out who the three people discussed in the text are	To help students get a general idea of the three people they are about to learn
	Analyze the title and guess whether the three people achieved success at the very beginning	To arouse students' interest and curiosity about why they started out as failures
	Find out three people's false starts and successful ends	To help students gain a clear understanding of the stories
	Summarize factors that contribute to success after reading the stories	To help students find out factors that contribute to success
Discussion	Share a success story. Students are required to: (1) define success; (2) use examples to show how they achieve success	To help students express their ideas clearly

(续表)

Stages(环节)	Activities(活动)	Purposes(目的)
Interaction	Share the success story with others	To provide students with more opportunities of expressing their ideas
Assignments	1. Retell at least two success stories of the people learned today 2. Finish Exercise D on page 48~49 in the workbook 3. Finish a research project about what makes a people successful	

第八课时教学设计

Cultural focus Ⅱ: Top spin

Teaching Objectives(教学目标):

At the end of this class, students are expected to:

(1) get the main idea of the video by grasping the key information in the viewing material;

(2) understand the three teenagers' stories about pursuing their dreams;

(3) find out the key traits of being successful.

Teaching Focus and difficulty(教学重难点):

Help to organize the role-play interview activity for students.

Teaching Procedures(教学过程)见表9。

表9　Teaching Procedures 8

Stages(环节)	Activities(活动)	Purposes(目的)
Pre-viewing	Observe the pictures captured in the video and guess what the video may cover. Guiding question: What will the video cover?	To introduce the topic and arouse students' curiosity
While-viewing	Watch the whole video for the first time and answer questions. Guiding questions: (1) Who are the three players? (2) What is the video talking about?	To get students to know the three characters in the video and get a general idea about the whole video
	Watch the first part of video and answer the question. Guiding question: What do they need to become champions?	To help students have a general idea of what contributes to champions

(续表)

Stages(环节)	Activities(活动)	Purposes(目的)
While-viewing	Watch the second part of video and answer the question. Guiding question: What sacrifice did they make respectively?	To help students learn more details about three teenage table tennis players' stories
	Watch the third part of video and answer the question. Guiding question: What other factors contribute to their success?	To help students to think about the key traits of being successful
Post-viewing	Watch the whole video and prepare for the mock interview	To help students to understand the video better and apply what they have learned in this class into practice
	Discuss in groups and present an interview with the help of an interview checklist. Instructions: (1) Make an interview. You need to: ① assign roles; ② take down notes when watching the video; ③ prepare for a mock interview. (2) Present the interview. You need to: ① introduce yourself first; ② ask at least three rounds of questions; ③ face the audience; ④ all use English; ⑤ use checklist to check your and others' performance	Help students to conduct self assessment and classmate assessment according to their own performance and classmates' performance
Assignments	Give a definition of success and share your own experience of being successful in the group	

五、教学评价

(一) 单元教学评价(多维评价)

单元教学评价表见表10。

表 10　单元教学评价表

Checklist	Me	My teacher	My classmate
Reading and interaction			
I can describe how the old man defeated the shark			
I can interpret the rich meanings expressed by the simple words used by Hemingway			
I can share my story about challenges in life			
Grammar activity			
I can identify the *to*-infinitive as the adverbial of result or purpose in the passage			
I can express a purpose or a result with a *to*-infinitive form			
Listening and speaking			
I can summarize the four achievements presented in the radio programme			
I can talk about successful people and describe their achievements			
Writing			
I can decide on the purpose of an opinion essay and select ideas before I start writing			
I can write about PE classes with enough arguments and examples			
Cultural focus			
I can retell the stories of success against all odds and comment on them in my own words			
I can retell the stories of three teenagers' achievements in table tennis			

评价方式：请根据表 10 的陈述，进行自评（me）、师评（my teacher）和互评（my classmate）。符合陈述请填写"√"，不符合请填写"×"。

(二) 其他评价量表

其他评价量表以第 8 课时为例，见表 11。

表 11 其他评价量表

Viewing assessment form: interview conducting		
Criteria	Self assessment	Classmate assessment
The interviewer raised proper questions		
The interviewer asked at least three rounds of questions		
The interviewees all answered their questions according to their roles		
The interviewer and interviewees used correct grammar and chose appropriate words		
The interviewer and interviewees spoke basically fluently		
I really liked the interview		

评价方式:请根据表 11 criteria(评价标准)的描述,进行自评(self assessment)和互评(classmate assessment)。符合陈述请填写"√",不符合请填写"×"。

六、单元作业

第一课时的作业见表 12。

表 12 第一课时作业

	项目	目标	水平要求
阅读与互动	作业一: 听录音,读课文	通过朗读和听课文内容,帮助学生熟悉课文与词汇	A
	作业二: 完成练习册 Vocabulary 部分	1. 通过词汇的复现,掌握其含义 2. 在语境中能够灵活运用所学词汇	A
	作业三: 文本复述	1. 把握文章的主旨大意和结构 2. 了解老人与鲨鱼搏斗的全过程	B

注:A:知道;B:理解;C:应用;D:综合。

第二课时的作业见表13。

表13　第二课时作业

	项目	目标	水平要求
阅读与互动	作业一： 完成练习册中 Translation 部分	巩固并熟练运用文本中的核心词汇	B
	作业二： 续写《老人与海》的故事	1. 把握文章的主旨大意和中心思想 2. 在真实语境中灵活运用文本所学词汇及结构完成口头表达	D

注：A：知道；B：理解；C：应用；D：综合。

第三课时的作业见表14。

表14　第三课时作业

	项目	目标	水平要求
阅读与互动	作业一： 拓展语篇阅读	了解相似主题的文章的基本结构及大意，扩大阅读量，提升学生阅读综合能力	C
	作业二： 小组调研报告	1. 促进生生互助与生生学习 2. 帮助学生在真实情境中应用所学知识 3. 从不同人的视角看待人生中的挑战与其带来的影响	D

注：A：知道；B：理解；C：应用；D：综合。

第四课时的作业见表15。

表15　第四课时作业

	项目	目标	水平要求
语法活动	作业一： 完成练习册中语法板块	巩固语法结构，熟练掌握语法规则，并且能在真实语境中运用	C
	作业二： 语法巩固	巩固语法结构，识别不定式作状语的形式	C

注：A：知道；B：理解；C：应用；D：综合。

第五课时的作业见表16。

表16　第五课时作业

	项目	目标	水平要求
听说	作业一： 完成练习册中听力板块	1. 熟悉和成就、成功主题有关的词汇 2. 训练真实语境中对听力文本大意及细节的捕捉能力	B
	作业二： 录制视频，讲述一个成功人士的成就	在口语交际中，准确运用常用表达，以表达观点，实现交际目的	C
	作业三： 海报制作（成功人士的成就）	1. 巩固课堂内的知识 2. 明确自己的观点，实现交际目的	D

注：A：知道；B：理解；C：应用；D：综合。

第六课时的作业见表17。

表17　第六课时作业

	项目	目标	水平要求
写作	作业： 使用评价量表修改作文	1. 在语言产出活动中正确运用核心词汇表达与交流 2. 在书面交际中，采用合适的文体格式，准确表达观点，以实现交际目的 3. 明确该文体的写作特征 4. 通过评价量表明确写作内容、语言等的正确表达	D

注：A：知道；B：理解；C：应用；D：综合。

第七课时的作业见表18。

表18　第七课时作业

	项目	目标	水平要求
文化聚焦	作业一： 复述课文涉及的至少两位名人的故事	1. 把握文章的主旨大意和结构 2. 理解三个大器晚成名人的成功故事	B

(续表)

	项目	目标	水平要求
文化聚焦	作业二： 阅读理解	把握文章的主旨大意和结构	B
	作业三： 研究项目	根据所学知识，对相关其他话题进行项目式学习，提升学生综合能力	C 或 D

注：A：知道；B：理解；C：应用；D：综合。

第八课时的作业见表19。

表19　第八课时作业

	项目	目标	水平要求
文化聚焦	作业： 分享个人成功经历，上传至微信班群	根据所学知识，对相关其他话题进行深度学习，提升学生综合能力，促进生生评价、师生评价，完善教学评一致	C 或 D

注：A：知道；B：理解；C：应用；D：综合。

七、教学资源

（一）文献资源

［1］普通高中教科书 英语 必修 第二册［M］．上海：上海教育出版社，2022．

［2］高中英语 教学参考资料 必修 第二册［M］．上海：上海教育出版社，2022．

［3］高中英语 练习部分 必修 第二册［M］．上海：上海教育出版社，2022．

（二）网络资源

相关教学平台和网站。

十、体育学科

《足球真实情境》单元教学规划

单元名称： 足球真实情境

所在学科： 体育与健康

授课年级： 高一

设计教师： 彭剑超

第一部分　背景分析

一、课标分析

1. 课程目标

课程应明确《足球真实情境》单元教学的总体目标,即培养学生的足球技能、战术意识、团队协作和竞技精神等。同时,课程还应提出具体的教学目标,如让学生掌握一定的足球技术,能够理解和运用基本的战术,提高学生的体能水平等。

2. 课程内容

本单元课程内容包括足球技术、战术、规则、体能等方面的知识和技能。同时,还应推荐一些适合高中生的足球教材和参考资料,以帮助学生更好地学习和掌握相关知识。

3. 教学要求

教学要求包括对教师的教学方式、学生的学习方式、课堂组织形式等的要求。

4. 课程评价

《普通高中体育与健康课程标准(2017年版2020年修订)》[①]建立了科学、全面的课程评价体系,对学生的学习成果进行全面、客观的评价。评价内容应包括学生的技能水平、战术意识、团队协作能力、竞技精神等多个方面。

二、教材分析

教材介绍了五个方面的内容。

1. 足球基本技能

基本技能包括传球、接球、射门、防守、头球等。这些技能是足球运动的基础,通过教学使学生掌握这些技能,为后续的足球比赛打下基础。

---

① 中华人民共和国教育部.普通高中体育与健康课程标准(2017年版2020年修订)[S].北京:人民教育出版社,2020.

2. 足球战术

战术包括进攻战术、防守战术、定位球战术等。通过学习战术,学生可以更好地理解足球比赛的规则和策略,提高比赛水平。

3. 足球比赛规则

比赛规则包括比赛场地、比赛时间、比赛人数、犯规判罚等方面的规定。学生需要了解并遵守这些规则,才能在比赛中发挥出最佳水平。

4. 足球运动员的身体素质和心理素质

足球运动员需要具备包括力量、速度、耐力、协调性、反应速度等方面的身体素质,以及自信心、意志力、团队精神等心理素质。学生需要具备一定的身体素质和心理素质,才能在足球比赛中取得好成绩。

5. 足球比赛的组织和管理

足球比赛的组织和管理工作包括比赛前的准备工作、比赛中的裁判工作、比赛后的总结工作等。学生需要了解并掌握这些知识,才能更好地参与足球比赛。

三、学情分析

1. 学生的年龄和身体素质

高一年级的学生处于青春期,身体素质和协调能力较之前都有了很大的提高,这为学习足球提供了良好的生理基础。

2. 学生的足球基础

由于足球在我国的普及程度较高,很多学生在小学和初中阶段已经接触过足球,有一定的足球基础。但是由于学生的个体差异,他们的足球水平也会有所不同。

3. 学生的兴趣和爱好

足球是一项非常受欢迎的运动,很多学生对足球有着浓厚的兴趣。但是,也有一些学生可能对足球不感兴趣,这需要教师在教学中进行引导和激发。

4. 学生的学习能力和方法

高一年级的学生已经具备了一定的学习能力和方法,他们能够通过自主学习和合作学习来提高自己的足球水平。但是,教师也需要注意学生的学习风格和学习习惯,以便更好地指导学生。

5. 学生的心理特点

高一年级的学生正处于青春期,他们的心理特点包括自尊心强、好胜心强、情绪容易波动等。这些心理特点会影响学生在足球学习中的表现和态度,需要教师进行引导和调节。

第二部分 单元规划

一、单元主题

大单元的组合是运用系统论的"整体原理"编排教材,建立教材之间的联系,使每个单元不再是零散的"知识点",而是一个"知识链",从而有效提高学生的知识技能。高一年级《足球真实情境》大单元教学是指按照体育与健康学科知识逻辑结构与学生认知规律,以面向普通学生的足球实战比赛为线索,开发和重组与主题关联、先后有序的足球基础知识,围绕"小场地3对3比赛中运用运、传、射基本技术与二过一及背套战术"这一学习主题,从基础知识与基本技能、技战术运用、一般体能与专项体能、展示或比赛、规则与裁判方法、观赏与评价六个方面,设计与足球真实情境相关的具体教学活动,发展学生运用结构化的知识与技能分析与解决问题的能力,加深学生对足球运动项目的完整体验与理解。最终使学生达到体育与健康学科核心素养中运动能力、健康行为、体育品德三个维度的合格性学习评价标准。

二、课程内容

(一) 基础知识与基本技能

(1) 基本知识:运、传、射球和技战术的要领,比赛中运用组合技术的时机,十一人制比赛规则与裁判方法,足球比赛上下场礼仪。

(2) 足球基本技术测试与实战体验。

(3) 运球:优势脚的脚内侧运球、双脚的脚内侧运球。

(4) 传球:原地脚内侧传接球、运动中脚内侧传球+脚内侧变向、脚内侧传球+接球转身射门。

(5) 射门:脚背正面射门

(二) 技战术运用

(1) 组合:运传组合、运射组合、运传射组合。

(2) 战术:撞墙式二过一、边路背套。

(三) 提升体能的方法

(1) 提升心肺功能的折返跑。
(2) 锻炼脚下频率的敏捷梯练习。
(3) 改善身体协调能力的灵敏圈练习。
(4) 改善身体柔韧性的牵拉练习。

(四) 展示或比赛

(1) 单一技术比赛：脚内侧运球过杆计时赛、两人传接球比赛、射门比赛、九宫格射门比赛。
(2) 组合技术运用赛：脚内侧运球过杆后直线加速赛、撞墙式二过一比赛、边路背套比赛。
(3) 有条件限制的教学比赛：2对1比赛（撞墙式二过一）、3对2比赛（边路背套）、小场地8对8比赛（撞墙式二过一和边路背套）。

(五) 规则与裁判方法

十一人制足球场地规格，进球、点球、界外球的规则以及阻挡犯规等。

(六) 观赏与评价

文明观赛，观赏8对8比赛，场上队员个人运、传、射球，队员之间配合，在观赛中给予评价。

三、学习目标

1. 运动能力

能够说出所学的足球运、传、射及运传组合、运射组合、运传射组合技术名称以及十一人制比赛的场地规格、进球得分规则、点球规则、界外球规则、阻挡犯规等，了解赛场运用组合技术的时机与足球运动锻炼价值。基本掌握10米脚背正面运球、脚内侧运球不失球，5米脚内侧传接球方向准确、力量适中，10～12米脚背正面射门得分，以及在8对8小场地比赛中运用撞墙式二过一、边路背套技战术配合，将单一技术进行组合，掌握运球＋传球组合、运球＋射门组合、运球＋传球＋射门组合技术。通过体能训练重点提高学生心肺功能、协调性与柔韧性等。

2. 健康行为

自主参与足球运动,与同伴一起进行足球运动,养成运动前热身与运动后放松的良好习惯。学会在足球运动中出现擦伤时的紧急处理方法、摔倒时的滚翻保护动作。在小场地 8 对 8 比赛中,当比分落后时,通过教师场外指导、队员之间相互鼓励积极调整情绪。

3. 体育品德

比赛中依靠自身的实力、精湛的个人技术突破自我,树立自信心。通过精准的传球、无球跑位的意识、团队作战的配合、技战术的执行、勇敢顽强的团队精神夺得比赛的胜利。学会尊重对手、尊重裁判、尊重观众,正确面对输赢。

四、教学实施

本单元的学习内容与课时分配见表 1。

表 1 高一年级《足球真实情境》大单元学习内容要点与课时分配表

内容分类	内容要点	建议课时	
		小计	总计
基础知识与基本技能	1. 基本知识:运、传、射球和技战术的要领,比赛中运用组合技术的时机,十一人制比赛规则与裁判方法,足球比赛上下场礼仪 2. 足球基本技术测试与实战体验 3. 运球:优势脚的脚内侧运球、双脚的脚内侧运球 4. 传球:原地脚内侧传接球、运动中脚内侧传球+脚内侧变向、脚内侧传接+接球转身射门 5. 射门:脚背正面射门	7	18
技战术运用	1. 组合:运传组合、运射组合、运传射组合 2. 战术:撞墙式二过一、边路背套	4	
体能	1. 提升心肺功能的折返跑 2. 锻炼脚下频率的敏捷梯练习 3. 改善身体协调能力的灵敏圈练习 4. 改善身体柔韧性的牵拉练习	1	
展示或比赛	1. 单一技术比赛:脚内侧运球过杆计时赛、两人传接球比赛、射门比赛、九宫格射门比赛 2. 组合技术运用赛:脚内侧运球过杆后直线加速赛、撞墙式二过一比赛、边路背套比赛	3	

（续表）

内容分类	内容要点	建议课时	
		小计	总计
展示或比赛	3. 有条件限制的教学比赛：2对1比赛（撞墙式二过一）、3对2比赛（边路背套）、小场地8对8比赛（撞墙式二过一和边路背套）	3	18
规则与裁判方法	十一人制足球场地规格，进球、点球、界外球的规则以及阻挡犯规等		
观赏与评价	文明观赛，观赏8对8比赛，场上队员个人运、传、射球，队员之间配合，在观赛中给予评价	3	

本单元的教学计划见表2。

表2 高一年级《足球真实情境》大单元教学计划

课次	学习主题	学习目标	基本部分		
			学习活动	练习活动	比赛活动
1	足球基本知识，基本技能测试和实战体验	1. 了解足球比赛赛前、赛后礼仪 2. 测试：完成10秒由攻转守，20米快速回防，10秒个人突破运球10米，15秒2对1连续传接球30次，10米任意球射门	1. 足球比赛赛前、赛后礼仪学习 2. 20米折返跑 3. 10米快速运球 4. 连续传接球 5. 任意球射门	1. 赛前列队致敬，双方握手，赛后向观众、裁判、教师、队员致谢 2. 中前场由攻转守快速20米回防 3. 中前场2对2个人突破运球10米 4. 2对1连续传接球 5. 大禁区附近任意球射门	小场地3对2比赛，5分钟内进球多者获胜
2	优势脚的脚内侧运球、射门游戏	中场出现2对2进攻时，能够利用优势脚的脚内侧运球摆脱防守，5秒快速运球10米至前场完成射门，在10次中完成5次以上	1. 复习脚背正面直线运球 2. 练习优势脚的脚内侧运球，摆脱防守	1. 在后场抢断后由守转攻，运用脚背正面直线运球，快速推进至中场 2. 中场2对2，利用优势脚的脚内侧运	2对2中前场脚内侧运球，突破完成射门，5分钟内获得分数多者获胜

(续表)

课次	学习主题	学习目标	基本部分		
			学习活动	练习活动	比赛活动
2	优势脚的脚内侧运球、射门游戏	中场出现2对2进攻时,能够利用优势脚的脚内侧运球摆脱防守,5秒快速运球10米至前场完成射门,在10次中完成5次以上	3. 运球摆脱防守,完成射门	球,距离防守队员1.5米处摆脱防守快速运球 3. 前场距离防守队员1.5米处摆脱防守完成射门	2对2中前场脚内侧运球,突破完成射门,5分钟内获得分数多者获胜
3	双脚的脚内侧运球	中场密集防守下,利用双脚的脚内侧运球摆脱防守,传球或射门,在10次中摆脱5次以上	1. 练习双脚的脚内侧运球,摆脱防守组织进攻 2. 双脚的脚内侧运球,摆脱防守,传球或射门 3. 体能练习	1. 在2对2有防守情况下利用双脚的脚内侧运球摆脱防守组织进攻 2. 在2对4的密集防守情况下利用双脚的脚内侧运球摆脱防守组织进攻,寻找空位,传球或射门 3. 体能练习	用双脚的脚内侧运球,连续过5个障碍完成射门,用时最短者获胜
4	移动中运传组合	后场由守转攻时,快速运球推进10米,遇到1名防守队员时拉球转身并传球摆脱防守,在10次中完成8次以上	1. 20米快速运球 2. 运球10米,传球 3. 体能练习	1. 后场抢断由守转攻,运球推进,运用双脚的脚内侧运球摆脱防守队员 2. 中场2对2拉球转身传球 3. 体能练习	运球10米,传球,接球完成射门,得分高者获胜
5	原地脚内侧传接球	若后场无进攻人员,原地脚内侧传接球;若有进攻人员,改变传球方向,5米距离,30秒成功传接球20次以上	1. 原地脚内侧传接球 2. 不同方向的脚内侧传接球	1. 在后场无对方进攻人员时,可以进行原地脚内侧传接球,寻找进攻时机	两人相距5米完成传接球,1分钟内完成传接球次数最多的组获胜

(续表)

课次	学习主题	学习目标	基本部分		
			学习活动	练习活动	比赛活动
5	原地脚内侧传接球	若后场无进攻人员,原地脚内侧传接球;若有进攻人员,改变传球方向,5米距离,30秒成功传接球20次以上	3. 体能练习	2. 在后场有进攻人员时需要改变传球方向,组织进攻 3. 体能练习	两人相距5米完成传接球,1分钟内完成传接球次数最多的组获胜
6	运动中脚内侧传球＋脚内侧变向	中场4对4,运动中脚内侧传球,接应队员接球后运用脚内侧停球变向摆脱防守,组织进攻,接球变向10次,成功5次以上	1. 运动中脚内侧传接球 2. 运动中接脚内侧传球后停球变向 3. 体能练习	1. 中场2对1,运动中脚内侧传接球 2. 中场4对4,运动中脚内侧传球,接应队员接球后运用脚内侧停球变向摆脱防守,组织进攻 3. 体能练习	两人相距5米,进行传接球变向比赛,1分钟内传球次数最多者获胜
7	脚内侧传球＋接球转身射门	前场进攻,面对防守队员,通过脚内侧传球,将球传给固定位置接应的队友,接球队员接球转身,摆脱防守,完成射门,接球转身射门10次,成功5次以上	1. 两人一组,背身接球转身 2. 背身接球转身射门	1. 前场进攻,背向球门,身体靠住防守队员接球转身 2. 前场进攻,背向球门,身体靠住防守队员接球转身,摆脱防守,完成射门	相距6米,接球转身射门,动作连贯,进球多者获胜
8	中前场撞墙式二过一技战术	中前场2对1,利用撞墙式二过一技战术完成过人,提高传球技术的能力,增强无球跑位与团队合作意识,在10次中成功5次以上	1. 原地撞墙式二过一传接球 2. 运动中撞墙式二过一传接球 3. 学习十一人制足球比赛防守阻挡犯规规则	1. 中前场2对1,撞墙式二过一传接球,接球队员5米往返跑动接球 2. 中前场2对1,运动中撞墙式二过一传接球,向前推进 3. 学习十一人制比赛防守时阻挡犯规规则	三人一组,进行撞墙式二过一射门比赛,得分多者获胜

逆向设计：
普通高中新课程新教材实施国家级示范校落地规划行动的实践

(续表)

课次	学习主题	学习目标	基本部分		
			学习活动	练习活动	比赛活动
9	脚内侧传接球射门组合（传、跑、射）	前场进攻，通过团队配合运用传球、跑位、射门组合技术完成进攻射门得分，在10次射门中成功5次以上	1. 两人一组，传球、跑位、接球射门 2. 多人传球、跑位、射门 3. 学习十一人制足球进球规则	1. 前场进攻时，学习传球、跑位、射门技术组合 2. 前场遇到防守队员时，运用传球、跑位、射门技术组合突破防守 3. 学习十一人制足球进球规则	4对4传球、跑位、射门，得分高者获胜
10	脚背正面射门	前场进攻，距离球门10～12米，有射门空间的情况下，选择脚背正面大力射门，在10次射门中成功进球6次以上	1. 原地脚背正面射门 2. 接球脚背正面射门 3. 学习十一人制点球规则	1. 距离球门8～12米，脚背正面定点射门 2. 前场进攻，距离球门8～12米接传球，脚背正面射门 3. 学习十一人制点球规则	踢固定球，九宫格射门，得分高者获胜
11	边路背套技战术	边路进攻时，运用背套技战术组织进攻，无球队员快速作出反应，交叉跑位参与进攻，在10次中完成5次以上	1. 无防守人员背套战术跑位练习 2. 有防守人员背套战术跑位练习 3. 体能练习	1. 边路进行无防守人员固定位置背套战术跑位 2. 边路进行有防守人员背套战术跑位，完成进攻 3. 体能练习	8对8背套战术对抗赛，完成背套技战术多的小组胜
12	后场抢断，运用背套技战术	后场抢断，出现由守转攻时机，运用边路背套战术，快速推进至对方前场，组织进攻，无球队员在出现抢断情况	1. 无防守边路背套战术练习 2. 有防守边路背套战术练习 3. 学习十一人	1. 后场进行无防守人员固定位置背套战术跑位，推进过中场，持球队员运球突破至底线	8对8背套战术对抗赛，进球多的小组胜

《足球真实情境》单元教学规划

(续表)

课次	学习主题	学习目标	基本部分		
			学习活动	练习活动	比赛活动
12	后场抢断,运用背套技战术	下,快速作出反应,交叉跑位参与进攻,在10次中完成6次以上	制界外球规则	2. 后场8对8对抗,抢断后快速由守转攻,运用背套战术,向前场推进,完成射门 3. 学习十一人制界外球规则	8对8背套战术对抗赛,进球多的小组胜
13	在8对8小场地比赛中,运用运、传、射组合技术	在比赛中出现中场抢断,由守转攻的情况下利用快速运球,无球跑位,传球,完成射门,凸显足球团队作战能力,在5次中完成2次以上	1. 无防守运、传、射练习 2. 有防守运、跑、传、射练习	1. 中场2对2抢断(队友传球无防守),由守转攻快速运球,无球队员跑位,传球射门(有守门员) 2. 中场2对2抢断,由守转攻快速运球,无球队员跑位,传球完成射门(有守门员)	8对8组合技术比赛,进球多的小组胜
14	后场8对8边路背套技战术	后场边路积极防守,抢断后运用边路背套战术快速向前场推进,组织进攻,最后完成射门,如后场抢断迅速转换角色,在5次中完成3次以上	1. 有防守4对6的情况下进行边路背套练习 2. 有防守8对8的情况下进行边路背套练习 3. 体能练习	1. 后场边路有防守4对6,防守队员抢断后,角色转换,运用边路背套战术向前场推进 2. 后场边路有防守8对8,防守队员抢断后,角色转换,运用边路背套战术向前场推进 3. 体能练习	8对8边路背套比赛,进球多的小组胜

(续表)

课次	学习主题	学习目标	基本部分		
			学习活动	练习活动	比赛活动
15	在对抗中合理运用撞墙式二过一和边路背套技战术	在比赛中出现由守转攻、以多打少的情况下,运用撞墙式二过一或边路背套技战术,5分钟比赛中成功运用2次以上;场下学生能说出场上队员所运用的技战术并给予评价	1. 撞墙式二过一技战术练习 2. 边路背套技战术练习 3. 十一人制足球比赛执裁与记录	1. 小场地8对8比赛,场上出现由守转攻或以多打少的情况,运用撞墙式二过一或边路背套技战术取得进球 2. 场外观众观赏比赛的同时能够给予评价 3. 学生裁判记录比赛	8对8对抗赛,运用撞墙式二过一或边路背套技战术,进球多的小组胜
16~18	青少年校园足球赛——"千校万班"小达人足球技能比赛(嘉年华活动)	能够在比赛中灵活运用传球、运球、射门与撞墙式二过一、边路背套技战术配合,并根据场上情况及时调整自己,发展速度、灵敏度、协调性、柔韧性等身体素质	1. 开幕式、啦啦队表演及开球仪式 2. 单一技术比赛:脚内侧运球10米5杆计时赛、两人5米距离1分钟传接球比赛、10~12米射门比赛、8米距离九宫格射门比赛等 3. 组合技术运用赛:脚内侧运球过杆后直线加速赛、撞墙式二过一比赛、边路背套比赛 4. 有条件限制的教学比赛:2对1比赛、3对2比赛、小场地3对3比赛 5. 教师学生共同组织参赛班级抽签(班级赛采用单循环积分制) 6. 小场地(15米×20米)8对8比赛,上下半场各8分钟,休息2分钟,单循环积分制。学生主裁判1人,助理裁判1人,记录裁判1人,班级宣传员若干,班级啦啦队若干 7. 颁奖:最佳射手、最佳小记者、最佳啦啦队、最佳班级、最佳裁判		

五、教学评价

(一) 单元终结性评价

根据动作技术标准检测学习目标的达成情况,采用自评、师评、互评的方式

(表3)。

表3 单元终结性评价表

班级：	姓名：	评价者：	日期：	作出评价（请在相应等级中打"√"）
单元主题	足球真实情境			
等级评价	评价标准			
优秀	学生单个技术掌握熟练，能够运用两至三个技术组合动作，实战比赛能力突出。学生能做到"知其然更知其所以然"、撞墙式二过一等各种进攻战术的灵活运用，并且非常合理。在个人技能挑战赛、团队小比赛和后期的小组比赛表现都非常突出			
良好	学生单个技术掌握较为熟练，能够运用两至三个技术组合动作，实战比赛能力较突出。学生能做到"知其然更知其所以然"、撞墙式二过一等各种进攻战术的选择性运用，并且较为合理。在个人技能挑战赛、团队小比赛和后期的小组比赛表现较为突出			
合格	学生单个技术基本掌握，能够运用一至二个技术组合动作，实战比赛能力一般。学生基本能做到"知其然更知其所以然"、撞墙式二过一等各种进攻战术的运用，并且基本合理。在个人技能挑战赛、团队小比赛和后期的小组比赛表现都基本合格			
有待提高	学生单个技术掌握不熟练，不能够运用一至二个技术组合动作，实战比赛能力较差。学生不能做到"知其然更知其所以然"、撞墙式二过一等各种进攻战术的运用较少，并且基本不合理。在个人技能挑战赛、团队小比赛和后期的小组比赛表现都比较差			

（二）单元过程性评价

从三个评价维度"运动认知""健身实践""社会适应"，选择针对性的观测点。本单元根据内容主题侧重对社会适应维度作评价，聚焦学生在人际交往和心理调节方面的素养（表4）。

表4 单元过程性评价表

评价维度	核心要素	观测点	评价标准	作出评价（在相应方框内打"√"）
社会适应	人际交往	互动积极	主动回答教师和学生的问题，与同伴积极探讨，说出本单元关键技术要领，并能演示动作，会评价	□积极 □一般 □不积极
		配合默契	在练习中主动交流，相互激励；能较好完成两人之间的配合	□默契 □一般 □不默契

(续表)

评价维度	核心要素	观测点	评价标准	作出评价(在相应方框内打"√")
社会适应	人际交往	遵守规则	在练习中遵守足球规则,不违例、犯规;按照教师要求,完成相应练习	□遵守 □一般 □不遵守
	心理调节	互相信任	在练习中信任同伴,同伴之间和谐互助,共同面对挫折,战胜困难	□信任 □一般 □不信任

六、单元作业

(一) 技术练习

让学生完成一些足球技术练习,如射门、传球、控球等,以提高他们的技术水平。

(二) 战术分析

让学生观看一些足球比赛录像,分析比赛中的战术运用,加深他们对战术的理解。

(三) 实战模拟

组织学生进行一些实战模拟练习,如小型比赛、对抗训练等,让他们在实践中运用所学知识。

(四) 理论测试

对学生进行足球规则、技术理论等方面的测试,检验他们对理论知识的掌握程度。

七、教学资源

(一) 教材

选择适合高中生的足球教材,其中应包含足球的基本规则、技术、战术和训练方法等方面的知识。

(二)多媒体资源

利用多媒体教学设备,如投影仪、电视等,展示足球比赛录像、技术解析视频等资料,帮助学生更好地理解和掌握足球知识和技能。

(三)场地设施

提供适合足球训练的场地和设施,如足球场、足球门、足球等,以保障实践教学的顺利进行。

(四)教师资源

聘请有丰富足球教学经验和专业知识的教师,为学生提供专业的指导和教学。